国家移民管理局新闻中心采编业务文集（一）

采编拾贝

国家移民管理局新闻中心◎编

群众出版社
·北京·

图书在版编目（CIP）数据

采编拾贝 / 国家移民管理局新闻中心编．
——北京：群众出版社，2022.3
ISBN 978-7-5014-6187-5
Ⅰ．①采… Ⅱ．①国… Ⅲ．①新闻采访－文集
②新闻编辑－文集 Ⅳ．① G212.1-53 ② G213-53
中国版本图书馆 CIP 数据核字（2021）第 237153 号

采编拾贝

国家移民管理局新闻中心　编

出版发行：群众出版社
地　　址：北京市丰台区方庄芳星园三区15号
邮政编码：100078
经　　销：新华书店
印　　刷　天津盛辉印刷有限公司

版　　次：2022年3月第1版
印　　次：2022年3月第1次
印　　张：23.25
开　　本：787毫米×1092毫米　1/16
字　　数：422千字

书　　号：ISBN 978-7-5014-6187-5
定　　价：95.00元

网　　址：www.qzcbs.com
电子邮箱：qzcbs@163.com

营销中心电话：010-83903991
读者服务部电话（门市）：010-83903257
警官读者俱乐部电话（网购、邮购）：010-83901775
公安业务分社电话：010-83906110

国家移民管理局新闻中心采编业务文集（一）

《采编拾贝》编委会

采编与研究比翼齐飞

风雷激荡一纸书。《中国移民管理报》和《中国出入境观察》杂志（以下简称“一报一刊”）创刊已经三年了。三年来的每一寸光阴，都化成铅字被记录在版面上，体现在每一篇新闻作品里。从评论到理论、从通讯到消息、从散文到诗歌、从图片到漫画，这些作品见证了“一报一刊”作为国家移民管理局党组机关办刊的成长进步，从一个侧面映射出新时代移民管理事业取得的历史性成就、发生的历史性变革。

铁肩担道义，妙手著文章。三年来，移民管理战线上的广大新闻工作者坚持正确新闻志向，努力转作风改文风，深入一线，随警作战，坚持用双脚丈量大地，用慧眼洞察问题，用思想研析现实，用妙笔书写时代，不断锤炼过硬脚力、眼力、脑力、笔力，于微末处寻真章，在朴素处见真情，全方位讲好国门故事，多维度展示移民管理警察形象，为实现新时代移民管理事业高质量发展提供强劲的价值引导力、文化凝聚力、精神推动力。

难能可贵的是，广大作者、编者在深耕新闻沃土的同时，潜心开展新闻研究，采编文论佳作频频涌现。记者们在新闻采写中不忘深度思考，坚持采研结合，积极分享新闻实践中得来的经验体会、理性分析、概括提炼；编辑们一手抓编辑实务，一手抓新闻研究，既将研究融入编辑之中，又将实践化为研究成果，促进编与研比翼齐飞、蔚然成风；通讯员们将热情激情豪情贯注笔端，将所闻所思所悟付诸笔端，给人以启迪与温暖；实习生们以“初生牛犊不怕虎”的拼劲和闯劲，坚持以学养业、以研升业，撰文畅谈学习心得体会，赋予有限的学习时光以无限的未来可能。

这本《采编拾贝》，就是从“一报一刊”创刊以来采编人员所写的众多新闻论文、心得、随笔中挑选出来的。收进这个选本中的文章，也许不是大家笔谈、不那么深入系统，却易学易懂、务实管用。研读这些文章，不仅是在集中梳理移民管理领域新闻研究的发展脉络，也是在回顾总结移民管理新闻人采编之路上的精彩片段；品读这些文章，既能感受到作者和编者与时携行的铿锵步伐，也能感悟到他们开拓创新的心智心语，既获知识，又得启迪。相信对有志于从事移民管理领域新闻宣传工作的朋友来说，不啻为拓视野、长本事、强素质的良师益友。当然，也真诚地期待同仁方家指教指正。

新时代呼唤新作为，新作为当有新作品。当前，传播方式在变、媒体格局在变、舆论生态在变，但于“一报一刊”而言，不变的是为党发声、为党立言的初心使命，是围绕中心、服务大局的党报党刊精神。这一执着追求，已深深熔铸于移民管理新闻人的精神血脉，已经并将继续迸发出更为强劲的蓬勃朝气、昂扬锐气、浩然正气，化为更加坚定的党性原则、更为全面的能力素质、更为清新的作风文风，凝结成题材各异的精品力作，呈现给广大读者，奉献给伟大时代。

编者

2022 年 3 月

目 录

采写心得

003 办最专业最走心的行业报刊 / 回金田
006 立足新发展阶段 深度践行两个“四力” / 严启鹏
010 着眼“四力”练“内功”强队伍 / 关 山
013 浅析融媒体形势下如何讲好移民管理警察故事 / 蔡 铮
015 深情讲述移民管理好故事 / 张攀峰
018 努力增强国际传播的亲和力实效性 / 袁 利
021 浅谈新形势下如何加强新闻宣传工作 / 张苏勋
024 做好新闻宣传工作的四点策略 / 赵泽华
026 刍议新媒体时代基层新闻宣传工作 / 马建华
028 全面提升基层新闻宣传工作水平 / 石佰华
031 做合格的基层宣传骨干 / 黄俊生
033 刍议加强基层新闻骨干队伍建设 / 杨桂开
036 如何当好基层新闻报道员 / 卢 领
038 常思“三好” 用好“刷子” / 汤范珑
043 基层报道员的自我修养 / 赵崇宁
045 典型报道要让人信得过、看得懂、学得到 / 徐旭宇
048 以看得见摸得着的方式传播典型力量 / 康国宁
052 破解“酒香也怕巷子深”宣传困局 / 周 鹏
054 歌曲《成都》带火成都给新闻工作的启示 / 费伯俊
058 冲破新闻宣传思维“茧房” / 周 鹏
060 在提升政务新媒体魅力中发好移民管理声音 / 李树明
063 不断提升网上舆论斗争能力 / 回金田
065 新媒体环境下的舆情危机应对 / 汤 征

074 善于与采访对象沟通 / 邱小平
077 守正是最大动力 / 李远平
080 勇敢炼就优秀新闻人 / 费伯俊
083 让笔下国门故事“活”起来 / 武陈昊
085 塑造人物形象之管见 / 赵文煜
087 用事实拨动读者心弦 / 要浩伟
089 好故事应耐心挖掘 / 姚蓓雨
091 做个有心人 写出好作品 / 何洁其
093 真诚是记者的底色 / 洪燕森
096 好形象需精心描绘 / 彭维熙
098 细节让新闻报道更出彩 / 孔志勇
100 以“局外人”视角写新闻 / 周泽方
102 如何让新闻报道更有力量? / 李 俊
105 最是平凡动人心 / 邵志佳
108 采访贵在博观而约取 / 江中显
109 新闻人要有咬文嚼字精神 / 费伯俊
111 新闻稿应把握三个要素 / 李远平
114 投入真情实感写好稿 / 宋晓阳
116 磨砥刻厉写出好言论 / 殷卓骏
118 好标题从何而来 / 孙聃聃
120 好标题要用心提炼 / 毛 婷
122 文满方寸花满楼 / 张学伟
124 用笔触传递温暖感动 / 王海滨
126 写好“站在地上的人” / 季成苗
128 让新闻漫画成为“带核儿的小诗” / 王聪睿
130 小漫画要有大看头 / 朱亦明
133 到一线捕捉真实与感动 / 张 佳
135 脚底板下出新闻 / 丁际超
137 一线是新闻宣传工作的源头活水 / 彭维熙
139 脚沾泥土笔生花 / 周裕森
141 在实践中强“四力” / 李 俊
143 练就好眼力 捕捉好新闻 / 刘姝梦

145　精彩导语是成功的一半 / 姜中华
147　好稿就要多琢磨 / 杨　漾
149　新闻漫山遍野　贵在精准采撷 / 于　雷
151　反映人性的作品才能深入人心 / 黄金衔
155　做好典型宣传报道之管见 / 李康强

编辑时间

161　最是初心能致远 / 聂虹影
163　突出行业特色　打造精品佳作 / 杨　林
169　传承“青记”精神　提升“四力”质效 / 于　雷
173　新闻应向“虚”字开刀 / 夏　飞
175　“顶天立地”提高作品“含金量” / 王江超
181　在满洲里领略采访魅力 / 韩　瑞
183　用油墨芬芳对抗繁芜嘈杂 / 伏雪琨
185　浅议新闻报道“十对关系” / 王云龙
191　在媒体融合发展中淬炼真本事 / 王一明
194　雕琢一份热爱 / 刘一丹
196　运用多种体裁叠加宣传效应 / 于　雷
199　如何写好现场短新闻 / 夏　飞
201　让人物鲜活起来 / 刘一丹
203　增强“四力”是新闻工作者永恒的进行曲 / 杨　林
207　漫谈期刊的专题策划 / 于　雷

对话光影

217　纪实摄影对新时代移民管理警察的叙事价值 / 邓书山
222　对摄影工作的几点体会 / 邓木流
225　从“三个效应”浅析无人机航拍在新时期公安宣传中的应用价值 / 钱　程
230　让镜头会说话 / 格日勒朝克图

233　在光影中感受美好 / 章善玉
238　拍到、拍全、拍顺、拍出 / 宋华龙
242　镜头里的“情” / 赵国政
245　浅谈新闻摄影的图片要求与拍摄技巧 / 沈　清
248　用镜头记录身边美好 / 吴晨龙
250　用快门记录真实与感动 / 周　游
252　厚积薄发拍摄好图片 / 巫尚原
254　记录“鲜花”盛开的一瞬 / 桂子云
255　浅析新闻摄影的最美瞬间 / 黄金衔
259　好的新闻照片会说话 / 林圣敏
261　我与相机的几次邂逅：“一等奖”成长记忆 / 代　超

新闻情怀

265　热爱是最好老师 / 邱小平
268　好记者要讲好故事 / 回金田
271　用心记录平凡而伟大的故事 / 回金田
275　我不是一个人在战斗 / 洪燕森
278　感恩这个精神家园 / 石　白
280　滋润戍边人心灵的精神伴侣 / 汤春明
282　终点亦是起点 / 王春阳
285　致力打造精品　迎接春暖花开 / 周泽方
287　做困难事必有所得 / 韩　瑞
289　采编之缘　牵挂之深 / 董婉清
291　享受文字带来的感动 / 刘惠语
293　为文字注入灵魂 / 曲洪霖
295　用心方通笔者意 / 盖少铊
296　亲历方解其中味 / 樊一星
298　积聚力量再出发 / 李发春
300　写作没有“休渔期” / 李　娜
302　打造有战斗力的自己 / 欧阳宇桢

304　走好“笔杆”进阶路 / 孙庆瑜
306　在“抓耳挠腮”中进步 / 羊莎雯
308　写作从凌晨开始 / 杨振辉
310　勤学善思汲取新能量 / 王雅琳
312　做有力量的记录者 / 王贵生
314　种下“种子”静待发芽 / 王　羽
316　永葆初心，倾情书写边关豪迈 / 王　帅
318　精雕细琢磨“璞玉” / 张晓彤
320　新闻写作是一种“修行” / 尹圣林
322　写作“三境界” / 闵　哲
325　咬文嚼字，非锱铢必较不可 / 杨玉洁
327　小故事有大能量 / 徐　哲
328　文以实情最动人 / 李铄今
329　注重培养工匠精神 / 于欣彤
331　莫因懒惰辍笔不耕 / 任利勇
333　把心动变成行动 / 洪培鑫
335　校稿“三字经” / 刘姝梦
337　墨香不退有余味 / 柴清全
339　要“丰”度也要温度 / 张怡然
341　思想火花在碰撞中升华 / 凌秋丽
343　笔力也是战斗力 / 王　皓
345　写作也讲究“眼手心”具备 / 梁嘉祺
348　工匠精神烙印我心 / 彭维熙
350　捍卫精神阵地 / 杨　漾
353　新闻是怎样炼成的 / 禚思成
355　要让人物“动起来” / 刘　敏

采写心得

办最专业最走心的行业报刊

回金田

随着国家移民管理局成立,《中国移民管理报》和《中国出入境观察》杂志(以下简称“一报一刊”)应势而生,这不仅体现了国家移民管理局党组对新闻舆论工作的高度重视,更回应了全国移民管理机构民警对文化生活的新需求。因此,“一报一刊”的创办必将载入国家移民管理事业的光辉史册。

新时代、新体制、新要求,作为国家移民管理机构的新闻人,我们必须肩负新的希望和梦想,重新出发。

“这是一个最好的时代,也是一个最坏的时代。”狄更斯在《双城记》中的名言是这个时代最好的注脚。毋庸讳言,“一报一刊”创刊可喜可贺,但是“互联网 +”已经深刻改变了我们的生活方式,5G 时代呼之欲出。一名业内人士讲过,或许未来,报刊只是作为奢侈品存在。如何坚守“一报一刊”主阵地,使之发挥党组机关报刊的重要作用,是我们必须回答的时代课题。

面对严峻复杂的形势,作为新时代国家移民管理机构的新闻人,就是要勇于担当、勇往直前。习近平总书记深刻指出,在新的时代条件下,党的新闻舆论工作的职责和使命是:高举旗帜、引领导向,围绕中心、服务大局,团结人民、鼓舞士气,成风化人、凝心聚力,澄清谬误、明辨是非,联接中外、沟通世界。这是新闻舆论战线的“指南针”“定位器”和“座右铭”,也是办好“一报一刊”的根本遵循和前进方向。

我们要充分发挥政治家办报办刊的优势,坚持正向引导,秉持内容为王,重视选题策划。特别是改制刚刚尘埃落定,队伍的思想仍然较为活跃,“一报一刊”应特别注重上级指示精神的解读，借助新闻舆论的力量发出权威声音，帮助民警答疑释惑，理直气壮地讲清讲好大道理，敢于和善于亮剑，澄清错误认识，凝聚思想共识，积极传播党的声音，主动回应基层期待。通过努力，将“一报一刊”办成最专业、最走心的行业报刊，真正做到解读政策权威靠谱，驳斥谣言有理有据，让读者信得过、看得懂、学得到。

脚底板下出新闻。这是新闻界广为认同的一条铁律。无论时代如何发展、形势如何变化，这条铁律从来没有过时。国家移民管理工作任务特殊、责任重大、使命光荣，各地情况千差万别，民警触点痛点关注点更是各不相同。作为新闻工作者，只有走到最基层，走到民警心中去，才能拿出最精彩、最接地气、最受基层好评的新闻作品。

面对这个永不过时的铁律，作为新时代国家移民管理机构的新闻人，最重要的就是要经常深入基层、深入一线。习近平总书记曾指出，要转作风改文风，俯下身、沉下心，察实情、说实话、动真情，努力推出有思想、有温度、有品质的作品。我们要真正扑下身子、甩开膀子、迈开步子，上高原、下海岛、走沙漠、进草原，和基层民警面对面、手拉手、心贴心，深入基层、随警作战，真心实意与基层民警同频共振、同甘共苦，真实记录基层民警的喜怒哀乐，客观反映警营的火热生活。特别是针对时代快速发展、民警思想受互联网影响日益深刻的今天，要主动贴近民警，特别是青年民警的需求和话语习惯，将各类报道打造成最精致、最暖心的新闻产品，让这些新闻产品不但在“一报一刊”上大放异彩，还能通过微信、微博等载体快速传播，真正做到服务基层无微不至，努力让“一报一刊”成为基层喜闻乐见的报刊，切实办在民警的心坎上。

新华社原社长郭超人讲过，“记者笔下有财产万千，笔下有毁誉忠奸，笔下有是非曲直，笔下有人命关天。”这句话道出了新闻工作者沉甸甸的责任。国家移民管理事业是党中央审时度势、科学决策的结果，是随着新时代到来的新生事物。如何“系好第一粒扣子”“答好第一份卷子”，关乎国家移民管理事业的未来道路。

面对这一盛世伟业，作为新时代国家移民管理机构的新闻人，要引领时代、引领发展。习近平总书记曾殷殷嘱托，要坚持正确舆论导向，做引领时代的新闻工作者。我们要紧跟时代发展，刻苦钻研国家移民管理业务；不断拓宽视野，关注世界移民管理领域万千变化，取其精华；重视基层首创，聚焦一线民警工作中的新做法新举措新成果。总而言之，我们要切实用新思路、新举措、新作风，为打造革命化、正规化、专业化、职业化的高素质移民管理队伍，开创国家移民管理事业新局面鼓与呼，努力讲好移民管理故事，真正擦亮展示中国风范、中国形象的“国门名片”，让新闻舆论工作有力量、有温度。

我们新闻人只有勇于担当、勇往直前，深入基层、深入一线，引领时代、引领发展，才能在“一报一刊”这个全新的舞台书写最美的时代画卷，不负国家移民管理局党组的重托，不负国家移民管理机构民警的期待，不负这个伟大的时代。

一位哲人曾经说过：“倘若船帆遇不到风，充其量只是一块普通的帆布。”现在风来了，我们全体新闻人就要迎风而起，劈波斩浪，勇往直前。让我们肩负新的希望和梦想，重新出发。

立足新发展阶段　深度践行两个“四力”

严启鹏

2016 年，习近平总书记在党的新闻舆论工作座谈会上强调，要尊重新闻传播规律，创新方法手段，切实提高党的新闻舆论传播力、引导力、影响力、公信力。2018 年，习近平总书记在全国宣传思想工作会议上强调，要不断增强脚力、眼力、脑力、笔力，努力打造一支政治过硬、本领高强、求实创新、能打胜仗的宣传思想工作队伍。立足新发展阶段，国家移民管理机构新闻宣传工作如何深度践行两个“四力”已然成为研究的重要课题。

外树形象练外功，切实提高新闻舆论“四力”

坚持提高新闻舆论传播力、引导力、影响力、公信力，是做好新形势下党的新闻舆论工作科学的方法论，是打开新局面、实现新突破的重要法宝。此“四力”是紧密相连、不可分割的，是相互贯通、相互作用的。

传播力，就是传播移民新闻、宣传移民政策的能力。随着云计算、大数据、人工智能等新技术的不断涌现，舆论生成和传播方式发生了重大变化，从传统媒体脱胎而来的全媒体不仅要在发行量、传阅率等传统指标上继续“挖潜”，而且还要在新媒体的订阅量、关注量、日活量、点击率等方面“开疆扩土”。同时，还要及早重视加强国际传播话语体系建设，不断提升中国移民管理机构对外传播的综合实力。

引导力，就是以科学、正确的专业知识引导社会舆论的能力。结合移民管理工作，精心策划重大主题报道、典型报道、专项报道等，真正把广大移民管理警察的士气鼓舞起来、精神振奋起来，朝着既定目标团结一心向前进。同时，正确把握“时度效”，找准思想认识的共同点、情感交流的共鸣点、利益关系的交汇点，注重趣味性、生动性，讲述好故事、传播好声音，有力有效引导新闻舆论走向。

影响力，就是潜移默化地让阅读者感受到专业精神的力量。在传播格局、舆论生态深刻改变的背景下，坚持发挥好国家移民管理机构主流媒体的关键作用，让主流声音始终占据新闻舆论的制高点。坚持“内容为王”，提炼理性深刻的思想火花，在增强吸引力中提升影响力。坚持精准把握阅读者的需求，聚焦时事热点和思想潮流，全方位、多角度进行分析报道，在增强针对性中提升影响力。

公信力，就是指其获得公众信任的能力。坚持党对新闻宣传工作的绝对领导，把讲政治、守规矩贯穿到新闻舆论管理的全过程。任何时候都坚持“真实性是新闻的生命”，讲真话、报实情，做到以事实服人、以理性服人。按照有理有利有节的原则开展舆论斗争，对各种错误观点和错误言论旗帜鲜明地进行批驳，澄清谬误、明辨是非，不给谣言、炒作留下可乘之机。

内强素质修内功，不断增强新闻工作者“四力”

面对国内国际新形势、意识形态领域新态势、信息化发展新趋势，我们要客观认清自身的能力水平，将“本领恐慌”转变为“行动自觉”，积极适应全媒体时代的“四全”发展趋势和要求，苦练内功、提档升级。

脚力，显然不仅意味着“能跑”“耐跑”，还要“会跑”“善跑”。“耳闻之不如目见之，目见之不如足践之。”我们要迈开双脚，大兴调查研究之风，真正扑下身子、沉到基层一线，切切实实把实践和基层当作最好的课堂，把人民群众当作最好的老师。“涉浅水者见虾，其颇深者察鱼鳖，其尤甚者观蛟龙。”只有不断走深走实，根扎在最深厚的土壤里，汲取到最肥沃的养分，才能收获充满旺盛生命力的作品稿件。

眼力，就是新闻工作者的整体感知和见机行事的能力，有“眼力见儿”的一般都能“看清”“看透”主流和支流、森林和树木、一指和十指的辩证关系。我们要统筹把握国内国际两个大局，善于观察国内外发展趋势和移民政策，既要从全局高度观移民，又要着眼细微处察民情；紧紧抓住关键点和要害处，挖掘新闻价值和典型事例，既见人之所见，亦见人之所未见，炼就新闻报道的“火眼金睛”。

脑力，是新闻工作的总指挥，是新闻工作者判断力和思辨力的综合体现。在“平面媒体”时代，我们争当善于思考、勇于求索的思想者，涌现出了许许多多有想法的作品、有厚度的文章。但在全媒体时代，媒体工具更新迭代，需要我们开动脑筋掌握更多新技能，以最快的速度对新闻事件及其新闻价值作出最准确的判断，这是非常“烧脑”又相当“益智”和“励志”的一种专业能力。

笔力，在全媒体时代不仅仅是“文风”“文采”，更是指“新闻表现力”。随着媒介技术的进步，我们的惯用工具也从传统的纸笔发展到个人计算机、笔记本电脑、录音笔、摄像机、手机、手持云台甚至无人机等，将来还有三维实景、虚拟现实、全息影像等技术工具也或将得以普及。由此，以“铁肩担道义”为己任的新闻工作者也将在“妙手著文章”的基础上演进为“妙手见真章”。

“脚力、眼力、脑力、笔力”此“四力”是有机联系、相互促进的整体，我们只有迈开双脚量大地、睁大锐眼观天下、开动脑筋勤思索、练就妙手见真章，才能不断提高把握正确方向的能力、强化思想教育的能力、加强舆论导向的能力、处理突发舆情的能力。

内外兼修促发展，深度践行两个“四力”

如果说“脚力、眼力、脑力、笔力”重在提升新闻工作者的“内力”“内功”，那么“传播力、引导力、影响力、公信力”则重在增强国家移民管理机构新闻舆论的“外力”“外功”。彼“四力”与此“四力”，从逻辑上看，正是“手段”与“目的”的辩证关系，是相辅相成、相得益彰的“命运共同体”。

传播学大师麦克卢汉曾说过：“媒介即人的延伸。”增强新闻工作者的“四力”，即是练就观察思考、采访表达等能力的“十八般武艺”，是“内功”的升华；而提升新闻舆论的“四力”，则是拓展媒介平台传播信息、引导舆论等能力的重要方法，是“外秀”的升级。增强脚力、眼力、脑力、笔力，有助于国家移民管理机构外在辐射影响能力的延展；反过来，提升传播力、引导力、影响力、公信力，则同样有利于新闻工作者内在业务攻坚能力的强化。

国家移民管理局新闻中心要搭好全媒体专业平台，在原有基础上主动突围，秉持移动优先和“互联网 +”理念，打通新媒体路径、创造新媒体产品、拓宽新媒体渠道、吸引新媒体受众。深度整合所有媒体资源，打造“国家移民管理局新闻中心全媒体平台”，涵盖报纸、期刊、微博、微信、学习强国号等各大新旧媒介形式，形成媒体矩阵，构筑起一个主品牌加多个子品牌的立体传播网。致力于“移动优先”战略，引导新闻工作者“四力”向新媒体转型，加大视频、图片、VR、H5 等形态的新闻产品比例，极大丰富新媒体的产品线和多元表达能力，为拓展新闻工作者“阈限”打下坚实基础。

“合抱之木，生于毫末；九层之台，起于累土。”两个“四力”看似是一个“小”问题，实则关系着服务构建新发展格局；看似是一个业务要求，实则衡量着政治站位。立足新发展阶段，要自觉增强两个“四力”，坚持“要在守正、贵在创新、重在实践”，注重向网络端、移动端和云端延伸，讲好“移民故事”，宣传“移民风采”。

着眼“四力”练“内功”强队伍

关 山

作为国家移民管理阵地守护党的意识形态的主力军，宣传思想工作队伍肩负着十分重要的职责使命。切实增强脚力、眼力、脑力、笔力，努力建立一支政治过硬、本领高强、求实创新、能打胜仗的宣传思想工作队伍，是确保移民管理宣传思想工作始终坚持正确政治导向，激发移民管理队伍正能量，推动移民管理事业蓬勃发展的重要法宝和坚强保证。

强脚力，打造对党忠诚的牢固基石。脚力是宣传思想工作的根基所在，也是新闻报道的力量所在。作为全国移民管理系统宣传思想工作队伍的一员，要一脚站稳政治立场，一脚深入基层一线，两脚同时发力，才能走得稳、行得远。要永葆绝对忠诚的政治本色，组建国家移民管理局是以习近平同志为核心的党中央适应新时代中国特色社会主义发展要求作出的一项重大决策部署，无论何时何地，都要坚持党对移民管理事业的绝对领导。坚持党对移民管理事业的绝对领导，增强“四个意识”、坚定“四个自信”、做到“两个维护”是做好移民管理工作的基础，也是宣传思想工作的出发点和落脚点。脚下有泥土，笔下有真情，但凡感人肺腑、发人深省的优秀作品无一不是来源于生活、发端于基层，共鸣于真情、有感于实事。只有深入现场、沉到一线，贴近民警实际生活，感受基层酸甜苦辣，才能采写出广大民警喜闻乐见的鲜活作品。

强眼力，练就善于发现的敏锐目光。移民管理事业是公众相对陌生的领域，加之我国地域广阔，各地移民管理工作存在一些差异，整个系统有大量可宣传的新闻素材。作为新闻事件的报道者、移民管理工作的观察者、基层民警生活的记录者，宣传思想工作者必须具备足够的眼力，才能从庞杂的工作中准确发现好故事，紧跟时势讲述有意义的内容，将主流价值和国家大政方针融入其中，传达到警营内外，达到助力工作、振奋精神、正面宣传的目标。足够的眼力就是洞察力、鉴别力、预见力、判断力，就是善于从普通的工作、学习、生活中发掘不平凡的事迹，善于分辨主次高下、寻找闪光点，避免“低级红、高级黑”，善于将本系统的人和事主动融入国家战略、社会焦点、民众关注中。要用独特的视角、精准的眼光发掘优秀题材，充分反映典型做法和先进经验，积极展现移民管理系统主动服务国家对外开放大局，不断推进“放管服”改革，提升服务质量的新举措，以及民警勇于奉献、无悔担当的精神风貌，汇聚强大正能量。

强脑力，用心打造闪亮“国门名片”。宣传思想工作是一项创造性工作，宣传思想工作者要切实增强脑力，不断创作精品佳作。增强脑力关键在三点，一要强化政治理论水平，用习近平新时代中国特色社会主义思想武装头脑，确保学懂弄通做实，达到在工作中潜移默化宣传党的理论、教育激励民警、推动中心工作的目的。二要提升综合能力素质，牢固树立终身学习理念，在广泛涉猎、不断学习的过程中培养深度思考和独立思考的能力，实现有深度、有高度、由表及里、由点到面的思维层次。三要培养创造性思维，多琢磨、巧构思，根据不同题材、不同对象的特点选择最合适的切入角度和呈现方式，运用多种传播形式进行全面宣传，主动适应媒体融合发展的趋势和年轻民警的心理特点，确保宣传思想工作多点开花、精彩迭出。

强笔力，催生以笔为剑的战斗力。宣传思想工作经过脚力、眼力、脑力的加工，最终要靠笔力形成成果。对宣传思想工作者来说，笔力是最重要的武器，也是体现爱岗敬业、衡量行家里手的一把标尺。笔力是否高深，决定了稿件的道理能否说到点上、抒发的情感是否具有感染力、报道的事例能否达到理想效果，决定了群众爱不爱看、民警爱不爱听、工作能不能受到启发。要高标准、严要求，树立笔杆子也是战斗力的工作意识，努力用新闻宣传引导正确的价值导向，壮大主流思想阵地。要善学习、勤练习，不断提高文字功底，锻炼好看家本领，培养一针见血、精炼质朴的文风，尽快在本领域有“几把刷子”，做到张口能说、说能服人，提笔能写、写能到位。要务实效、勇推进，敢于批评不正之风，敢于迎难而上、打破常规，以钉钉子精神完成好各项宣传思想工作任务，切实推动移民管理事业向前发展。

浅析融媒体形势下如何讲好移民管理警察故事

蔡　铮

移民管理警察是人民警察队伍中最年轻的警种。共和国第一代移民管理警察，在国门口岸，是闪亮的名片；在边境一线，是可靠的忠诚卫士；当前，更是奋战在“防范境外疫情输入”最前线的斗士。发好移民管理警察声音、讲好移民管理警察故事是移民管理宣传工作者的职责和使命。为讲好移民管理警察故事，传递警营正能量，笔者就融媒体形势下如何讲好移民管理故事谈几点粗浅建议。

坚持围绕中心、服务大局。要始终坚持正确的政治方向和舆论导向，牢牢把握党性原则，把新闻宣传工作的出发点、落脚点放在服务党中央、公安部党委和国家移民管理局党组的决策部署上来，紧紧围绕防控各种社会风险、维护口岸和边境辖区和谐稳定、促进经济社会发展和全面深化警务改革、大力推进“四项建设”聚焦发力，生动展现广大移民管理警察用鲜血和汗水守护国门安全的感人事迹，充分彰显移民管理队伍加强能力素质和纪律作风建设、提升人民群众安全感满意度取得的新成效。

建立与媒体互信、互动、共赢的良好合作关系。要主动搭建联系互动的平台，完善健全与新闻媒体的联系协作机制，及时了解新闻媒体的报道需求，主动向新闻媒体提供移民管理工作情况。要通过组织记者进警营、警媒联谊会等多种形式，真心实意地与新闻媒体交朋友，通过警媒 QQ 群、微信群等新载体加强网上互动交流。要与新闻媒体携手加强策划，有计划、有步骤地开展大型主题宣传活动，营造强大的移民管理舆论宣传声势。要充分借助新闻媒体宣传移民管理工作的重大部署和重大行动，让人民群众充分了解移民管理机构在打击涉边违法犯罪、化解矛盾纠纷、维护边境口岸和边境安全等方面采取的举措，有力调动人民群众参与维护边境稳定的积极性和主动性，努力使新闻媒体成为移民管理机构宣传发动群众的有效平台。

构建网上网下一体、内宣外宣联动的立体化传播格局。现代社会发展日新月异，如何吸引受众的注意力是每个传播工作者必须要思考的问题。要通过扩大宣传阵地，做到一次创作、多次生成、立体传播、持续发布，通过荧幕的大屏、电视的中屏、手机的小屏全方位覆盖，使先进典型事迹无处不在、无时不有、抬头可见。要创新宣传方式，充分运用艺术化手段，如直播、微视频、动漫、H5、舞台剧等多种类型的宣传手段，提高典型宣传的感染力和亲和力，使宣传效果最大化、最优化。要把握好宣传规律，做到社交化、碎片化、可视化、互动化、移动化，提高传播效果。要把握好受众对象，针对不同群体对信息获取的喜好不同这一规律，用心用情创作融媒体作品，提高宣传影响力。要加强议题设置，创新新闻传播的方法和手段，让新闻成为观众和读者喜闻乐见的产品。

提供坚实人才保障和平台保障。一方面，做好人才保障。媒体竞争关键是人才竞争，媒体优势核心是人才优势。媒体融合发展是一场攻坚战，主要在于人和技术，只有立足自身、找准定位，才能实现差异化发展，形成和谐共生的媒体融合生态。要加快培养造就一支政治坚定、业务精湛、作风优良、党和人民放心的新闻舆论工作队伍，特别是打造一批“十八般武艺样样精通”的全媒体记者。编辑记者不但要会写文章，还要会发微博、做微信，还要学习做自媒体的策划、营销、用户体验调查等，不但要当码字匠，还要当工程师，当推销员。另一方面，做好平台保障。在传播学上，除了“内容为王”，还有“渠道为王”，有了好的平台与渠道才更有可能产生好的传播效果。要占领宣传主阵地和制高点，让好的故事在好的平台上讲，让好的平台讲好的故事。要乐于展示，吸纳数量巨大黏度极高的粉丝，打造独特的网上辨识度；要敢于发声、在自己的专业领域把握话语权，以专业知识建立公信力；要润物无声，让国门故事无处不在，讲好新时代移民管理警察故事，增强人民群众对移民管理事业的支持与认同。

深情讲述移民管理好故事

张攀峰

习近平总书记强调，我们走的是正路、行的是大道，这是主流媒体的历史机遇，必须增强底气、鼓起士气，坚持不懈讲好中国故事，形成同我国综合国力相适应的国际话语权。作为国家移民管理机构第一代新闻工作者，讲好移民管理体制改革故事、传递好移民管理事业发展声音、展现移民管理警察良好形象，我们的责任比任何时期都重大，任务比任何时期都艰巨，舞台比任何时期都宽广。

作为新闻工作者，要善于登高望远。站得高，才能看得远。进入全球化快速发展的新时代，国家移民管理事业前程似锦，对新闻工作者也提出了新的要求，我们要善于登高望远，跳出地域限制、发展限制，树立世界眼光、大局意识，正确把握时代发展趋势和要求。一是要立起新理念。身子进入新时代，脑子不能滞后新时代。要自觉承担起高举旗帜、引领导向的神圣使命，认真学习习近平新时代中国特色社会主义思想，解读政策精准、客观、到位。二是要立起新角度。联接中外、沟通世界，是我们义不容辞的责任。架起世界不同文明之间沟通的桥梁，要更加积极主动传播中华文明、中国文化，让国际社会深入了解中国道路、中国理念。三是要立起新话语。新话语不是简单迎合，而是要找准传播话语的共同点、情感的共鸣点，通过受众乐于接受、易于理解的话语形式，让移民管理事业的声音传得出、传得广、传得响。

作为新闻工作者，要深情讲好故事。国家移民管理事业气象万千，移民管理队伍中的好故事比比皆是，应努力讲述这些好故事，将思想、文化、道德、情感融入笔墨，让移民管理警察的形象更加鲜活亲切。一是要讲好重大事件中的感人故事。作为新闻工作者，笔者曾亲历多个重大事件，在一个个激动人心的新闻现场，记录历史瞬间和时代进步，深感一种难以复制的幸运。在神舟故乡阿拉善，见证神舟系列飞船发射升空的一瞬间，既有心潮澎湃、热血沸腾的自豪，也有记录基层民警搜寻逃逸塔、守护神舟安全发射的艰辛；在乌兰察布市四子王旗，既见证了神舟飞船降落的历史瞬间和边境“神舟卫队”的辛勤忙碌，也发出了“国之重器、国之大事”的由衷感慨。在云南，采访中老缅泰湄公河联合巡逻执法队员，得知老方一位负责人的父亲去世，由于工作需要无法离开，直到联合行动结束才回家尽孝，让笔者感受到老方人员为湄公河航道平安付出的努力。采访中国第二支赴利比里亚维和警察防暴队，不仅感受到中国警察的责任担当，更体会到中国的大国地位。笔者深深感到，通过这些震撼的、鲜活的、生动的、极具价值的重大主题报道，不仅留下了一份独特的记忆，更记录了时代的变迁和历史的足迹。二是要讲好重大改革中的感人故事。在国家移民管理体制改革进程中，涌现出许多支持改革、拥护改革的典型，他们大公无私、公私分明、先公后私、公而忘私的高尚境界令人动容。采访锡林郭勒盟边境管理支队负责人赵永前，深入挖掘他“两肩”担当的故事后，笔者的心情久久不能平静。正是通过一个个故事温暖人心，引起社会强烈反响，让群众感受到在改革大潮中移民管理警察不忘初心、砥砺奋进的高尚品质，体会到“我将无我，不负人民”的动人情怀。三是要讲好普通民警和群众的故事。边境派出所民警达林台，与群众心贴心，成为牧民的“好安答”；护边员阿迪亚，一家两代人忠诚护边，展现“家是边境，国是中国”的家国情怀。笔者一次次在满怀激情中发掘他们的闪光点，一篇篇沾泥土、带露珠、冒热气的好故事便呈现在读者眼前。

作为新闻工作者，要争当专家型人才。在人人都是传播者的新时代，新闻工作者不仅要具备新闻传播理念、知识、技能，还必须加强对国家、国际移民管理和服务体系的研究，努力成为移民管理领域专家型新闻宣传人才。一是要增强敏感性。既要看到国际国内大势，也要看到局部安全风险挑战；既要关注本领域、本行业动态，也要关注时事焦点、社会热点；既要把握稿件带来的社会效果，还要把握其产生的联动效应。二是要增强权威性。认真研究移民管理工作，深耕精作、日积月累，采访中做到不说外行话，写稿时做到“外行不觉深，内行不觉浅”，时时刻刻体现权威性，为事业发展出谋划策、提供决策参考。三是要增强思想性。思想和观点是核心竞争力，只有不断总结提炼、归纳思考、延伸视角，才能写出有新意、有深度、有影响力的报道，在风云激荡中引领思想，让正能量更强劲、主旋律更高昂。

努力增强国际传播的亲和力实效性

袁 利

习近平总书记强调，讲好中国故事，传播好中国声音，展示真实、立体、全面的中国，是加强我国国际传播能力建设的重要任务。习近平总书记对新时代国际传播工作的重要论述，为我们做好国际传播工作指明了方向、提供了遵循。

做好国际传播势在必行，是我们不能回避的使命担当

通过国际传播，可以形成更加广泛的阵线同盟。中国历来奉行多边主义，讲究和平共处、共同发展。特别是我们提出的“构建人类命运共同体”的理念，契合世界人民的共同心声和发展愿望。通过深化国际传播，可以最大范围赢得世界人民的关注和认同，为合作、发展、共赢锦上添花。

通过国际传播，可以让世界更全面、更客观地了解中国的发展。通过讲好中国故事，能让世界更准确、全面地了解中国的古老文明和发展历史，特别是在新时代，在社会主义现代化国家建设新征程，中国人民在习近平新时代中国特色社会主义思想指引下，在中国共产党的英明领导下砥砺前行、拼搏奋斗新时代的豪情壮志。

通过国际传播，可以凝聚有识之士，一同参与到我国社会主义现代化建设中来。通过全方位了解中国，外国朋友可以把自己的一技之长，充分投入中国建设，成为促进中国发展的一分子，我们要团结一切可以团结的力量，凝聚最大的动能，不断扩大知华友华力量。

选择讲好中国故事的主体和内容，努力实现国际传播最佳效果

讲好中国故事主体可以是多元的、广泛的，可以涉及各行业、各部门、各领

域，可以是政府官员，可以是意见领袖，可以是名人名家，通过他们在各自领域的影响，带动更多的人更加客观地认识中国和中国各方面取得的伟大成就。当然，这个主体也可以是普通群众，他们的传播方式更接地气，能在更广范围内赢得认可和支持。

国际传播的力量很大、潜能无限，可以全方位、多层次、宽领域、广覆盖地进行，可以把中国在各领域取得的成功和“为世界谋大同”的理念，以及规划远景向世界人民宣传展示。为最大限度引发共鸣，可以把国际传播内容适当分类，可通过人文故事、人性关怀、身体健康、生命安全等话题的代入、引导，让人们通过一个个生动鲜活的故事，作出自己的分析和判断。国际传播需讲究艺术性、技巧性、实效性，要会讲故事、讲好故事。

比如云南大象迁徙的故事，它们一路走来，得到了超乎寻常的照顾，是那样自由自在、无拘无束，体现了动物与自然、与人的和谐。

这个故事的背后，正是中国政府、社会各界为保护野生动物作出的努力，也是构建人类与自然生命共同体的具体实践。

再比如，在新冠肺炎疫情防控工作中，一些西方国家污蔑、诋毁中国，世卫组织早就宣布：病毒无国界，不能政治化、标签化；病毒不是起源于中国；抗击疫情是全世界所有国家的共同担当；中国在抗击疫情方面取得了阶段性成效……

在携手世界各国抗击疫情方面，中国做了很多具体实在的工作，从派遣医疗组、提供医护设备、分享抗疫经验做法，到提供疫苗帮助等，一直在为抗击疫情贡献中国力量。

这些事例都非常客观，有说服力，能够引起世人关注，因为人类对身体健康和生命安全的需求是一致的。通过这类话题，体现构建人类命运共同体的重要性，顺理成章、水到渠成。

掌握好国际传播方式，全方位多层次宽领域广覆盖抢占舆论制高点

可以尝试借鉴一些可复制、易见效的传播方式。比如，通过上门专访、征询问需、办证接待等方式，倾听、了解、掌握外籍人员，特别是外籍高层次人才、企业高管、外国留学生等群体，对我国移民及出入境政策措施的意见建议，了

解他们的心声和愿望，说出新时代中国移民和出入境政策给他们带来的红利，说出他们融入中国社会乐享中国平安的快乐。这样的表达自然直接，也有亲和力，必定会在他们的“朋友圈”扩大中国亲诚惠容的影响力。

对亲华知华友华的外国友人，可以通过多种方式进行沟通交流、拉近距离、增进友谊，把我们政策的优越和他们想对中国表达感谢的心意，有机地结合起来。通过召开新闻发布会、专业论坛、媒体通气会、外警培训班、外国人管理服务站等形式推送相关信息，通过他们最真诚的表达，把中国移民管理机构为中国为世界作出的贡献和努力表达出来。

同时，可以尝试建立外国人志愿服务队伍。按照自愿加入原则，经批准，可试点成立由外国人组成的志愿者服务队，参加中方组织的有关活动，让他们和中国百姓或特殊人群面对面交流，和中国百姓融为一体，在互相交流中，加深对彼此文化和国情的了解。

通过做好国际传播工作，可以提高新闻舆论工作的效能，全方位多层次宽领域广覆盖抢占舆论制高点，让国际社会更加全面了解真实的中国，努力实现习近平总书记关于国际传播工作的殷切希望和谆谆教导，不负时代、不负韶华、不负职责使命。

浅谈新形势下如何加强新闻宣传工作

张苏勋

2021年是中国共产党成立100周年，是“十四五”规划开局之年，也是国家移民管理局正式组建的第三个年头。面对新形势、新任务，如何做好移民管理领域新闻宣传工作，推动全社会进一步了解移民管理警察队伍、展现新时期移民管理警察风采，是摆在新闻宣传骨干面前的一个重要课题。笔者结合近几年工作实践，就如何开展好新时期新闻宣传工作谈几点粗浅看法。

充分认清形势，切实增强做好宣传工作的责任感

国家移民管理局组建以来，全体移民管理警察主动适应新形势新任务需求，积极深化“放管服”改革，主动服务“一带一路”建设，认真做好执法执勤、打击“三非”外国人等中心工作，取得了显著社会效应，赢得了各界一致认可。广大新闻宣传工作者紧扣中心、服务大局，无论是对移民管理、重大专项行动的宣传，还是对队伍建设、改革创新、先进典型的宣传，都取得了较好效果。在全面建设社会主义现代化国家新征程的开局之年，面对加快推进社会治理体系现代化建设的新形势，新闻宣传工作的任务艰巨而光荣。全体新闻宣传工作人员必须始终站在党和人民的立场，坚持正确的世界观、人生观和价值观，坚决贯彻落实习近平总书记提出的“对党忠诚、服务人民、执法公正、纪律严明”四句话十六字总要求，坚持把新闻宣传工作放到移民管理工作和队伍建设的全局去思考、去研究，充分认识做好新形势下新闻宣传工作的重要性和紧迫性，进一步增强责任感和使命感。

大力弘扬正气，积极发挥典型宣传的职能优势

弘扬主旋律，以高尚的精神塑造移民管理警察的良好形象，是我们典型宣传工作的主导思想。针对新时期新闻宣传要求高、任务重的新形势，要紧紧把握主旋律，精心组织策划，突出先进典型事迹宣传，牢牢占据舆论制高点，提升新闻宣传工作质效。一是广泛开展选材。要通过大力宣传不同层次、不同阶段、不同岗位的先进典型，不断提高移民管理机构的社会透明度，展现移民管理警察的精神风采。除了要宣传培树危难时刻不怕牺牲、挺身而出的先进典型外，还要注意宣传培树一大批在平凡岗位上默默奉献、勇于实践、锐意改革的先进典型。二是丰富宣传形式。在积极利用广播、电视、网络、报刊等主流媒体宣传先进典型的同时，还要借助短视频平台、微博、微信等新媒体渠道，通过组织开展典型事迹报告会，举办典型事迹座谈会、理论研讨会等形式，在队伍中开展大讨论活动，促进学习活动的深化；要适时采取立功授奖、命名仪式、表彰大会等形式，表彰先进、鼓舞士气，形成崇尚先进、学习先进、争当先进的良好氛围；要利用各级媒体的同步宣传，使典型事迹的宣传更加形象、生动、感人，进一步扩大先进典型的社会影响，让典型在更大范围内发挥作用。三是深入挖掘亮点。先进典型只有具备了深厚的群众基础，广大民警对其才有认同感，才能感到可亲可敬、可比可学。因此，必须进行严格细致的考查，广泛听取民警和群众的意见。宣传报道骨干要对典型事迹进行反复研究，深入挖掘其具有强烈号召力、感染力和激人奋进的亮点，使典型事迹既突出真实，又贴近生活，从而给广大民警以深刻的感染教育。

紧密围绕中心，努力增强新闻宣传工作的社会效能

实践证明，新闻宣传脱离工作中心，就找不到立足点和切入点，毫无社会效能可言。只有用丰富的宣传活动服务中心工作，以强有力的宣传声势策应中心工作，我们的新闻宣传工作才能大有作为。一方面，利用新闻媒体搞宣传。坚持正面宣传，用正确的舆论引导人既是对新闻宣传骨干的要求，也是新闻宣传工作必须遵循的原则。不仅要充分发挥和挖掘广播、电视、报刊等传统媒体的作用，同时还要积极开辟新的宣传阵地，利用抖音、快手、微信等新媒体，使宣传信息以最快的速度传播给公众。在新闻宣传内容上，要大力宣传移民管理工作

和队伍建设，大张旗鼓地报道移民管理队伍的主流和成绩，热情洋溢地讴歌广大民警在守边戍边中涌现的感人事迹，唱响主旋律。另一方面，利用新闻宣传树形象。立足“一报一刊”主阵地，紧扣队伍管理教育、加强党建工作和强化民警职业认同的新经验、新成果，把握时机、点面结合，积极拓宽宣传渠道。通过加大法律知识、公共安全防范知识、国家安全知识、禁毒知识等法律法规的宣传力度，组织开展“警营开放日”、警民共建、法律进社区、进企业、进校园、进家庭等活动，扩大与社会各界和人民群众的交流，使他们直观地体验移民管理警察的工作和生活，增进对移民管理工作和移民管理队伍的理解和支持，为移民管理工作营造良好的舆论氛围。

提升能力素质，不断推动新闻宣传工作全面发展

加强新闻宣传骨干队伍建设是强化新闻宣传工作的重要基础。要针对宣传报道骨干培养周期长的特点，着眼长远，科学培养，努力造就一支过硬、实干、甘于奉献的宣传队伍，只有这样才能保证和促进新闻宣传工作的全面、协调、可持续发展。加强政治素质培养。要在提高宣传报道骨干自身政治素质上下功夫，始终坚持正确的政治立场和思想自觉，不断增强政治敏锐性、政治鉴别力和抵御各种腐朽思想的能力，始终保持清醒的政治头脑，做到旗帜鲜明，立场坚定。不断提高业务素质。新闻宣传工作要做到“服务大局、服务中心、服务基层”，新闻宣传骨干首先应该了解大局，了解中心，熟悉基层工作。因此，在强化自身业务知识学习的同时，要经常性地深入基层开展调研走访，了解熟悉基层单位和部门的工作实际、工作动态和思想状况，扩大移民管理业务知识面，以更好地指导和开展新闻宣传工作。同时，还要熟练掌握采访、写作、摄影、网络宣传等业务技能，努力提高综合素质。强化工作责任感与事业心。要充分发挥新闻宣传工作者的职业敏感性和敏锐性，积极思考，主动出击，以百倍的激情，把新闻宣传工作做实做精做好；要突出真情，怀着对移民管理事业的热爱，怀着对战友的真情，努力挖掘新闻线索，切身感受基层一线工作的艰辛和曲折，创作出真实感人、有感召力、有影响力的作品；要突出人情，努力捕捉能反映民警甘苦、刻画内心世界的细节，引起读者共鸣，赢得人民群众的理解和支持。

做好新闻宣传工作的四点策略

赵泽华

新闻宣传工作首先必须服务于中心工作，面对纷繁复杂、千头万绪的工作局面，只有把中心当作目标，把大局当作舞台，把镜头对准改革发展和服务人民的主战场，工作聚焦不散光、力量集中不分散，才能真正发挥优势，使新闻宣传工作成为推动队伍建设发展的强大动力。作为移民管理机构新闻报道员，我们要紧紧围绕“构建三个体系，锻造一支队伍”这条主线，加大正面宣传和引导力度，从不同层面、不同角度宣传队伍建设发展、管理创新，以及涌现出的模范人物、典型事例等，为队伍发展提供强有力舆论支持。

掌握“要点”，提高舆论引导力。新闻稿件写得好未必会被采用，因为各媒体不只看新闻写作水平如何，还注重很多因素，如稿件内容是否符合党的路线、方针、政策，是否是当前宣传重点，发表后有何积极作用，有无负面影响，等等。因此，我们要把正确舆论导向放在新闻宣传工作最核心位置。每年年初，根据全国移民管理工作会议精神整理新闻宣传工作要点，突出新闻宣传重点，牢固树立政治意识、大局意识、责任意识，不断增强政治敏锐性和政治鉴别力，坚持团结稳定鼓劲、正面宣传为主的方针，在重大问题、敏感问题、热点问题上把好关、把好度，为建设好“成长型”移民管理队伍营造良好舆论氛围。

挖掘“亮点”，提高新闻洞察力。善于观察和挖掘是做好新闻宣传工作的有效途径。世界著名雕塑大师罗丹曾经说，世界上并不缺少美，而是缺少发现美的眼睛。大多数人都工作在平凡的岗位上，不可能经常发生轰轰烈烈的大事。作为新闻报道员，我们要通过细心观察和了解，在平凡的故事中找出与众不同，再深度挖掘故事背后有价值的线索。另外，我们不能坐在办公室等材料、等故事，应贯彻“三贴近”原则，贴近实际、贴近工作、贴近一线，把单位内部有价值、有创意，值得推广的“放管服”改革举措、管理方法、工作经验等内容及时挖掘出来，特别注意挖掘体现时代精神、鼓舞人心、催人奋进的先进典型，以此增强内鼓士气的感召力、外树形象的辐射力。

提炼“特点”，提高宣传感染力。有人说，新闻工作者是历史事件的记录者，新闻报道只要求按照事实的面貌进行描述，用事实说话，给读者提供充分的信息。仅仅做到这一点远远不够，新闻工作者还需在真实、客观的报道中，拓展深度、广度、厚度，充分发挥新闻舆论导向作用。具体如何提炼“特点”？笔者有三点体会：

一是吃透“上情”和“下情”。“上情”就是一个时期国家的方针、政策，“下情”则是对基层实际情况的了解。吃透“上情”才能对全局有准确的判断和把握，吃透“下情”才能反映一线真实的工作生活。例如，上级部署开展某项工作，我们应及时学习上级指示精神，总结提炼该项工作的先进经验和做法，使之具有指导意义。或是通过调查研究，反映出该项工作在基层落实中存在的问题，并提出解决对策，同样具有新闻价值。

二是多观察、多思考。善于从日常训练、工作、生活中提炼总结，透过现象去思考其中蕴含的思想，发现闪光点，提炼出特点。我们要做生活中的有心人，从“身边事、平常事”入题，从“手头事、眼前事”做起，从喜闻乐见着手，以不同视角表达不同观点和看法，增强新闻报道的亲和力、感染力。

三是“温故而知新”。在新与旧的对比中提炼特点，从研究原有的事实开始，并以此为基础，头脑里形成一条由原有事实组成的“地平线”，这条线越清晰，新闻敏感性越强。一旦有新线索冒出这个“地平线”，我们就能及时发现。因此，要利用这种方法，把单位的好做法、好经验、好典型提炼出来、宣传出去。

打造“精点”，提高新闻品质力。作为一名新闻报道员，我们要树立精品意识，讲求千锤百炼、精益求精，认真研究新形势下新闻宣传工作的特点和规律，开辟新途径、探索新办法，避免稿件流于形式、缺少内涵。同时，新闻宣传又是一个实践性、操作性很强的工作，它不是纯理论性的工作，平时要笔耕不辍，做到“三勤”，即脑勤、手勤、脚勤。只有勤奋学习、善于研究，才能逐步培养自己的新闻敏感性、洞察力，掌握新闻写作的基本方法和技巧，从而提高稿件的思想性、可读性，不断丰富宣传内容，打造精品力作。

刍议新媒体时代基层新闻宣传工作

马建华

随着信息化发展，舆论生态、媒体格局、传播方式发生深刻变化，给新闻宣传工作带来新的机遇和挑战。作为移民管理机构“神经末梢”单位，要因势而谋、应势而动、顺势而为，积极运用“全媒体”理念和“互联网+”思维，确保新闻宣传工作焕发出强大生命力。

提高站位，展示成果。我们应清醒地认识到，新闻宣传工作是展示移民管理工作的重要窗口，必须坚持党对宣传工作的绝对领导。将宣传工作纳入工作总体部署和队伍建设整体规划，加强组织领导，统筹资源力量，健全完善机制，不断提高舆论引导能力。围绕主责主业，大力宣传队伍在打击边境违法犯罪、维护边境地区安全稳定等方面付出的辛劳，在深化“放管服”改革、提高出入境服务质量等方面作出的努力，增进人民群众对移民管理工作的理解和支持。充分利用新媒体优势，畅通与社会各界沟通渠道，引导社会舆论，稳固意识形态阵地。主动适应新媒体时代信息传播格局、社会舆论生态环境和公众参与方式，用好用足新媒体平台，将移民管理工作和队伍建设成果及时向社会各界展示。

转变观念，提升能力。因势利导，转变单纯依靠传统媒体宣传的思维模式，抢占新媒体宣传阵地。充分利用举办新闻宣传骨干培训班、阶段性宣传工作讲评、走基层等时机，向宣传骨干灌输新媒体宣传理念，讲解有关新媒体栏目设置、发布规则和发稿技巧，引导他们熟练使用新媒体。选送宣传骨干到中央、地方主流媒体和新兴媒体跟班实习，掌握用稿特点和发稿流程；邀请知名媒体人、编辑到队伍内部传经送宝。与地方广告公司、知名视频网站开展合作，学习掌握新媒体运作流程，学会借力发力搞宣传。积极融入新媒体传播大势，树立“全媒体”大宣传格局，不闭门造车、不单打独斗、不硬发死力，当好开拓创新“排头兵”。宣传骨干要在坚持内容为王，提高新闻业务素质的基础上，树立新媒体宣传思维，转变表达方式，强化“头条”意识，推出更多接地气、触人心、信息量大、视觉冲击力强的新闻报道。

拓宽渠道，扩大影响。顺应时代潮流，开拓新媒体阵地，遵循新媒体传播规律，提升移民管理机构影响力、美誉度。利用自身新闻资源优势，加大与主流媒体合作力度，形成双赢局面。2021 年年初，我们与主流媒体建立合作关系，发布的《七剑下天山》稿件引发网友高度关注，阅读量超过 1000 万人次，评论数达 10 万余条，120 余家知名门户网站转载，达到一点发力、全面开花的良好效果。积极结合重要节日、节点，研究舆论热点，摒弃“单向说教、填鸭灌输”的宣传模式，力求推出有温度有态度、体现人文关怀、易引发受众共鸣的报道。以自建微信公众号为抓手，以广大民警、驻地群众和出入境旅客为受众，逐步扩大传播和辐射范围，提升移民管理机构社会影响力。

完善机制，注重效果。为确保新媒体宣传实现常态化、规范化和效能化运行，应建立完善工作机制，确保新媒体环境下新闻宣传工作有序开展。一是完善新闻考评机制。专门修订完善优质稿件评奖办法，不仅要将知名新闻门户网站、视频网站、微信公众号等新媒体平台纳入评奖范围，还要提高优质稿件评奖门槛，鼓励各单位推出头条和专版报道，从顶层设计上提高稿件“含金量”。同时，也要设置“高压线”，严肃新闻宣传纪律，防止因片面追求吸引眼球和轰动效应引发负面舆情。二是完善媒体融合机制。根据新媒体平台运行特点和发布规则，建立融媒体工作模式和发稿流程，加大对抖音、快手等短视频和“两微一端”等平台的经营力度，让新闻报道在多个平台立体传播，实现宣传效果最大化。三是完善跨区采风机制。挑选宣传骨干组建采编团队，组织政工协作区之间、单位之间交叉采风，确保重大新闻随时随地随警刊发。在采编团队人员编成上，考虑新媒体宣传需要，将文字、摄影、摄像等骨干力量综合编组。同时，组建微信群，将队伍内部宣传骨干、媒体记者拉入群中，及时推送新闻线索，保证突发事件宣传达到“第一时间、第一现场、第一报道”的效果。

全面提升基层新闻宣传工作水平

石佰华

习近平总书记指出："党的新闻舆论工作是党的一项重要工作，是治国理政、定国安邦的大事。"随着全媒体时代的到来，在全面推进国家移民管理机构改革进程中，基层新闻宣传工作也面临不少困难和压力。笔者结合工作实际，就如何提高基层新闻宣传工作水平，不断增强新闻舆论传播力、引导力、影响力、公信力，谈几点粗浅看法。

做好顶层设计，构建大宣传工作格局。当前，全国移民管理系统各级新闻宣传工作由政治部门"单打独斗"、政工干部"孤军作战"的现象不同程度存在。只有充分发动全警广泛参与、共同努力，形成强大合力，构建大宣传工作格局，才能适应新形势下移民管理新闻宣传工作需要。一是完善新闻宣传机制。要把新闻宣传工作列入各级党委工作重要议事日程，放在突出位置，从制度上支持、经费上保障、奖惩上激励。各级单位要制定切合本单位实际的新闻宣传工作规定，明确总站、支队级单位和基层单位的职责任务，确保有章可循；要建立新闻宣传工作联席会和信息通报会制度，完善年初部署、年终讲评和阶段性通报机制，并将新闻宣传工作纳入各单位、各部门考核的重要内容，营造"人人都是宣传员、人人都是记者"的氛围，形成上下齐心、协同作战、各尽所能、各展其长的大宣传工作格局。二是突出新闻宣传重点。要紧扣学习贯彻习近平新时代中国特色社会主义思想和全国两会、全国公安工作会议、全国移民管理工作会议等重要会议精神，大力宣传国家移民管理局出台的新政策、新举措及取得的新成效。要紧扣"践行新使命、忠诚保大庆"实践活动、扫黑除恶专项斗争、

“靖边”行动以及“放管服”改革等重大工作部署，大力宣传加强边境管控、社会治安治理、边检工作的经验做法和突出业绩。三是注重新闻宣传策划。要建立新闻发布会制度，在总站、支队级单位层面，结合重大工作和活动，定期举办新闻发布会、媒体吹风会；及时与各级新闻媒体沟通联系，提供采访条件，邀请记者深入基层采访、拍摄、创作、报道；对基层单位重大的新闻题材，上级机关或者宣传部门要深入一线，积极协调新闻媒体或者地方宣传部门，进行蹲点指导策划，切实提升宣传质量。

加强队伍建设，增强新闻宣传的战斗力。队伍建设是根本，也是保障。要树立正确的用人观念，制定灵活的用人政策，拓宽选人用人渠道，不拘一格选拔和任用一批优秀新闻宣传骨干，壮大新闻宣传队伍。一是重视选拔人才。当前，一些单位负责新闻宣传的人员专业的少，专职的更少，宣传队伍青黄不接。各单位要面向基层、面向社会，公开选拔懂宣传、懂传播、懂新闻、懂策划的人员，充实到新闻宣传队伍中来；要最大限度挖掘青年民警潜力，培养广播、电视、报刊、新媒体等领域的人才；要通过多渠道层层选拔人才，确保总站层面有新闻宣传专业机构和专职记者、报道员，支队级层面有兼职机构、兼职报道员，基层单位有相对固定的宣传小分队、报道员。二是强化业务培训。要积极主动联系，选送报道员参加本系统、外单位的新闻骨干培训，不断增长才干、提升本领；要分批次、不间断选送报道员到地方新闻单位跟班实习、交流、培训、挂职锻炼，近距离学习新闻采编工作；要结合重大宣传报道任务，给基层压担子、出点子、指路子，为基层报道员搭建成长成才的广阔平台。三是完善奖惩机制。要积极探索一套与新闻宣传工作业绩紧密联系、鼓励人才创新创造的奖惩机制，对主动作为、业绩出色的单位和个人予以奖励；对不重视宣传工作、发生稿件涉密失实等问题的，遵照相关规定进行惩戒。要设立新闻宣传奖励基金，评比年度好新闻奖、专项好新闻奖、精品策划奖等奖项，努力做到干不干事不一样，干多干少不一样，干好干坏不一样。

与时俱进，增强运用新媒体的能力。随着新媒体技术飞速发展，坚持解放思想、与时俱进，增强运用新媒体的能力，成为干好新时期新闻宣传工作不可或缺的内容。一是把准掌控新媒体，提高舆论主导力。为适应新形势新要求，必须充分认识新媒体及其舆论的形成过程、存在风险，把握新媒体环境下形势变化和发展规律，充分运用网络和通讯等技术手段，让外界迅速了解党和政府各项政策法规，了解国家移民管理工作的新举措、新思路，增加移民管理工作的透明度，提高舆论引导力。二是学习研究新媒体，增强舆情引导力。要建立网络教育培训机制，通过新媒体知识大讲堂、专题讲座、送课到基层等形式，提升基层新闻宣传骨干运用新媒体开展工作的能力水平。要加强网络涉警舆情监测，确保遇有负面舆情可及时发现、稳妥应对。要培养一支有影响力的网络评论员队伍，提升舆论引导水平，扎实推进舆论阵地建设。三是建强用活新媒体，营造舆论公信力。2021 年 4 月，国家移民管理局政务服务平台正式上线。要充分依托局官方微博、微信公众号、APP 等平台，加强宣传策划，多角度展现移民管理警察的新形象新风采。要加强本单位政务新媒体建设，用好用活图文、微视频等传播形式，创新宣传载体、内容。要坚持正面发声、主动发声、科学发声，不断提高新闻舆论传播力、引导力、影响力、公信力。

做合格的基层宣传骨干

黄俊生

作为一名基层宣传骨干，应如何适应当前形势、提高能力素质，为服务中心工作营造良好的舆论氛围？笔者认为，要从以下三个方面着手。

多学、多写、多练，着力提高新闻写作和投稿技巧。多学，做到“学然后知不足”。新闻写作要求“入门者”除必备的文字功底外，还要有观察、分析、表达能力等。日常工作生活中，要学会用心揣摩，善于从好书、好文章中汲取营养，发现和改正自身不足，不断取得进步。多写，做到与新闻媒体“情投意合”。一方面，要掌握新闻写作规律。确定新闻主题后，集中笔墨把一个方面写深写透；重视新闻时效性，牢记“今天的新闻是金子，昨天的新闻是银子，前几天的新闻是沙子”；熟练运用新闻语言，报道要充满亲和力、感染力，接地气、冒热气；精心构思标题，寻找最贴近基层、贴近民警的切入点，吸引注意力；善于精雕细琢，反复修改稿件，力求精品。另一方面，要了解媒体用稿规律。熟悉各类媒体的定位，站在编辑的角度思考问题，然后落笔写作；随时关注媒体不同阶段宣传报道重点，及时调整跟进，提前策划；善于处理好边检机关、媒体、读者需求，遵守宣传纪律和职业操守。多练，做到“冬练三九，夏练三伏”。知行合一，行而有果。只有通过多摸索、多练笔，才能逐渐积累经验，最终达到倚马成章的效果，创作出更多有高度、有深度、有温度的新闻作品，也只有在此过程中潜心钻研、寻找乐趣，才能在内心深处保持不竭的工作热情和精神动力。

多看、多听、多问，着力提高宣传报道和策划能力。多看，明确宣传方向。通过看，发现新闻线索。笔者自 1991 年从事新闻宣传工作以来养成一个习惯：

每天通过各种渠道及时学习掌握上级决策部署、领导讲话精神，做到对当前中心工作及宣传重点心中有数，然后再迈开双脚，沉到基层挖掘有价值的新闻。通过看，了解自身不足。对领导审过、别人改过的文章，一定要仔细研究分析，找到自身差距，力求进步提高。多听，广泛收集素材。写稿之前，要深入基层一线，做到“闻警而动、随警而战、为警而歌”，认真倾听报道对象的心声；稿件完成后，要请领导同事审阅修改，充分听取意见建议；稿件刊发后，要及时作对比，找出自己的短板，及时完善改正。多问，“满招损，谦受益”。要抱着虚心求教的态度，向编辑、记者及各行各业专家求教，不断学习提高，让自己成为一个多面手。要深入实地采访当事人，挖掘事件背后蕴藏的新闻点，掌握第一手资料，用丰富的笔墨再现新闻事实。

多谋、多思、多悟，着力提高涉警舆情处置和引导水平。多谋，做到有备无患。在涉警舆情处置和引导中，应根据事件成因、性质、发生、发展过程及可能造成的后果，制定不同应对方案，做到有的放矢。要准确研判涉警负面舆情，及时发现可疑点、爆发点，按照信息传播规律稳妥应对，掌握处置主动权。对涉及边检机关意识形态领域和队伍作风形象的舆情，要见微知著、敏锐感知，务求对外传递正确信号，将不良影响降到最低。多思，做到胸有成竹。舆情出现后，应全方位掌握事件情况，面对问题，敢于认错、主动纠错、问责追责，主动公开事实。加强和主流媒体沟通，把握新闻舆论主导权，营造有利的舆论环境，杜绝不实、有害信息传播。在新闻出口上把好关，认真做好新闻发布工作，积极回应大众关切。多悟，做到温故知新。涉警舆情处置引导工作结束后，要注重总结提炼，形成符合本单位实际的工作办法，积累越多，基础越牢，有助于今后更好地开展新闻宣传工作。

刍议加强基层新闻骨干队伍建设

杨桂开

习近平总书记曾强调，新闻舆论工作者要转作风改文风，俯下身、沉下心，察实情、说实话、动真情，努力推出有思想、有温度、有品质的作品。讲好新时代移民管理故事，传播移民管理好声音，是每一名基层新闻骨干义不容辞的责任，加强基层新闻骨干队伍建设至关重要。笔者结合多年基层工作经历，就加强新闻骨干队伍建设谈几点粗浅认识。

以“人才观”视野储备业务骨干。基层新闻骨干最接近一线、最靠近民警、最贴近实战，是移民管理系统新闻宣传工作的中坚力量，要“择天下英才而用之”。一是外招与内用并举。要科学制定招警计划，面向高校新闻、中文等专业毕业生广发“英雄帖”，招录一定比例的高素质专业人才，做好人才储备。要结合民警专业特长、兴趣爱好和从警经历等实际，将合适的人安排在合适的岗位，最大限度发挥基层新闻骨干作用，确保人尽其才、量才器使。二是上请与下挖并用。要加强与新闻媒体的协调联系，采取“请进来”的方式，定期邀请从业经验丰富的编辑、记者深入基层警营，面对面传授经验技巧。要善于从边境派出所、边境检查站、执勤业务科（队）等基层单位发现人才，挖掘有写作基础、肯吃苦钻研的民警调整补充“人才库”，尽可能保留骨干，为我所用。三是近补与远育并重。要密切关注基层新闻骨干日常表现，合理进行人员调整，做到有进有出、优胜劣汰，实现“流水不腐、户枢不蠹”。要加强与地方文化部门的交流合作，举办文化沙龙、开展座谈讨论、策划实地采风，积极为基层新闻骨干搭建写作、摄影、摄像等方面的“朋友圈”，努力培育结构合理、梯次分明的骨干队伍，避免出现人才断层现象。

以“倒逼式”竞争化解本领危机。新媒体时代，素材处理鲜活实、传播手段短平快、受众群体大广全，给基层新闻骨干提出更新更高要求。因此，广大基层新闻骨干要树立危机意识、克服本领恐慌，在竞争中倒逼业务素质整体跃升。一是在奖优中激发活力。基层新闻骨干人员众多、队伍庞大，但激励机制受惠窄小，激励作用发挥不明显。要结合重大任务和年度综合考评，持续开展“优秀基层新闻骨干”评比，表彰奖励业务精湛、成绩突出的优秀个人，并与跟班学习、培训选调和提拔任用等挂钩，营造比、学、赶、帮、超的浓厚氛围。二是在补弱时挖掘潜力。要钻研新媒体传播规律、善用新媒体表达方式、熟谙新媒体推送技巧，着力破解固化、呆板的思维瓶颈。要发挥微信、QQ 工作群作用，结合稿件实时开展案例分析、点评讨论，从立意选题、谋篇布局和遣词造句等方面查找不足，补齐短板。要组织开展采访实践活动，边学边练、边采边写、边发边总结，不断挖掘基层新闻骨干策划、采写、组稿的内在潜力。三是在惩戒下守住定力。要教育引导基层新闻骨干保持定力，克服急功近利思想，牢牢守住时效性底线，不越真实性“红线”，不碰失泄密“高压线”。对因违反新闻宣传纪律和警务工作保密规定，造成失泄密或不良社会影响的行为，要依纪依规严肃处理，确保纪律的严肃性。

以“实战化”练兵锻造过硬队伍。云南是祖国西南边陲的重要战略屏障，反恐“防回流”形势严峻，禁毒缉枪打私任务繁重，自然灾害多发频发。天天在较量、月月有斗争、年年出英雄的真实现状，给新闻骨干提供了取之不尽的新闻“富矿”。一要主动贴靠前沿阵地。持续深入开展“走基层、转作风、改文风”走边关采访活动，组织基层新闻骨干深入边境一线，收集执法执勤素材，挖掘爱民服务故事，总结特色经验做法，不断增强脚力、眼力、脑力、笔力。二要着力聚焦中心主业。开展“大会战”“擂台赛”等活动，集中骨干力量和媒体资源，将笔端、镜头聚焦中心主业，集中宣传执法执勤任务中取得的辉煌战果和涌现的先进个人，弘扬主旋律、传播正能量，助推业务工作和队伍建设。三要奋勇投身重大任务。在抢险救援、实战演练和现场抓捕等重大任务中，第一时间抽调具有文字、摄影、摄像等不同专长的骨干力量组成综合报道组随警作战，全方位展示第一代移民管理警察英勇奋战、敢打必胜的精神风貌，为国家移民管理事业建设发展加油鼓劲、呐喊助威。

如何当好基层新闻报道员

卢 领

如何提高新闻写作能力？怎样当好一名基层新闻报道员？作为中国移民管理报社记者，笔者一直工作生活在基层，现结合内陆边检工作实际谈谈对这些问题的认识。

“高”于站位。新闻媒介是党政宣传的喉舌，作为新闻宣传报道人员，必须要有高站位。一是坚持党的领导。始终坚持正确政治方向，站稳政治立场，坚定宣传党的理论和路线方针政策，善于从政治的角度看问题，把贯彻落实党的决策部署变成自觉行动。二是牢记职责使命。在新的时代条件下，作为移民管理新闻舆论战线工作者，我们要牢记党的新闻舆论工作的职责使命，把先进性和广泛性结合起来，发挥宣传思想工作的熏陶渗透和潜移默化作用，使之更加贴近基层工作生活实际，防止出现“两张皮”问题。三是树立正确导向。要增强服务意识，围绕中心大局，找准工作切入点和着力点，做到因势而谋、应势而动、顺势而为；要把握好时度效，增强新闻策划的吸引力和感染力，让人民群众和民警职工爱读爱听爱看，产生情感共鸣，防止“低级红”“高级黑”现象发生。

“熟”于风格。了解一份报纸，尤需掌握报纸的用稿需求、语言特色等。一是要多读报。“书读百遍，其义自见。”要了解报纸的风格，最好的方式就是研读报纸。可以把报纸近几年的“合订本”认真翻阅几遍，便会在“品读”中逐步掌握报纸每个版面的用稿风格及出版规律。二是要找准“点”。“新闻点”能够直接体现一份报纸的风格，把众多的新闻点汇聚在一起，便能较好了解一份报纸。在新闻宣传中，往往当我们选准“新闻点”，积极策划，有针对性地投稿，便会收到良好效果。三是要懂“门道”。报纸新闻的语言风格、行文方式与内部宣传报道迥然不同。通讯、消息强调的是新闻故事性，语言精炼活泼，写作时要注重细节刻画，忌用公文材料式语言。

“精”于质量。决定一个稿件能否发表，关键在于稿件的质量。消息通讯如何写、新闻语言应如何把握……笔者认为应注重以下三方面。一是标题要“好”。“题好一半文”，新闻标题的重要性不言而喻。一般在选用新闻标题时要注重新颖、形象生动的标题，尽量避免“开展……活动”之类的标题。笔者曾在修改一篇单位来稿时，将原标题《创新形式做好拥政爱民宣传工作》改为《宣传展板“搭”上驻地公交车》，一个“搭”字更形象生动，稿件即被编辑老师采纳。二是导语要“精”。导语是一个消息的“灵魂”、精华所在，要能通过直接引语、倒金字塔等方式，把新闻价值体现出来。三是语言要“活”。“新闻人物化、人物故事化、故事细节化。”新闻语言要善于利用贴近生活的语言来再现真实的活动场景，重语言描写，善细节刻画，同时注重利用直接引语、倒叙等表达技巧。

“巧”于投稿。投稿也是一门“技术活”，合理、有针对性地投稿能够提高稿件命中率。一是掌握报纸规律。如《中国移民管理报》每周有出刊计划表，也有宣传重点提示。作为基层报道员，我们要了解排版计划，做到有的放矢。二是注意投稿格式。在新闻导语中，尽量不要出现“为了”“近日”等字眼，编辑老师看后一般情况下会直接“PASS”。新闻标题要新颖，这样才能在众多稿件中得到编辑的“关注”。三是注重媒体通联。由于新闻来稿多，编辑老师在选稿时可能偏好热爱新闻宣传、踊跃投稿的基层报道员。多与编辑老师沟通，还可以熟悉用稿需求，得到老师的宝贵指点。

“博观而约取，厚积而薄发”。做好新闻宣传工作是一个日积月累的过程，须下苦功夫、硬功夫。作为一名基层报道员，我们要做到善于积累、勇于执笔、甘于吃苦，多学、多思、多写，逐步把握新闻特点和规律，才能写出优秀的文章，取得不俗的新闻宣传成绩。

常思“三好” 用好“刷子”

汤范珑

无论是现役时期还是转改之后，笔者有幸一直在江苏边检新闻宣传战线成长和坚守，既收获满满，也从未停止学习和思考。“好记者”（优秀报道员）应该保持什么样的状态？“好新闻”从哪儿来？“好故事”要如何讲？结合近两年的新闻宣传工作案例，笔者以为，纵然没有“十八般武艺”，至少也得有几把“刷子”！

第一把刷子：“好记者”笔头勤且硬

2021 年 1 月 5 日，《中国移民管理报》头版头条刊发通讯《江苏边检总站从习近平主席新年贺词中汲取智慧感受力量——以奋斗姿态迈好新年第一步》。在全国移民管理系统大事要闻多、报纸版面紧张、发稿竞争激烈的情况下，此稿能从海量来稿中脱颖而出，确是“惊喜”、实属难得。报社编辑部负责人杨林当日在评报会上点评时提到，机会总是留给有准备的人，我们的报道员在节假日还在一线采访、写稿、改稿，这样的人何尝不是“奋斗者”呢？

“新春走基层”“节日我在岗”…… 过节，对普通人是休息，对生意人是“商机”，对劳动者是坚守，对国门卫士而言是“过关”，在敬业的记者眼里则是“新闻点”。

习主席新年贺词发表后，正值元旦三天小长假。中国移民管理报社记者费伯俊抓住新年贺词在全省边检系统引发热烈反响这一新闻点，主动放弃假日休息，深入基层采访总站各级学习习主席新年贺词情况。写成稿件后，经杨林老师指点修改，“意外”登上头版头条。这既是报社领导和编辑对作者的肯定，也是对奋斗者的激励。

上学时老师就经常提醒我们，“好记性不如赖笔头”。对“好记者”而言，笔头勤应属“标准”动作。新闻是易碎品，伏案写作亦是苦差事。能够长年坚持、乐于坚守，更为可贵。而费伯俊无论是当战士报道员还是转改民警，都不轻易放过一个热点、节点、新闻点，晚上加班“爬格子”、半夜字斟句酌改稿、周末和节假日在岗写作是常态。这篇时度效相结合的头版头条，除了报社编辑独具慧眼、精雕细琢外，与他长年坚持练笔也是密不可分的。2020 年以来，无论被国家移民管理局抽调赴三江参与扶贫专项采访，还是在江苏边检总站政治处帮助工作期间，他撰写发表了消息、通讯、言论等大量文字稿件，被总站表彰为“新闻宣传工作标兵个人”。

新媒体时代，读图、刷视频成为常态和习惯。若能心无旁骛，潜心专注“咬文嚼字”，下一个“头版”或“头条”，还远吗？

想当“好记者”，文字基本功必不可少。有质量、有份量的文字，更有穿透力。

第二把刷子：“好新闻”一图胜千言

说起 2021 年初火爆全网的“出土警察”合影照，相信很多人都记忆犹新。

内蒙古边检总站关于“‘最美雕塑’警察”宣传案例的总结思考，非常值得学习借鉴。这一张出自非专业人士之手、并无技术含量的手机“随拍”，不但第一时间登上《中国移民管理报》头版，还引发“刷屏”的热搜话题、“井喷”的轰动效应和“现象级”宣传。凭什么？

一凭实。面对近十年最强沙尘暴来袭的极端恶劣天气，边境派出所民警及时上门为老人解难救急，为群众办的是看得见、摸得着的实事。新警薛尚峰既是战斗员也是报道员，用手机抓拍下基层一线最真实、最生动、最鲜活的场景。二凭土。手握铁锹、满身沙土、形似“雕塑”的民警，与被救老人并排而立。这般模样，没有刻意摆拍的痕迹、光影技巧与器材的炫酷比拼。但正是如此“土样土味”，带给读者极大的视觉冲击和心灵震撼。三凭快。突发新闻，唯快不破。现场用手机把第一手新闻素材发出，为后续的官方发声、矩阵联动、话题互动、全媒体推送等抢得了先机、奠定了根基。

一图胜千言，一图掀波澜。最近，《11 年前那位感动中国的“春运母亲”，找到了！》被中宣部评为最佳深度报道 / 最佳新闻特写类一等奖。时隔十多年后，那张曾承载国民春运记忆的《孩子，妈妈带你回家》依然激荡人心。

“摄影的实践性最强，不管你什么来头，说破天也要到现场一试身手……你的劲头再九牛二虎，你的器材再眼花缭乱，如果没有清醒而有准备的判断，只能疲于奔命地满场飞，成为器材展示的模特。”中国摄影家协会顾问王文澜在为新华社记者刘卫兵的新书《摄影实战手记：一个记者 30 年的记录与思考》作序时这样写道。

“用心拍”，拍出“会说话的照片”。本报通讯员、盐城机场边检站李俊的实践告诉我们，“好新闻”更多时候不是“随手拍”就能轻松获得，需要反复“跑”、长期“蹲”。

2020 年新冠肺炎疫情暴发之初，李俊的 7 天春节假期，有 6 天待在执勤一线，拍照片、录视频、剪片子、写文字。“当时身体确实有点累，但心里总感觉有团火在燃烧。”为拍摄货机出入境的场景，执勤民警凌晨四点起床上勤，李俊三点起来做准备，气温最低的时候接近零摄氏度，拍摄时手冻得通红。

首次跟拍，女警许秋雯、朱紫彤的战“疫”图片故事就被《盐城晚报》整版刊发，后来还成了《中国出入境观察》杂志“封面”。但李俊并未陶醉其中，随后又 10 余次跟随她们前往疫情防控一线，捕捉她们工作、生活中的诸多感人细节。最终，组图《战“疫”边检姐妹花》荣获全国移民管理系统“新机构新作为新形象”主题作品创作征集活动摄影类一等奖和全国公安摄影艺术展作品征集活动铜奖。他也获评总站“新闻宣传工作标兵个人”。

正如一位新闻前辈所说：“快门背后是脑门。”在人人皆记者、个个像发言人的时代，似乎拿起手机就能记录，打开“朋友圈”即可发布。真正见功力的，都在“快门”背后。

“摄影的门槛很低，但摄影的路很长。”有幸聆听过中国摄影家协会主席李舸多年前的一堂课，这句话至今铭记。

第三把刷子：“好故事”动人肺腑间

抖音、快手，西瓜、火山，B 站、百灵……现代人总是“机”不离手，不刷几条小视频，都感觉对不起先进的 5G 网络和量身定制的“流量套餐”。

“好看、快看。”少则以秒计算、多则几分钟的各类小视频，满足了人们对直播、沉浸式体验的多样化需求，由此带火了一条条“10 万 +”。

2021 年初，江苏边检总站在开通运行官方微博、微信公众号大半年后，又开通了“江苏边检”视频号。这是因势而谋、应势而动、顺势而为的努力和尝试。在对已发布的原创及转载视频的播放量、转发率、点赞和评论数量等方面作了统计分析后发现，小视频在讲“好故事”方面，有着无可比拟的独特优势。

近日，喀喇昆仑边防军人走进清华大学为师生念战士遗书的视频再次引发网友关注、泪目。此前，《解放军报》2021 年 2 月 19 日发表长篇通讯《英雄屹立喀喇昆仑》，瞬间燃爆网上网下，感动和震撼了亿万国人。

“陈红军烈士，还有 4 个多月就要做爸爸了；肖思远烈士，他一直憧憬着要娶上他心爱的姑娘；但是很可惜，他们没有能够等到这一天……”当天，在向全世界讲述卫国戍边英雄故事时，外交部新闻发言人华春莹语气平和、娓娓道来，却字字千钧、句句戳心、催人泪下。

这段仅有 43 秒的视频，“@ 人民日报国际”在当天刚一发布，“江苏边检”视频号随即以“【清澈的爱，只为中国】致敬中国边防军人！”为题转载。该视频点击率很快超过 20 万，转发 430 次、点赞 9275 人次、留言 93 条。对于我们这个“小平台”，能有这么高的“点转赞”量，着实出乎意料，也让人看到了讲故事的魅力。

同一个视频号发布，有的乏人问津、三五“点赞”，移民管理警花在“乘风破浪的姐姐 2”舞台上献唱《看得最远的地方》，转发、点赞量则成百上千；文艺小分队巡演现场，手机拍摄的 30 秒视频“直播”，有数万人观看、转发 189 次、获得 736 个赞；老兵向民警讲述抗美援朝经历，短短 11 秒也获得 239 个赞……网友们用自己的方式告诉我们：他们想看什么、需要什么，什么才是真正受欢迎的“好故事”。

真实动人，产生感染力；真挚朴实，才有强烈共鸣。

当下，我们的政务新媒体开通不少，投入精力越来越多。对于“摸着石头过河”的我们来说，每一天、每一条的原创发布，能否多一些像华春莹讲故事，

“击中人们内心最柔软的地方”？

无论社会如何发展，新闻必不可少。拍摄“春运母亲”的周科，从事过专业摄影、电视和文字三种形式报道工作；拍摄《总理为农民追工钱》的刘卫兵，无论从事时政、社会新闻还是战地、驻外报道，一直坚持“图文并重”，历练成为全能记者。“刷子”多了，竞争力自然更强了。

岗位平凡，使命光荣。我们既要有所“专长”、更要博采“众长”，努力成为媒体深度融合时代的全媒人才；既要善于“出新”、更要敢于“尝新”，做到“身心”齐入、“四力”贯通，认真写“好新闻”、讲“好故事”、当“好记者”，宣传好移民管理新机构、新作为、新形象。

基层报道员的自我修养

赵崇宁

基层报道员在队伍中发挥着润物无声的宣传教育作用。笔者入警 14 年来，一直从事宣传思想工作，个人认为，要当好基层报道员，需要具备以下几种修养。

信念要“坚”。基层报道员是一线宣传思想工作的主要落实者，不仅要发布实时新闻，更需要在稿件中传播党的声音，宣传党的主张。只有坚定理想信念，对党的理论和路线方针政策真学真信、学懂弄通，才能写出旗帜鲜明、立场正确、展现形象的优秀作品；才能在复杂的外部舆论中去伪存真，帮助和带领读者、同事明辨是非、认清方向。

心态要“正”。在基层一线，往往没有专职报道员，兼职报道员加班加点是常态，而且经常只能当幕后英雄，有时甚至还会被误解。因此，基层报道员要保持积极进取、淡泊名利、以苦为乐的心态，在繁重任务中找到奋斗乐趣，在主角光环背后享受成功喜悦。

思维要“敏”。留心处处有新闻。边检基层工作单调枯燥，但只要保持敏感的新闻触觉和思考习惯，总能在细微处发现新线索，在平凡处看出不平凡。前几天，香港马拉松开跑，看似和边检站不相及，但我发现不少内地参赛选手选择在广深港高铁西九龙站口岸出境，这是高铁口岸和“一地两检”政策促进两地交流的真实事例。于是，我及时采写稿件，最终刊发在驻地媒体上，收到良好效果。

采访要“实”。没有调查就没有发言权。如果报道员信口雌黄、弄虚作假，会极大影响宣传工作的公信力和引导力。因此，基层报道员要对自己的稿件高度负责，动笔之前必须深入一线采访，带着问题找答案，掌握最翔实的素材，写出最真实的文字，拍到最精彩的图片。发布之前，还要对稿件进行反复推敲，严格按照程序报批，确保不出纰漏。

编创要“新”。正如习近平总书记所强调的，要加强传播手段和话语方式创新，让党的创新理论“飞入寻常百姓家”。基层报道员采写的作品不仅要面向身边的同事，也要面向社会大众。因此，要根据读者需求和新时代发展潮流，善于利用各种创新的宣传平台和宣传手段，以读者喜闻乐见的话语、令人耳目一新的角度，创作出吸引人、打动人、教育人的精品力作。

学习要“勤”。读书破万卷，下笔如有神。做好宣传思想工作，必须具备一定的理论水平和能力素质。这就要求基层报道员不断加强学习，广泛吸收理论知识，努力撰写出有思想、有深度、有广度的作品。除了提升理论素质外，基层报道员还要及时更新自己的“武器”，学习掌握摄影摄像、图像和视频处理技巧，这样才能更有效地做好宣传思想工作。

典型报道要让人信得过、看得懂、学得到

徐旭宇

在全国宣传思想工作会议上，习近平总书记强调："我们宣传典型，是为了发挥典型的示范效应，做好面上的工作，因此一定要实事求是，保证典型真实可靠、可亲可敬，使典型让人信得过、看得懂、学得到。"典型报道以其强大的引导功能和鼓舞人心、催人奋进的精神力量，在党的宣传工作中一直占据着重要地位。随着时代的发展，以往高、大、全的表现手法已无法满足典型人物宣传的时代特点、精神风貌和青年一代受众的需求。对典型人物的宣传，只有不断突破、创新，切实提高典型宣传水平，才能达到以高尚的精神塑造人、以优秀的作品鼓舞人的宣传效果。

典型报道要讲真话，让人信得过。新闻必须完全凭借客观事实说话，如实反映客观事实的本来面貌。真实是新闻的第一生命，自然也是典型报道的生命。事实的准确是典型报道具有说服力的前提与基础，可信是典型报道的立足点，不可信是典型报道的致命伤。要让人信得过，就要求做到讲真话。所谓讲真话，一是要确保真实，无论是总体事实还是具体事实都要真实，且要求达到事实真实与本质真实相统一。典型报道要防止为了报道对象的形象更加完美，为了报道更有说服力，为了主题思想更鲜明突出，去添枝加叶、虚构事例，来些"善意的谎言"，结果得不偿失，反而使典型失去公信力。二是要讲清讲准。人们对外界信息的接受，总是以自身原有的情感、信念、知识、经验所形成的标准为基础的，而先进典型总是有高于常人、异于常规之处。因此，不仅不能有一点失真失实，而且要将异于、高于寻常之处讲述清楚、解释准确。三是要有感染力。

先进典型的感染力，取决于典型本身的真实事迹和先进思想，取决于他们伟大而平凡的良好形象。“清澈的爱，只为中国！”在誓死捍卫祖国领土的斗争中，年仅18岁的边防战士陈祥榕写下这样的战斗口号。报道出来后，感动了亿万国人，一个年轻稍显稚嫩但为了国家利益英勇无畏的军人形象一下子立了起来。军人是铁打的，但他们心中也埋藏着深沉的爱，正是这种情感的真实流露，反映出广大官兵在国家和人民利益面前，舍生忘死、忠于人民的崇高精神。正是这种对事实的再现，才有助于形成真实感，让人民群众信得过。

典型报道要挖细节，让人看得懂。新闻媒体宣传典型，就是要吸引读者、引导舆论、教育群众的，但是有些典型报道动辄硬邦邦说教，简单罗列先进事迹，或者仅靠干涩乏味的数字来说明成绩，让人看了第一句就不想看第二句，可读性很低，甚至令人看不懂。新闻报道的典型，需要反映人物、事件的本质特征，需要尽可能多地利用丰满、生动的细节进行刻画和渲染。所谓“于细微之处见精神”，就是因为细节具有很强的说服力和感染力。缺乏细节，报道就会苍白无力、索然无味。同理，典型报道靠事实说话，而事实要靠细节来打动人。一个好的细节，胜过一堆大道理。在典型报道中，在涉及可感性较强、能引起读者共鸣的地方，叙述的节奏应当尽量舒缓些，把有血有肉的细节部分凸显出来。典型不论采用何种文体来报道，都要从细节着手，传神之笔、深刻之处、精妙之语，多在细节。细节不但能深化主题、反映事物本质、显示生活哲理，而且还能突出人物特质，增强作品的艺术表现力和感染力。在一篇报道首届“十大国门卫士”红其拉甫边检站民警孙超事迹的文章中，作者写到孙超“白天趴在地里测地温、量酸碱，晚上看农业书籍、学种植知识。很多时候，他干脆裹着铺盖睡在大棚里，大半夜起来烧秸秆给大棚保温”。作者正是通过这些细节，在读者心中树立了人物坚定执着的形象。唯有发掘出深入细腻的细节才能扣人心弦、引人入胜，大大提高读者的阅读兴趣，让读者愿意看、看得懂。

典型报道要接地气，让人学得到。传统的典型报道，往往喜欢把先进典型写得面面俱到，把典型宣传成样样精通、无所不能，只有优点、没有缺点的超人，要不就是不食人间烟火、没有七情六欲，有病不看、有家不回的怪人。然而从人民群众的角度来看，这样的先进典型离他们相距甚远，只会让人敬而远之，怎么会兴起学习之念？金无足赤，人无完人。典型是人，是根植于人民群众中的先进代表，不是高高在上的神。我们在宣传典型时，必须运用群众视角，从实际出发，从典型的正能量出发，挖掘和报道人民群众愿意信服、乐意学习的典型事迹，用平实语言阐释深刻道理，用平凡小事展现崇高精神，让先进典型既接天线又接地气，引导人们见贤思齐，在思想上认同、在行为上求同。新冠肺炎疫情防控工作中，“全国巾帼建功标兵”、白云边检站民警于歌是广州边检总站第一位进入隔离区负压仓验放疑似、密切接触、确诊旅客的女民警。在解释为何主动请缨时，作者引用了她的一段话：“队里的同事中，我相对年轻，又是‘党员突击队’队员，爱人在外地，家里也没有牵挂，有紧急任务，派我上合适！”人物语言很朴实，没有大话空话，让人们感觉很实在，既能够理解于歌的初衷，又从中看到了典型的可贵之处，既愿意学，也学得来。

以看得见摸得着的方式传播典型力量

康国宁

典型人物宣传是中国特色社会主义新闻理论的一个特有理念，也是党的新闻舆论工作的重要法宝。习近平总书记指出，要宣传正面典型，宣传党员干部身边可信可学的先进人物。2019 年，“公安楷模”“全国公安系统二级英雄模范”赵永前同志的先进事迹，脍炙人口，催人泪下，唱响了共产党人听党指挥、公而忘私的主旋律，传递了初心不改、献身使命的正能量。在榜样事迹的宣传报道中，始终突出时代特征、坚持分段统筹、秉持真实理念，以看得见摸得着的方式传播典型力量，把典型人物生动立体地呈现给观众读者，实现从小范围知晓蔓延至全国致敬，从感动周围人到赢得社会各界赞许。

突出时代特征是典型人物报道的先决条件，切实树立正确的价值导向。一个典型人物就是一面旗帜，是一定时期内具有鲜明时代特征和先进性的杰出代表。“明者因时而变，知者随事而制。”坚持时代性原则，就是坚持典型人物报道的生命力所在。挖掘先进典型，需要对特定的时代背景有充分认知，深层次挖掘思想进步、走在前列、干到实处的职业标杆，用其顺势而为的“点”带动全局乘势而上的“面”，用其凝心聚力的“形”造就全局攻坚克难的“势”，用其独特品质的“优”影响全局争先创优的“进”，以而发挥示范引导全局、激励鼓舞全体、服务助力全程的作用，让典型成为支撑全局不可或缺的力量。

2018 年，站在深化党和国家机构改革的时代背景下，公安边防部队迎来又一次体制变革。值此之际，扎根边疆三十载的赵永前同志，以许党许国的政治操守和先公后私的家国大义，直面改革维稳高压和豆蔻独女身患绝症的双重考验，全力以赴带领部队完成了改革维稳任务，以实际行动诠释了一名基层领导干部和共产党员的忠诚担当。赵永前同志的感人事迹深深触动了深处改革中的广大党员干部群众，进一步激励他们拥护改革、支持改革、投身改革。赵永前同志这位改革先锋，对于深化移民管理体制改革、加强“四化”队伍建设、树立移民管理队伍良好形象，具有十分重要的现实意义和示范引导作用。

坚持分段统筹是典型人物报道的必然路径，切实扩大事迹的影响范畴。登高必自卑，行远必自迩。典型培树的出发点和落脚点都在于推广与应用，只有深入挖掘典型人物的真实素材，以多形式、多渠道、多角度广泛宣传、深度报道，才能让广大党员群众接受到更加鲜活的人物、感受到更加厚重的意义、汲取到更加充沛的力量，实现“点亮一盏灯、照亮一大片”的群体效益。

第一阶段，挖掘典型人物素材。树立真正能叫得响的人物典型，必须坚决摒弃办公室里“闭门造车”。只有俯下身、沉下心，走到典型人物身边，走进他们的工作生活，才能充分掌握第一手材料。要以敏锐的眼光、独特的视角深层次把握典型人物特点，对纷繁杂乱的事迹总结归纳、整体梳理，提炼出典型最本质、最鲜活、最具时代特征的精神内涵，形成可以推广的宣传材料库。2019 年 1 月，我作为第一个采访赵永前同志的记者，以长达 13 个小时的谈话对其有了全面了解，并分析整理出了“政治信仰”“责任担当”“人民情怀”“优良作风”四个采访方向。而后，我带领总站采访组赶赴锡林郭勒盟、兴安盟等赵永前工作生活过的地方，对其同事、战友、家人及其帮助的群众开展“地毯式”海采，编印形成了 10 万余字的《赵永前同志先进事迹采访汇编》，为后续大量采访报道积累了丰富素材。

第二阶段，宣传典型人物事迹。宣传是典型人物报道的关键一环。要坚持文字报道与音像、图片报道相结合，事迹报道与言论、理论文章相结合，新闻与文学艺术表现相结合，多渠道齐头并进，多单位合力联动，达到报纸上有字、电视上有影、电台上有声、网络上有像，使典型人物的先进事迹家喻户晓，让榜样辐射影响力延伸至最大。2019 年 2 月 17 日，由《法制日报》《中国青年报》《内蒙古日报》和“一报一刊”等媒体记者，组团采访了赵永前同志，《一位三十年“老兵”的人生选择》《双面赵永前：一面是高山 一面是草原》等报道同一时间段集中刊发，营造了良好的舆论声势。随后，公安内参《动态清样》、新华社内参《国内动态清样》《人民公安报》《瞭望》杂志等中央级主流媒体陆续发声，赵永前同志的感人事迹广为人知，他舍小家为大家的高尚品质更是深入人心。

第三阶段，推广典型人物精神。习近平总书记指出："向先进典型学，可学者多矣！最关键的是要学精神、学品质、学方法。"要深度凝练典型人物的精神实质，透析心路历程、解析本源力量，让广大党员群众更加真实地感受先进典型的优秀品质，更加发散性地渗透到内部核心，以此达到自我感悟、自我升华。2019 年 5 月，在赵永前同志获评"公安楷模"后，迅速组织筹备先进事迹报告会，从人物选定、讲稿撰写、背景设置等方面着手，历时 45 天昼夜奋战，最终以网络直播形式呈现给广大观众。《啄木鸟》杂志刊载的报告文学《永恒的音符》，用 3 万字生动刻画了赵永前同志竭诚奉献、克己奉公的优秀品质；内蒙古电视台《寻找英雄》大型栏目，用 30 分钟生动记录了赵永前同志不忘初心、勇担使命的高尚情操……正是这样不间断的展示典型人物，才能让广大受众更加深刻地领悟精神实质，更加激发他们学先进、争先锋的劲头。

秉持真实理念是典型人物报道的核心要义，着力凸显鲜活的大众视角。典型人物宣传，是实现舆论引导功能的重要手段。人物典型立得住、信得过、靠得牢，才能拥有强大的感召力。相反，如果生造细节、刻意拔高甚至弄虚作假，则会适得其反，损伤典型宣传的公信力。

一是基层让典型立得住。先进典型成长于基层、示范在基层。挖掘典型人物精神品质时，要注重基层视觉，坚决避免刻意拔高、扩大，而是围绕典型本人、基层民警和受益群众，尽可能收集更能让人感同身受、引起共鸣的闪光点，水到渠成在人民心中立起高而美的形象。在对赵永前同志采访过程中，无论是以前战友、还是现在同事，无论是机关民警、还是派出所干部，无论是家人朋友、还是辖区群众，只要与其有接触、有联系的，都能讲出一两个小故事佐证人物的精神品质，这就是典型人物自身的闪光点。

二是真实让典型信得过。典型培树必须尊重实事求是原则，既要注重把握其所体现的先进性与现实的距离，又要让广大民警和群众感到可敬、可信、可学。因此，绝不能上"人工肥"、盖"保鲜膜"，而是要用"真心、真诚、真实、真情、真切”讲最真的故事，方可让典型人物经得起时间的推敲。无论是我，还是其他记者，在采访赵永前同志时，无不是泪眼婆娑。当听到他把单位分的房子让给有困难的战友时，听到休假期间连夜开车600公里返回单位出任务时，听到女儿截肢要跳楼时……心中的感同身受皆化成了笔力不足的本领恐慌，害怕表达不清楚他最真实的样子。

三是细节让典型靠得牢。一个好故事，胜过一堆大道理。典型宣传讲好故事，就要准确把握新时代的受众心理和传播特点，善于运用群众耳熟能详的语言、喜闻乐见的形式，从小处着手，在点滴中归纳做法、在细节中升华精神，既而产生共鸣，以此达到“随风潜入夜，润物细无声”的效果。纵观赵永前同志先进典型事迹的描述，七十岁的父亲依旧鞭策他好好学业务，妻子将女儿的照片缝在衣兜里，频繁奔跑于北京医院和单位之间等等，正是这些贯穿始终的细节，才更加生动地勾画出了他的伟岸与无私。

破解“酒香也怕巷子深”宣传困局

周 鹏

“酒香不怕巷子深”是古时一种营销策略，体现了表里如一的品质自信，彰显了古人对信息闭塞社会因势利导的营销智慧。目光转到“人人都有麦克风”的当代，各类信息铺天盖地、交融交锋。新时代移民管理工作如何在海量信息中占据“主位”、奏出“强音”，切实破解“酒香也怕巷子深”的现实宣传困局？笔者认为，唯有科学规范地开展好宣传工作，才能实现宣传党的政策与提升队伍形象“双赢”效果。

冲破思维“茧房”，形成科学的新闻宣传观。实践中，有些人习惯根据一知半解来思考问题，不注重学习新知识、拓展新思维，久而久之便将自身桎梏于蚕茧一般的“茧房”里，成为思维“偏执者”。做好新形势下移民管理新闻宣传工作，要知悉新闻与宣传之间的异同，切实搞清弄懂为谁“鼓与呼”，才能时刻站稳立场、稳住心神。

新闻传播信息，宣传传播理念；新闻主张客观，靠受众自己判断，宣传通过内容影响人们思想；新闻具有即时性的明显特征，宣传则需要多轮重复。同时，新闻与宣传之间又存在着有机联系。宣传经常借助新闻媒介，在传播信息的同时传播观念。

作为一线新闻宣传工作者，我们要真正明晰二者之间的区别与联系，防止造成思维认识上的偏差及主业“防区”的失守。对党的属性与人民性的统一要做到了然于胸，对移民管理政策与本单位的具体落实动作要一一贯通，这样才能做到“下笔千言，倚马可待”。唯有此，才能把准宣传工作的出发点，定位宣传工作的着力处，生产出“凡著墨处、皆是华章”的精彩宣传作品。

丰富宣传“工具箱”，开拓宣传工作多重路径。毛泽东同志指出：“一个人只要对别人讲话，他就是在做宣传工作。”具体到一个行业、一个单位，对上汇报争取支持是在做宣传工作，对下动员部署也是在做宣传工作；简报、总结是宣传工作的有效形式，新闻信息更是宣传工作的有力抓手；文字、图片、音视频在平面媒体及新媒体上集中展示是宣传工作，向身边的亲朋好友及群众宣讲本单位先进事迹及好人好事同样是在做宣传工作。

如今，即时通讯工具的广泛应用与新媒体的迅猛发展，让人们获取各类信息越发便捷，极易使人偏重于追逐登台“集赞”的快感，相当程度上忽视了口口相传的隐性宣传工作方式。我们要精准定位自身职责，根据自身“防区”要求，既要发动广大宣传报道员到执勤一线去“捉活鱼”，增强脚力、眼力、脑力、笔力，又要善于区分层次，向驻地群众宣讲好移民管理政策，以贴近性拉近群众、以共鸣感影响群众，达到精准宣传的目的。

“北海虽赊，扶摇可接。”每一天，全国移民管理系统服务出入境旅客数以万计。广大民警日日与国门相伴，时时与出入境旅客相接，其间必有丰富的宣传资源等待我们去挖掘，必有精彩的“国门故事”等待我们去讲述，万不能让“好酒”在“巷子”里少人问津。

歌曲《成都》带火成都给新闻工作的启示

费伯俊

“让我掉下眼泪的，不止昨夜的酒。让我依依不舍的，不止你的温柔……”几年前，31 岁的北京小伙赵雷一曲《成都》唱响大江南北，让成都这座文艺气息十足的城市刷爆朋友圈，这首歌一度被作为成都政府门户网站的背景音乐。寥寥几句歌词，竟能带火一座古城。能取得如此意外的宣传效果，这让我们基层新闻工作者羡慕不已。深入分析《成都》这首歌，它给我们基层新闻人带来了许多启示。

侧面进攻往往能够轻松获胜

“《成都》是 2014 年写的，只是经常唱，没有正式录制或发过。我没想到会被刷屏，经纪人告诉我，真的让我意外。”对于这首歌的爆红，赵雷坦言自己也没有想到。他写这首歌的理由很简单，就是想表达对这座城市的记录和留恋。

或许正是由于赵雷没有写歌赞颂成都的任务，没有领导指派，没有固定方向，只是根据自己的心声和感受，想怎么写就怎么写，想写什么就想什么，结果“无心插柳柳成荫”。

其实，许多城市都想通过歌曲打出响亮的名声。他们花了很多经费、请了很多专家甚至词曲唱名家，可大多都没能将城市唱出名气。仅以成都举例，除了赵雷的《成都》，还有《成都榜样》《天府之国》《带你游成都》等多首歌曲，都是描写成都的。但很显然，赵雷的《成都》受到大家追捧程度最高，意外的是，赵雷的本意并非刻意宣传成都。

分析这些歌唱城市的歌曲未能成功的原因，可能是他们太想把这座城市告诉别人。为了宣传城市而歌唱城市，有的把城市所有的名胜景点、所有的品牌都容纳到一首歌曲里面，面面俱到，结果听众什么都没听进去、什么都没有记住。

在新闻工作中，经验丰富的老报道员都有这样的感受：想宣传一件事，往往越是想用劲，越是使不上劲，即使写出来，报道也很难取得令人满意的效果。这时，如果换个角度，或者懂得迂回曲折的道理，避开唱赞歌、唱高调，而是跳出工作写工作，会有一种豁然开朗的感觉。

2018 年 2 月 13 日，《人民日报》发表了一篇反映扶贫主题的通讯稿《捕蛇者新说》。一千余字的篇幅，作者却迟迟不提扶贫二字，而是先从主人公唐解元现在的幸福生活和几年前捕蛇为生时的艰险生活写起，直到第 12 自然段才写到扶贫："2013 年开始，村里来了永州市政府办的扶贫工作队……" 而且也只是短短几句。

作者没有浓墨重彩地渲染扶贫队如何发扬勇往直前精神、如何攻坚克难开展扶贫工作，而是另辟蹊径，从一名脱贫群众前后变化入手，来反映扶贫成果。虽没有正面地、重点地描写如何扶贫，但丝毫不影响读者对国家实施脱贫攻坚这一重大主题的理解。相反，读者看完后一下子就记住了文中的人和事，也充分感受到了扶贫这一伟大政策。

在古代战场上，当正面强攻难以奏效时，从侧面袭击往往能逆转战争形势。就如赵雷没有正面硬写成都如何得好、《捕蛇者新说》没有多写如何扶贫，听众却牢牢记住了成都，读者也深深感受到了扶贫成果。这就告诉我们新闻人，跳出工作写工作，多从侧面迂回，很容易取得意想不到的宣传效果。

情感是打开读者心扉的通行证

"走到玉林路的尽头，坐在小酒馆的门口。分别总是在九月，回忆是思念的愁。深秋嫩绿的垂柳，亲吻着我额头。在那座阴雨的小城里，我从未忘记你……" 画面感十足的歌词，唯美、质朴与伤感并存的旋律和唱腔，歌曲《成都》深深打动了观众，引发强烈共鸣，勾起了曾经去过或还没去过的人的回忆或向往，演唱现场有许多观众被打动得偷偷抹泪。

其实，歌曲没有花哨的技巧和华丽的辞藻，但自然而然的真情流露，在不经意间击中聆听者的心房。成都原市委书记唐良智感慨说：赵雷的《成都》唱出了我对这座城市的感情。

这让我想起之前网上流传很广的一个短视频：国外一位双目失明的老人坐在街上乞讨，面前放着一个储钱的铁皮罐，旁边立着一块显眼的纸牌，用英文写着：“我是一个盲人，请帮帮我。”可惜路人很少愿意捐款给他。这时，一个美女路过，看到盲人的境况后，抓起纸牌翻转一面，“唰唰唰”写道：“这真是美好的一天，但我什么也看不见。”奇迹很快发生了：路人看到纸牌后纷纷为盲人捐款，不久就装满了盲人的铁皮罐。前后两句话，表达着同样的意思，但很显然，美女写下的那句话一下子就扣动了路人的心弦。

这个事例与《成都》的歌词告诉我们同样的道理：唯有打动人心的传播，才是有魅力的传播。

许多新闻人有个共同的烦恼，就是辛辛苦苦“烹饪”的“信息大餐”发出后，要么没能见到客人，要么就是鲜有人享用，导致报道“传不开”，没有取得理想的传播效果。在如今信息爆炸、产量过剩的时代，人们对海量信息缺乏选择、使用的耐心，能有效抵达读者、观众的传播越来越难。唯有摸准受众的真正需求，摸准传播的本质规律，才能引发他们的兴趣。

以情感人、以情动人，就是很好的一个手段。感人心者，莫乎于情。情感是打开读者心扉的通行证，作品与读者在心灵上同频共振，引发共鸣，自然能激发“一传十，十传百”的“分享式传播”。

想要引发情感共鸣，就需要我们发扬“光着脚板跑新闻”的好传统，迈开双腿、走出办公室、深入到基层，真正走进新闻事实，通过实地感受、亲身经历，了解与发现背后的故事，多抓冒热气、沾露珠的好素材，作品才能饱含深情、感动读者。

果子熟了再摘才好吃

谈到这首歌的创作初衷，赵雷说：“不能留下来，又不能带走，就把成都当作一个爱人那样去写。今天写一句‘成都带不走的只有你’，明天又写一句‘和我在成都街头走一走’，陆陆续续来成都许多次，很多情感汇聚成了这首歌。”

都说“强扭的瓜不甜”，如果赵雷在萌发为成都写歌之初，就硬逼自己在几天内完成创作，歌曲还能这么红吗？答案大概率是否定的，因为那时他还没有足够的素材和情感。

在新闻工作中，我们也经常遇到类似的情况。新闻讲究时效性，但凡是新闻是否都要抢发？不全是。有些没有形成阶段性结果，有些缺乏好的新闻由头，有些是我们的认识还片面浅薄，不能深刻揭示其内涵，如果此时急于报道往往会浪费潜在的巨大新闻价值，容易跟好新闻失之交臂。

习近平总书记在全国宣传思想工作会议上强调，做宣传思想工作要把握好时、度、效。报道时机直接决定宣传效果，什么时间报、什么时间不报，什么新闻要抢时效、什么新闻须等一等，应具体问题具体分析。

所以，遇到不适宜立即就发的新闻，我们应向赵雷学习，缓一缓，放一放，以“放长线钓大鱼”的心态和定力，把它“养”起来。等这个事件的影响、意义、效应充分展现出来后，待新闻价值“养”大、“养”壮后，找准最佳时机再报道，从而获得新闻价值的最大化。

几年前，基层一位战友告诉我一条新闻线索：某边检站基层官兵前往机关办事时，常遇到找领导不在、所需科室无人的情况。于是，该站机关将每周一定为“服务基层日”，集中为基层办理相关事务。战友问我能否将此事报道一下。我觉得此事虽反映了站党委为基层办实事的爱兵主题，但事情相对偏小，报道价值不大，便让其等段时间，看看有无其他更好事例。

后来再问战友时得知，由于基层又偏又远，官兵前往机关不便，站里将“服务基层日”改为机关派出“服务分队”到基层解决问题，后来又改为出台“全站报备、统一协调、顺便办理”制度。也就是说，为了解决基层困难，半年里出台了三项规定，不论该褒该贬，新闻价值明显。我立即采访，并以《半年两改规定为哪般？》为题写成新闻稿件。原《边防警察报》编辑发表时特意配发了编后短评，此稿后来被报社评为年度好新闻一等奖。

有句俗语说得好：“果子熟了再摘才好吃。”未熟之果，要么酸、要么苦、要么涩，没有成熟之后的香甜。新闻传播亦同此理。

对于那些暂时尚不成熟的新闻线索，不要“霸王硬上弓”，也不能因为一时无法报道或不适宜报道就轻言放弃。当量变发展到一定程度时会引发质变，可能会实现事物性质的飞跃，这时再报道，很可能会实现新闻传播的最大影响力。

冲破新闻宣传思维“茧房”

周　鹏

在2018年全国宣传思想工作会议上，习近平总书记对宣传思想干部寄予厚望：“要不断掌握新知识、熟悉新领域、开拓新视野，增强本领能力，加强调查研究，不断增强脚力、眼力、脑力、笔力，努力打造一支政治过硬、本领高强、求实创新、能打胜仗的宣传思想工作队伍。”这为国家移民管理机构广大新闻宣传工作者冲破思维“茧房”，提升新闻宣传水平提供了遵循。

走进一线，做到行有所趋。发扬“脚板底下出新闻”的好传统，到火热一线挖掘素材，从民警职工工作、生活中选题，用“沾泥土”“冒热气”“带露珠”的鲜活报道，向受众讲述一线和现场的感动。以“捉活鱼”为目标，熟练运用群众语言，营造“亲、诚、融、通”氛围，将时代要求与工作技巧融入与一线民警职工的互动之中，有意识地引导他们打开话匣子、敞开心扉，深度发掘新闻宣传的“富矿”，努力推出有思想、有温度、有品质的作品。

眼观六路，力求见机而作。草摇叶响知鹿过，松风一起知虎来。广大新闻宣传骨干要不断提升政治敏锐性，杜绝戴着“有色眼镜”工作，要延伸感知触角，用心从基层实践中发现新闻点，用情从执法执勤点滴中寻找感动，多层面、多角度彰显移民管理工作的现实张力，以精彩的故事讲述警地融合发展的广阔前景。通过学思践悟的方式，努力提升广大新闻宣传骨干利用基层鲜活宣传素材的能力，摒弃“八股文”写法，以丰富的情感及敏锐的笔触，兼顾大众与分众传播，充分发挥宣传工作为中心主业鼓与呼的作用。

迎难而上，讲好警事民生。努力锤炼“引人入境”的工作本领。目前，移民管理工作对一些群众而言，还是“新鲜词”，这既是我们推动工作面临的现实问题，同时也为广大新闻宣传骨干开展移民管理宣传提供了广阔天地。我们要发挥新闻宣传工作滴墨浸染的特点，聚焦重点、聚力民生，讲好国家移民管理故事，让广大人民群众不断深化对移民管理工作的认知。

紧跟时代，练就如椽之笔。切实提升“引人入胜”的宣传技能。坚持党性原则，立足宣传工作特点，统筹利用各种有利契机，以“轻阅读”等方式做好移民管理政策的社会供给，以“重阅读”的方式讲好移民管理队伍立警为公、执法为民的动人故事，用好传统媒体与新媒体两类平台，在同频共振中、在警地共情共鸣中提高新闻舆论传播力、引导力、影响力、公信力，不断凝聚警心民心。

在提升政务新媒体魅力中发好移民管理声音

李树明

21世纪是科技时代，随着互联网技术不断发展和媒体传播技术日新月异，微信、微博、短视频平台等新媒体迅猛发展，特别是各级政务新媒体的日渐崛起，对政务公开、新闻宣传、舆论引导和服务群众起到了有力推动作用。笔者结合工作实际，浅谈如何在提升政务新媒体魅力中发好站级单位移民管理声音。

强化领导，在强化新媒体建设保障上下功夫。一是强化政治站位。加强组织领导，全面统筹谋划，在正舵导航确保新媒体建设政治方向同时，讲好移民管理故事，发好移民管理声音，避免因作品内容违规、过分渲染和盲目炒作引发受众质疑。二是注重培养骨干。积极适应新媒体时代宣传大局，积极推荐运维民警“走出去”参加相关培训，到驻地优秀运营平台跟班学习，在干中学、学中练，进一步提升采编和运维能力。三是健全相关机制。健全回应机制，针对粉丝留言，回复要及时并带有温度，做到有据可依，建立用户信任，增加互动黏性。健全审核发布机制，指定专人负责加强信息发布监管审核，必要时由政治、法制、业务等多部门进行联合审核，确保发布内容安全。

拓展外延，在提升新媒体建设广度上下功夫。一是拓展矩阵。在保证运维能力和质量基础上，尽可能多开通微信、微博、抖音、快手、头条、微信公众号（含视频号）等新媒体账号，进一步拓展矩阵阵容，扩展发声渠道，提高作品辐射范围。二是多方联动。避免“关门搞建设”，不断密切同国家移民管理局、总站及其他新媒体平台的通联关系，积极推送作品，借助集群效应实现多方联动，不断扩大新媒体平台影响力。三是改编分发。针对不同新媒体平台采用个性化推荐方式推送信息特点，针对不同的用户群和风格各异的新媒体，对一次创作的作品进行二次改编分发，在强化多元生成上扩大宣传效应。

紧盯受众，在挖掘新媒体建设深度上下功夫。一是强化模式探索。及时掌握网络动向，紧盯受众浏览特点，探索作品风格模式、策划作品内容、设计语言风格，将出发点放在受众想要关注的内容上来，通过图文、微视频、短视频、海报、H5 等多种形式挖掘制作充满情怀的新媒体作品，打开“窗户”吸纳新鲜“空气”，而不是“闭窗”研究“我想表达什么”。例如，黑龙江鸡西边境管理支队获悉群众主动上缴枪支并引发“误会”的新闻线索后，立即展开新媒体宣传并在全网形成热点。二是强化自身特色。组织运维人员及有新媒体兴趣民警开展“创意对对撞”，充分挖掘自身资源，敏锐捕捉亮点素材，运用新媒体“短、平、快”优势开展矩阵联动策划。在内蒙古呼伦贝尔边境管理支队“‘最美雕塑’警察”宣传案例中，感人的故事、线索的抢抓、宣传的合力，都呈现出“官微—媒体—新闻当事人—全媒体”多角度良好布局的成效。同时，要充分借鉴“四平警事”短视频经验做法，精心打造具有移民管理特色的“网红”品牌。三是提升作品质量。在选取新闻点、策划撰写文案、强化编辑制作等方面加强把关，确保政务新媒体政治性，提升正能量特点和作品质量，决不能为了吸引粉丝而发布尬聊、尬唱、尬舞等庸俗选题或不实内容。工作中，可以紧扣庆祝建党 100 周年、党史学习教育、中心主业工作等主题制作优秀作品，为助推重点工作圆满完成提供良好舆论支持。

同频共振，在增强新媒体建设实效上下功夫。一是跟紧社会热点。针对受众关注的社会热点，将移民管理工作信息与受众乐于接受的“网言网语”有机结合，通过小切口介入，以点带面展示工作成果、队伍风采和温情故事。2021 年 3 月，新疆喀什边境管理支队护边员拉齐尼·巴依卡因抢救落水儿童牺牲而缺席全国人民代表大会的消息，揪住了全国人民的心，支队通过各级新媒体宣传拉齐尼·巴依卡救人壮举和家族三代巡边感人事迹，引起广泛反响。二是关注民警生活。站级单位政务新媒体，在强化政务公开、服务群众同时，也是广大民警的精神家园和文化阵地，应根据民警的精神文化需求制作吸引警心、凝聚士气的“提神”作品，从思想上关爱民警、精神上鼓舞民警，激励民警在打好中心主业“主动仗”和答好疫情防控“应试卷”中贡献智慧、发挥力量、体现担当，为推进移民管理事业发展作出积极贡献。三是赢得群众支持。第一时间通过本级新媒体矩阵及时准确发布政务公开、社会民生等信息，向群众宣传移民管理工作，赢得理解和支持。国家移民管理机构 12367 服务平台启动后，国家移民管理局新媒体矩阵及时推出宣介作品，引起各大媒体和其他政务媒体广泛关注、转发，不仅及时回应了广大群众的密切关注，也进一步增强了群众的获得感、幸福感、安全感。

不断提升网上舆论斗争能力

回金田

新冠肺炎疫情发生后，疫情防控阻击战随即打响，舆论战场也开启战斗。我国在疫情防控工作中取得的成效，彰显了中国共产党领导和中国特色社会主义制度显著优势的同时，也让我们见识了“病毒信息”的危害和网上舆论斗争的残酷。疫情防控阻击战打响至今，习近平总书记在指挥处置疫情防控战斗的同时，对涉及疫情的舆情处置和新闻宣传工作极为重视，不断提出相关要求，给予具体指导，确保了网上舆论斗争的正确方向和正确的斗争策略，为战胜疫情创造了良好的环境和条件。

当前，疫情防控已经进入“内防反弹、外防输入”新阶段，落实常态化防控、全面推进复工复产已成为主基调。全国移民管理机构处在“外防输入”最前沿，不但承担着极为繁重的边境和口岸防输入任务，也站在了舆论斗争的风口浪尖，稍有不慎极易引发负面舆情，给工作带来不可忽视的影响。因此，提高广大民警职工特别是各级领导干部的网上舆论斗争能力，赢得网上舆情战斗胜利至关重要。

了解网上舆论斗争的特点，是赢得战斗的先决条件。知己知彼，百战不殆。著名的媒介环境学专家麦克卢汉认为，电子媒介是中枢神经系统的延伸，其他一切媒介都是人体个别器官的延伸。20 世纪 60 年代，麦克卢汉就曾预言，人类终将重新回到网上的“部落社会”，因为网络与生俱来的特性是平等互动质疑。基于这一特点，网上舆情的生成是互联网媒体自带的一种属性，那就是情绪的宣泄，而不是理性的讨论；网上舆情的收集需要注意互联网的生态性，不能紧盯且只盯住本机构，只见树木不见森林；网上舆情的引导，更需要顺势操作，不能逆势而为，否则容易陷入被动。

争取舆论斗争的主动，是赢得战斗的基本要求。争取主动，步步领先。依法处置、舆情引导、社会面管控“三同步”原则，是政法机关网上舆论斗争的基本遵循，其精髓是争取主动。网上舆论环境错综复杂，机会稍纵即逝。网上舆论“只站队，不站对”的残酷现实，要求我们必须主动出击、积极发声，否则会陷入有理说不清、说不出、说不对的被动境地。2019 年，北京出入境边防检查总站妥善处置了一起通关纠纷事件，使原本上了热搜的舆情转化为公正执法的典范，赢得网友点赞，入选新浪微博政务新媒体优秀案例。这种结果的反转需要高超的舆论引导艺术，更是积极主动回应的体现。

提升舆论斗争的能力，是赢得战斗的关键所在。习近平总书记多次强调，过不了互联网这一关，就过不了长期执政这一关。诞生于新时代的全国移民管理机构因涉外性、敏感性极强，在舆情战斗方面面临的挑战较多。就目前而言，在疫情导致的反全球化浪潮迅猛发展，民族主义甚至民粹主义卷土重来的大背景下，我们既要避免因政策敏感被民意所裹挟吞噬，也要避免因畏惧民意而裹足不前，同时还要经历一段网上舆论斗争“艰辛时刻”。处理好网上舆论斗争工作，关乎全国移民管理机构对外形象，甚至关乎国家安全和对外开放大局，提升舆论斗争的能力也会逐渐成为广大民警职工的能力之一。

提升网上舆论斗争能力非一日之功，不能毕其功于一役，要按照习近平总书记“正能量是总要求，管得住是硬道理，用得好是真本事”的要求，理直气壮地唱响网上主旋律，巩固壮大主流思想舆论。同时，需要我们在战中练、在练中战，不断总结积累经验，汲取深刻教训，探索建立网上舆论斗争长效机制，为移民管理工作提供强有力的舆论保障。

新媒体环境下的舆情危机应对

汤　征

每天都在看报吗，你还每天打开电视吗？你最后一次从书报亭买报纸是什么时候，你是否注意到书报亭又是什么时候从身边消失的？

这其实是同一个问题，答案就是曾经在我们日常生活中占据重要地位的传统媒体，正在悄然退出。互联网和移动通讯，正在改变着我们的生活。而这些改变就在我们不经意间，大家的不知不觉中发生着。

不仅是报纸，诞生不足百年的电视也成了明日黄花，以前大家回家每晚必开的电视机成了家庭可有可无的摆设。国家广播电视总局发布的收视率统计表明，电视节目收视率正在逐年下降，收视时间同比下滑非常明显，收视时间减少的群体向中年以下人群蔓延，只有65岁及以上的老年观众还是唯一一个与前两年保持等量收视的群体，其他各个年龄段观众的收视量均出现一定程度的下滑，尤其是中年观众，收视时间下滑最为明显。在年轻人率先抛弃传统媒体，拥抱新媒体之后，中年人也紧随其后转过身来。

当前，传统媒体面临的极为尴尬的境地是：阵地还在，但人却没了。人们不再读报，很少看电视。“传媒”不再成为传媒，也就是说，传播媒体已经不再是传统意义上的那些媒体了，报纸、广播、甚至是电视都落到了被抛弃的境地。

那么，今天的人们从哪里获取讯息呢？绝大多数人的答案都是一样的：手机。手机已经成为我们今天获取讯息，接受新闻的主要渠道。

迈克·奎恩曾经写过一篇为《雅普雅普岛的金喇叭》的讽刺小说，说的是在一个标榜崇尚民主的雅普雅普小岛上，岛上居民人人都有权表达自己的意见。但在所制定的政策都需要通过吹响各人手中的金喇叭来进行表决，最终以金喇叭声音的大小来裁决该项政策是否符合民意。由于金喇叭都集中在四个财主之手，穷人因为买不起金喇叭，根本就无法发声，因而该国所制定的政策都是上四个财主决定的。

然而随着移动新媒体的日渐发展，传播方式发生了革命性的变化，如今已不再是“我说你听”式的单向传播，“金喇叭”也不再掌握在小部分人之手，而是人人拥有了“金喇叭”。新兴媒体大量兴起，特别是微博、微信的出现，使信息传播的主体、内容、媒介、方式都出现极大改变，传媒平台越来越多，传媒方式越来越丰富。在资讯传播越来越发达的同时，人人都能发声的网络传播，给社会治理带来了新的危机，那就是网络舆情危机。

一、网络舆情现状

（一）网络舆情风起云涌，变幻莫测

网络舆情往往出现时毫无征兆，让人措手不及，可谓“人在家中坐，祸从天上来”，甚至是“城门失火，殃及池鱼”。不少舆情案例发端于不起眼的微小事件，却很快以迅雷不及掩耳之势发酵起来，产生蝴蝶效应式的舆情演变，最终在全行业、全社会范围内形成舆情风暴。

2020 年新冠肺炎疫情爆发以后网上出现的一系列舆情，以及后来爆发的诸如炮轰“茅台院士”、连云港“女辅警”敲诈勒索案等舆情，都让人深刻感受到在舆论环境日趋复杂当下，在众目睽睽之下，舆情诱发点可能很微不足道，让人无法预料什么时间，在哪里会出现舆情，更难以推演舆情会向何处发展。有时候一句话、一个举动、一张照片或者一篇文章都可能成为“火星子”，让舆情呈现出“星火燎原”之势。

（二）新媒体平台层出不穷，精彩纷呈

什么是新媒体？新媒体不只是大家理解的微信、微博平台，而是一种以去中心化为代表的媒体和传播形式。所谓去中心化，打个形象的比方就好像以前农村会有专门的媒婆群体，人们想谈对象，必须找媒婆上门提亲，媒婆不帮忙找对象就没戏。但媒婆就那么多，大家都想找对象的时候还得排队，所以邻里之间就一拍脑袋，说那我们自己解决吧，每个人都可以充当媒婆的角色。老赵说老王

你家姑娘不错，和我家儿子谈对象吧，老王也愿意，于是这事儿就成了，媒婆被人晾到一边。这就叫去中心化。也就是说，现在的传播已经绕过原先的报纸、广播、电视等传统媒体，发展成全新的，点对点、面对面的传播方式了。

当然，目前主流的新媒体平台还是微信和微博。微信与微博有所不同：微信是私密空间内的闭环交流，而微博是开放的扩散传播。一个向内，一个向外；一个私密，一个公开；一个注重交流，一个注重传播。再打个形象点的比方：微博是一个“大广场”，而微信朋友圈是一个“四合院”。大广场上，每个人都可以在上面喊话，只是不同人的音量不同，普通人嗓门小，有的人嗓门大，或是有扩音喇叭（大V）。四合院里则属于自己的小圈子，如果没有允许，你不能闯入他人的院子，院子与院子之间有”访问”交集，既不完全封闭，也不完全开放。

微信作为一个成功的移动互联网产品已经融入我们日常的生活工作，微信朋友圈是由相互联结的熟人构成的。在微信的社群传播中，谣言不再止于智者；人们会选择性失明，不仅对谣言失去鉴别力，而且还会推波助澜。因此，微信会造就低智商社群，其快餐式的信息获取方式，使得人们越来越懒得思考。如何在信息爆炸的社会中辨别真伪、独立思考，不被低智商社群淹没，是对互联网网民最大的考验。

除了微信微博，近年来新媒体中短视频平台异军突起，发展迅猛。由最初的“两微一端”，发展成为“两微一抖”，再到快手、火山、斗鱼、虎牙、陌陌、B站等短视频平台。截至目前，国内有100多个短视频独立客户端，月活跃用户达五六亿。由于短视频发布门槛较低，契合当下网民移动化、碎片化、快节奏的阅读模式，加上短视频比文字、图片更具“真实感”，因此易增强网民信任感与参与感、推动舆情快速发酵及广泛传播。

可喜的是，面对风起云涌的新媒体浪潮，国家移民管理部门没有袖手旁观，而是积极参与，争做“弄潮儿”。自从开通以来，以“国家移民管理局微信公众号”为首的一大批移民系统新媒体公众号在短时间内赢得了社会关注，获得公众好评。国务院办公厅在2020年政府网站与政务新媒体检查情况通报中，点名表扬“国家移民管理局微信公众号运用图片、视频等形式宣传《中华人民共和国出境入境管理法》，内容鲜活，接地气。”国家移民管理局微信公众号入选2020年度公安政务新媒体十大“优秀影响力账号”，官方微博回应内容获评年度“最佳政务公开案例”，微视号获评“政务新媒体创新奖”，抖音号获评“政务抖音号优秀创作者”，新媒体运营主体干部人事司被中央政法委表彰为“四个一百”全国政法新媒体工作先进单位。

二、网络舆情分析

（一）网上言论为何偏激

生活在网络世界的人，容易把网络声音当成“民意”，容易把新媒体和社交平台这些虚拟平台想象成中国的舆论场，以为它们代表着中国的“主流民意”。因为微博上负面情绪比较集中，就误以为中国的基调就是负面的；网络上坏消息处处可见，就以为社会处处都是坏消息；微博上整天群情激愤、充斥着浓烈的仇富仇官情绪，就以为这个社会已经分裂和混乱到无以复加的程度。

为何会出现这种情况？除了刚才所说的网上主力人群的因素之外，还有一个因素则是计算机自动推送造成的，那就是“信息茧房”效应。

传播学当中有个理论叫做“信息茧房”，处于“信息茧房”之中的公众有如“把自己封闭在自我设计的回音室里，每个人听到的只是自己的回音，相同的意见会不断被重复，相异的观点会被过滤掉，这无异于一个作茧自缚的过程。”

信息茧房产生的原因有两个：一个是个人对信息的偏向性处理，即我们对于信息会产生选择性接触、选择性理解与选择性记忆，我们更愿意看和记住那些和我们生活关联度大、更符合我们原有立场的信息。

一个是算法的智能推荐。留心的人应该注意到了，不管是今日头条、知乎还是快手网易云，当你使用了一段时间后，后台的系统算法为了增加点击率，会自动减少那些你不喜欢的内容，增加你感兴趣的推送，最后出现在你的主页的基本都是你喜欢的、同质化明显的信息。算法推荐就是，你看到时尚、旅游、宠物的内容，停留时间久，点了赞，结果以后平台给你推荐的都是时尚、旅游、宠物。机器的自动算法，会形成“信息茧房”效应，机器的自动推送，最后造成将受众关进一个狭小的笼子里。

互联网看上去为公众提供了“资讯汪洋”，但人们接触信息不是全盘接收，而是根据个人喜好有选择性地吸收。通俗来说，就是“信息偏食”，看自己想看的，听自己想听的。久而久之，人们越来越懒得和陌生人沟通交流，即便对于已经认识的人，也倾向于选择和观点立场一致的人进行沟通。

网络上的信息越来越多，人们喜欢的东西尚且看不过来，因此不会因为互联网更加开放开明，反而会更加封闭极端。最终导致社交衰退，人们正在从社会性动物，变成孤独型生物。我们正在迎来一个越发偏激的时代，使得网络上和生活中都戾气横行。

（二）我们面临的三个不利因素

改制以后，面对新媒体舆论场我们有三个不利因素：

一是脱下军装换上警服，这使得我们在面对网络舆情的时候更容易成为焦点。如今我们身上穿的是警服，每天执法执勤，老百姓对我们的期待和要求更高更严，容易成为舆论焦点。

二是我们的工作性质，使我们很容易让我们处在舆论的“风口浪尖”。随着改革开放的深入，身处国门一线的我们每天都要接触各种各样、形形色色的人。以前我们常说“边防无小事，事事通中央”，如今面对人人都有“镜头”，人人都是“记者”，动不动就是小视频直播，瞬间就能在网上掀起舆论大潮，让人切切实实感受到“国门无小事，事事吸眼球”。内地某歌手在北京边检总站入境时，不配合执勤民警要求其脱帽进行人像比对的要求，在现场大吵大闹，还在个人微博发文，称回国时遭到北京首都机场边检人员刁难，并曝光了现场执勤民警的照片。这条博文当天就引起网络热炒，直接“窜”上了微博热搜第一名，阅读量达到数百万，跟帖也达数十万。一时间北京边检总站和国家移民管理局成了不少网民，尤其是某歌手的“粉丝”们质疑和攻击的对象。

三是长期与网络世界隔绝，让我们面对舆情时容易举止失当，应对失措。在一个保护壳中长期安稳地呆着“承平日久”，让我们在面对来势汹汹的网络舆论时，会不知所措。某歌手事件在网上发酵两天之后，北京边检总站在其官方微博发布情况通报：某歌手在网上披露民警个人信息及照片，对民警身心造成严重影响的侵权行为，保留法律追究的权力。国家移民管理局随后转发此通报：让执法者腰杆更硬，更让守法者心里更暖。国门神圣，法律庄严！随后中央和国家机关工作委员会的“紫光阁”、中央政法委的“长安剑”、《人民日报》《环球时报》等一大批官方微博纷纷发声予以支持。在这一系列强大的组合拳之后，网上民意开始反转，指责某歌手耍大牌，不遵守法律，任性妄为的声音成为主流，原先指责边检工作人员的声音不见了。压力之下，某歌手微博发文道歉，其经纪公司表示会对艺人保持监督，并暂停其接下来的工作行程。可以说，这是国家移民管系统成立以来，面对网络舆情成功打响的第一枪，其处理手法堪称典范，为我们处理今后类似事件树立了样板。

三、网络舆情应对

随着网速的越来越快、网站的越来越大和网民越来越多，网络舆情的应对工作也需要跟上时代的步伐不断发展，亟需有针对性的做好网络舆论的监控工作，控制网络上话语的主导权和解释权，对于舆情做出最好的把控。实际工作中，在中央政法委“依法处置、舆论引导、社会面管控‘三同步’原则”的基础上，具体还应遵循以下几条规则：

（一）面对谣言，要不慌不乱，了解事件脉络，果断组织回击

网络造谣是网络舆情的一种，也是执法部门常常会遇到的情形。网络舆情在一定程度上反映了社会情绪。面对网络谣言，首先不要慌。舆情突发后当事人会被置于一个众人瞩目的境地，往往会六神无主，慌张应对，说话口无遮拦、乱下结论，容易乱中出错，反而把自身置于舆论漩涡之中，陷于被动。冷静地分析事件，理清思路，有助于理性应对舆情。

其次不要乱。不要自乱阵脚，要及时了解清楚事情的来龙去脉，弄清谣言传播的起因，及时处置网络谣言。要及时澄清事实真相，站稳立场，全面客观，以法律为准绳，用证据说话的同时，还要以人为本，要有敬畏民意的意识，以平等对话的方式，加强与网络民众的交流互通。要及时发布事件信息、及时辟谣，用正确的信息抵制谣言，并组织网络正义力量予以回击，追查网络谣言的发布者、传播者，并将对其处理结果及时公布于众，接受社会监督。只有对网络谣言的制造者和传播者形成真正的威胁，才能从根本上抵制、防控网络谣言的泛滥。

（二）面对基于事实的舆情，要不躲不堵，客观全面反映，平等对话交流

有些网络舆情，并非网友空穴来风，凭空捏造，而是于事实有据。遇到这类

舆情，首先不要躲。舆情突发后，多方媒体蜂拥而动，记者八面云集，面对种种质疑，有关部门及领导如果遮遮掩掩，推三阻四，避而不见，只会加重舆情，令网络传言横飞，丧失处置舆情、引导舆论的主动权。

其次不要堵。舆情事件引起舆论热潮，引来围观网友无数，如果对事件的原因、经过、结果不宣传报道，不释疑解惑，只一味实施信息封锁，以灭火心态处置，只会加剧网友对背后真相的猜测，把简单的问题复杂化，使得舆论偏离应有轨道，甚至引发恶果，造成社会危机。

国家移民管理局成立以来，成功处置了多起网络舆情事件，澄清了网络上的漫天传言，树立了移民管理警察的良好形象。这方面，尤其是现役转改队伍适应舆情危机能力和把控网络舆情能力都提升得很快。例如，内蒙古边检总站从“那是我妈”案例的网络舆情被动处置，到“最美雕塑警察”案例的成功宣传，体现了年轻的国家移民管理队伍转型之后，面对纷繁复杂的网络形势，正在经历从适应到驾驭的可喜转变之中。

（三）面对基于事实的谣言，要不拖不抗，迅速澄清事实，把控舆情走向

处置网络舆情不仅要把握好回应方式，更要时刻关注舆论走向，敢于发出自己的声音，用正面的声音引导舆情，防止舆情被带偏。首先不要拖。采用应对传统危机的经验来处置网络舆情，指望“拖一拖就会过去”只会将问题越拖越大，进而丧失自己的发言权，葬送自己的公信力和网络形象。要把握时机，第一时间抢占舆论的制高点，在舆情处置的“黄金小时”里及时发出自己的声音，并选择合适的时间节点适时引导。

其次不要抗。网络情绪面前，视舆论呼声于不顾，片面强调自身有理，固执己见，不接受批评，逆网络舆论压力而行，采取与网络民众对抗的方式，违背民心民愿，极不可取，非智者所为，只会让网络对抗越来越激烈，事实真相越来越错综复杂。要主动介入舆情事件的引导，积极发布权威声音，有效地引导舆论，牢牢把控舆情走向。

（四）关口前移，力争将舆情危机消灭在未发生之前

不要骗。面对舆论带来的压力，有些领导会以糊弄的心态进行“切割”，缺少担当，拒绝认错，推诿卸责到处甩锅，只求赶紧平息舆论。一旦真相暴露，马

上会成为众矢之的，激起网络民众更多的愤怒和拍砖。这种“掩耳盗铃”式的处理无异于饮鸩止渴，导致比原生舆情大得多的次生舆情。因此在新的舆论环境下，如果我们还习惯于用老的思维、老的方式行事，就可能造成自身的被动，形象受损，更可能使得好事变坏事，让良法出台之路变得遥遥无期。

不要作。“不作死就不会死”是当今网络的真实写照，有不少政府部门的网络负面舆情其实是自己“作”出来的。舆情的发生，与出台相关政策前对舆情的预估不足密切相关。当前，关于舆情危机处置的思考，大都集中在舆情发生以后如何应对处置的问题。对于政府部门来说，其实还有一个亟待解决的问题，那就是政策法规出台前的评估缺乏。政府部门舆情危机之所以频发，有不少是由于相关部门和人员缺乏舆情意识，在相关政策发布以及实施之前缺少事前的舆情评估，在不当的时机，以不当的方式，提出不当话题或者出台不当的政策所引发的。如果能够“关口前移”，将处理舆情危机的精力前置，其实是可以将舆情危机消除在未发生状态的。两千多年前，《黄帝内经》就提出“上医治未病，中医治欲病，下医治已病”。我们对待舆情，应该如同中医治病，确立“防大于治”的理念，在每一条举措、每一项政策的出台之前，事先进行风险评估，并做好舆情应对的准备，这样才能立于不败之地，才能避免事后的举止失措仓促应对。

网络舆情的应对工作是一项系统工程，涉及多个部门，只有加强统筹协调，形成工作合力，才能为事件处置提供舆论支持，营造良好舆论氛围。仅仅靠哪一个部门单打独斗是远远不够的，必须协调和调动各方面力量，指挥中心加强舆情监控，业务部门做好舆情回应，宣传部门负责协调各种宣传资源，把控口径。必须把内宣与外宣结合起来，把传统媒体与新兴媒体结合起来，把业务部门与宣传部门结合起来，把发挥自身作用与借助外力结合起来，打组合拳、打总体战，形成强大合力，发挥整体效能。

同时，网络舆情应对还是一门实践性很强的工作，还需要我们不断学习和总结，要克服舆情无常的侥幸心理，改变舆论可控的错误认识，走出眼高手低的实务困境，以端正的态度、得当的措施和灵活的方法，沉着冷静地应对舆情，成熟自信地引导舆论。总之，我们不能再以固有的心态，落伍的观念，以不变去应万变，稳坐钓鱼台。而是要因势而动，彼变我变，抢占先机，争取主动。这样才能在复杂的网络环境中获得主动权，打赢主动仗。

善于与采访对象沟通

邱小平

新闻宣传工作是个充满挑战、需要激情、不怕艰辛的工作。在记者生涯的十年时间里，我走过田间地头、边境村屯，走过白山黑水、界江界河，用镜头捕捉验证台上转瞬即逝的画面，用笔尖记录边境线上的点滴感动。在这个过程中，最困难的不是起早贪黑、爬冰卧雪跟踪突发事件，也不是字斟句酌、精益求精的撰写过程，而是如何与采访对象真诚沟通，这是一篇新闻稿成功与否的关键。

漫谈与聆听

紧张，是采访对象面对记者时的普遍心理，这便导致沟通变得困难。没有表达不好的对象，只有表达不好的状态。采访时，善于调节采访对象的情绪是记者的必备技能之一。

采访的最大特点就是两个人聊天，引导采访对象放松心情。这跟基层民警走访群众是一样的道理，会唠家常的往往能迅速与群众打成一片，没有“乡土味儿”的问话只能导致抵触情绪。

采访对象不一定是个健谈的人，但即使不擅表达的人也有其语言特性。采访中，还要有耐心，先随意聊几分钟，一点点靠近重点，能有效地让采访对象放松下来，这样才会让其敞开心扉。

同时，在采访时要切记，采访对象的讲述没有完全偏离主题，尽量不要打断，一个尴尬的谈话气氛会让采访变得毫无生机。

此外，采访中一定要认真聆听，并随时追问，千万不能只局限在采访提纲上的那几个问题。因为有时“沟通”的落点是未知的，记者可以在交流中慢慢挖掘。

从细节出发

成功的采访，是决定新闻报道质量的关键，而采访对象的独特感受，常常藏于细节中。

几年前，我到黑龙江伊春市嘉荫县向阳乡，采访向阳边境派出所民警帮助群众在洪灾后重建家园的故事。我随同所长邱代华来到靠近黑龙江边雪水温村的一户受灾群众家中，接受采访的妇女似乎不喜欢说话，聊了半天，她基本上只回答“是的”“对”。

采访结束，她终于长舒一口气，送我们到门口，我随机问了一句：“你家受灾这么严重，需要派出所帮你做些什么？”

这位朴实的妇女说：“受灾的户数太多了，如果都要救济，派出所哪救济得过来。我们家就是房子被水泡了，家具粮食没了，凑合着还能过下去，让他们去帮助那些更困难的乡亲吧。”

不经意间的一句话，却让我为之一振，普通农村妇女面对洪水的乐观言语，成为后来被媒体引用最多的话。

人物的独特感受是藏于细节中的，不反复挖掘细节，就无法发现属于人物个性的表达与感受。“沟通”的方式不是概括与归纳，而是见微知著、以小见大。

采访对象能说出多少细节，取决于记者问了多少细节，能否问出多少细节则取决于观察和聆听。采访提纲要尽量多地列出想问的问题，不要局限于已知的事实，以及预设的“沟通”主题，充分准备才能保证挖掘到感人肺腑的细节。

向未知“取材”

充分的前期踩点，是进行有效采访的必要程序。工作中，我们很容易通过各种渠道得到新闻线索，这就需要与当事人进行联络与预访。突发事件报道中，这个过程很容易被忽略，而在典型人物报道中，这恰恰是关键。

2007 年暑假，我们准备报道一名基层民警十年如一日帮扶困难学生，最终助其考上理想大学的感人故事。媒体参访团三天后就到，我们想先做个预访，便提前去找该学生。不料，他却到数百公里外的学校拿通知书去了，他的父亲是名憨厚的农民，交流了两个小时，也没说出来什么。

这次失败的预访给了我深刻的教训。其实，预访就是确定基本事实，了解采访对象的表达能力与状态，提前掌握采访对象所处的环境。

预访还有一个重要作用就是向未知“取材”，要保留这种未知，预访时就要有节制、有技巧。比如，预访过程中要尽量避免追问细节和个人感受，只需大体核实客观事实便可，如果预访已经很详细，在后续采访时，就要考虑更换采访的记者，并将容易出彩的线索提供给更换的记者。

守正是最大动力

李远平

相较于普通人来说，记者享有采访权、报道权、舆论监督权等权利，西方新闻界自诩记者为“无冕之王”。笔者认为，对于记者来说，虽有“王者”之称，却千万不能行“王者”之事，否则不可能创作出优秀的作品，也绝不是合格的记者。

首先，要守住“土”心。记者是很受尊重的，久而久之，一些同志习惯成自然，被“优越感”冲昏头脑，飘飘然，结果两脚离地，在“土”心上面慢慢滋生“一横”，出现高高在上、华而不实的“王”心来。这样是最可怕的，轻则脱离实际，无料可写、作品空洞；重则脱离群众，走向人民的对立面。

作为记者，只有守住“土”心，主动接地气，才能生产出优质的新闻作品。这一点，我深有感触。2021 年 8 月，一名资深编辑老师向我约稿，写一篇反映 2021 年疫情防控工作的深度报道。当时我无从下手，便从业务部门要来材料，凭着记忆和经验，写了一篇稿子“交作业”。结果被老师教育一番，说新闻写得太像“材料”，退回重写。为什么稿子没写好？我想，根本原因是没有守住“土”心，一直以机关工作忙为由，没有真正走进基层、走进一线民警，手里没有好故事、好案例，怎么可能写出好作品？

要守住“土”心，还得情到深处。2021 年 9 月，中国行业报协会、广西边检总站联合开展了一次集中采访活动，本报记者杨林、通讯员李懿恒参加采访。其间，采访团记者用心走基层、用情访民警的工作作风令我印象深刻。为了解基层真实的情况，杨林夜晚踏查执勤封控点，手上脸上被蚊虫叮咬红肿。他感慨说:“我只是来一阵子，战友们却长年累月在这里坚守，想到这些，心有些痛！”后来，他在报纸头版发表长篇通讯《把人民放在心中最高位置》。李懿恒在采访南宁边检站民警韦州和爱人甘丹的故事时，一直感动地眼含热泪，形成了《共同谱写心中的歌》这篇感情真挚的稿件。采访结束后，我一直想写点什么，但因为没有静下心采访过，动笔时又不知写什么。通过这次采访，我深刻感受到，好新闻是从“泥土”中挖出来的。

其次，要守住“工”心。做新闻是一件很专业的事，有的同志写几篇好文章、拍出几个获奖作品，就觉得了不起，在原本的“工”心中间慢慢滋生“一横”，出现骄傲自满、自以为是的“王”心。要知道，山外有山，人外有人，要想更优秀，就要始终坚持守正创新。

作为记者，只有守住“工”心，像工兵一样，勇于开拓，敢于走前人没有走过的路，才能创作出优质作品。踏进新时代，我们这支队伍面临许多新情况、新问题，作为新闻工作者，更应该像工兵一样，在前面开路，挖掘新闻富矿，为这支队伍提供源源不断的精神食粮。

还记得 2020 年上半年，广西边检总站组织区内记者、新闻骨干走进一线开展集中采访活动，向社会全面展示广西移民管理队伍克服困难、抗击疫情的真实情况，引起各级关注，自治区党委、政府有关领导专门作出批示，给予总站警力、财力支持，极大缓解了一线民警的压力，这或许就是新闻的力量。

另外，记者只有守住“工”心，像工匠一样，善于发现、精雕细琢，才能创作出感化人心的精品。2021 年 3 月，内蒙古边检总站“民警在暴风雪和沙尘暴中救人后变成‘雕塑’”的图片新闻在本报头版大篇幅报道后，相关宣传部门又综合运用视频、图片、文字等素材对这个新闻故事进行丰富，借助融媒体扩大报道范围，迅速火遍全网，广大网民对移民管理警察点赞叫好。

我想，这次新闻报道的成功之处，一方面是宣传员有一双善于发现的眼睛，在日常中捕捉到了民警工作的闪光点；另一方面是抓住机会对新闻事件进行二次精细加工和新闻策划。

第三，要守住“干”心。做新闻是一件苦差事，时间久了、年纪大了、级别高了，结果“干”心下面慢慢滋生“一横”，容易出现摆老资格的“王”心。

对记者来说，年龄、资历是优势，老同志更应该冲在最前面，始终保持干劲不松，当好表率。国家移民管理警察队伍坚守口岸边境，边防检查、疫情防控等任务艰巨繁重。在遂行重大任务中，涌现出的一个个先进典型，发生的一个个感人故事，需要我们去宣传，需要让更多人关注、理解、支持。广大新闻工作者有责任也有义务扛起为新时代移民管理事业高歌的担子，没有理由懈怠。

优秀记者都是扛起来、干出来的。报纸每次排版后都会在微信通联群展示，很多时候都是在凌晨以后，可以想象编辑老师工作的勤勉和辛苦。

记者于雷曾形象地比喻："每个月编辑一期杂志，就好比十月怀胎，其中艰辛一言难尽！但其中乐趣万语千言。"对他来说，杂志已经是生命的一部分，这是怎样的情怀？前段时间，《人民日报》副刊刊发了长篇通讯《独龙江畔的青春年华》，这是聂虹影主任走进艰苦边远的独龙江边境派出所后，撰写的一篇优质新闻作品。一名领导干部、一名有着几十年新闻写作经历的资深记者，依然为了她的战友奔赴一线、笔耕不辍。如果有一天，我们发现自己"干"不了，开始冒出了那么一点"王"心，不妨看看身边的这些优秀的记者、敬业的前辈们是怎么做的。

勇敢炼就优秀新闻人

费伯俊

“给我一个支点，我可以撬起地球。”这是古希腊物理学家阿基米德的一句名言，他告诉人们一个物理知识，同时展现出满满的自信。在新闻宣传工作中，有些报道员就缺乏这样的自信，常常认为自己没学过新闻专业，不是搞新闻的料，或者不敢写大稿、不敢投大报，临渊羡鱼、望而却步，错失了成为新闻人甚至新闻行家的机会。我从事新闻宣传工作十多年，回首来时路，深刻体会到：我们不要小瞧了自己的能量，要勇于多迈出一步。

勇于迈进新闻宣传的大门。多年新闻宣传工作的经历和多位优秀同行告诉我：新闻宣传门槛不高，学历文凭不是第一因素，工作能力才是最重要的。《解放军报》原副总编辑江永红，仅有高中文凭，入伍后当炊事员，一次帮战友写了篇广播稿，从此走上新闻宣传道路，先后两次获中国新闻奖，并获第二届范长江新闻奖。十多年前，我所在的部队有一名战士宋琳，从未写过新闻稿，但当时有新闻报道任务，他被“赶鸭子上架”。经过一段时间的学习探索，他很快上手，并取得不错的成绩。

以上两人的事例充分说明，新闻宣传没基础没关系。新闻专业毕业的高才生能成为新闻高手，半路出家的“土八路”也能成为新闻名家。重要的是，进入新闻宣传的大门后，要把学习放在第一位，学报道技能、学各方面知识，不断充电加油，充实提高自己，就一定能胜任新闻宣传岗位。作为基层兼职新闻报道员，在干好本职工作的同时，将本单位工作成绩宣传出去，还能让别人学到经验，岂不快哉？

勇于写大稿投大报。初学新闻写作，担心因自身能力不足、稿件水平不高，受到同事或编辑嘲笑，喜欢并习惯写些“火柴盒”“豆腐块”，当掌握更多基础知识后，依然不敢轻易突破和尝试。

刚开始写稿时，我在《边防战士报》发表的首稿是则小简讯，从此，我一遇到新闻素材就写成一句话新闻。一次，针对部队学习新修订的条令一事，我写了一篇几十字的简明新闻《以规矩正方圆》。政治处新闻干事审核稿件时，建议我进一步采访充实，四百多字的消息稿发出后，很快在报纸头版刊发。

敢写大稿，还要敢投大报。不要错误地认为自己写的是小稿，上上地方报、行业报还行，登上《人民日报》《解放军报》等大报，想都不敢想。基层许多成功的报道员都有类似经历：刚开始不敢向大报大刊投稿，当勇敢地迈出第一步之后，就会有源源不断的动力。

其实，大稿不一定是篇幅长的稿件，应该是有高度、有深度、有思想、有影响的稿件。能登上大报，也不能说明自己已经成为优秀的通讯员。敢于写大稿投大报，体现的是胆量和自信，需要的是目标和行动。不写，就没有发表的可能；写了投了，就有一半的上稿机会。

勇于尝试陌生领域。基层报道员写得最多的就是消息和通讯。事实上，新闻体裁远不止这两种，还有调查报告、评论、报告文学等。当我们的报道能力达到一定水平时，应该勇敢探索陌生的领域，学会多种新闻体裁。几年前，《中国边防警察》杂志开设评论栏目“说吧说吧”。该栏目刊发十多篇作品之后，我发现作者全是部队干部，我想成为战士中第一个吃此螃蟹的人，但一直怀疑自己没那水平，迟迟不敢动笔。后来，经过一段时间的学习和积累，我终于鼓起勇气，撰写了《会解题，也要善出题》一稿，并顺利刊发。此稿的发表，给了我极大的信心。

2020年，部队改革期间，我在《中国边防警察报》相继发表了《即使转身，也要对得起军人荣耀》《把爱国热情转化为改革动力》等十多篇言论稿，《让本领跟上改革步伐》还登上了《人民日报》。《中国移民管理报》创办后，我的评论稿也顺利见报。

尝试陌生领域，还包括尝试陌生的写作手法，甚至报道工具等。写文字的，尝试新闻摄影；拍照片的，尝试文字写作。能写会拍，多个手艺、多件报道的武器，就多条通往成功之路。

勇于亮出自己风格。风格就是个性或特色。新闻的风格，可以是独特的思维理念、谋篇布局、艺术表现，也可以是独特的语言表达。散文化的新闻写作手法，是著名记者穆青的风格，这也成就了《县委书记的榜样——焦裕禄》等名篇巨著。人们常说，吃别人嚼过的馍没味儿。记者、通讯员没有自己的风格，就难以拿出与众不同的作品。有了丰富的新闻采编经验后，应勇敢地总结形成自己的风格，把简单“通技”练成独门“绝技”，打造自己的核心竞争力。

一名相声名家曾说，你的相声表演是否成功，看演出，如果观众“满坑满谷”，你就是好的相声演员。同样，我们的稿件能够得到编辑青睐、读者喜欢，我们就是优秀的作者，而不必在乎文字是否对仗工整，语言是否经典优美。落入窠臼，就难有大的发展；跳出八股，勇于创新，形成自己的风格，离优秀新闻人就不远了。

你的能量超乎你的想象。只要能吃得了苦，耐得住寂寞，下定决心，坚持到底，就会在新闻宣传道路上收获一个又一个惊喜。

让笔下国门故事“活”起来

武陈昊

讲理论不如讲故事。新闻写作也是一样，阐述深奥难懂的大道理，不如讲接地气的好故事。作为边检站的一名宣传骨干，如何让笔下的国门故事“活”起来，笔者谈几点粗浅认识。

要讲“真”。好的故事必须是真实的故事。有的宣传骨干喜欢坐在办公室里编故事，拼接素材、生搬硬套，把自己想出来的故事强加给读者。想出来的故事可能一时会受欢迎，但没有持久生命力，也可能还没面世就夭折了。究其原因，在于故事不真实。国门故事只有以真实为底色，才能在时间的洗礼下永不褪色、历久弥新。

要讲“实”。讲故事，就要善于把观点落到实处，把一些高深的理论用浅显的话语、入心的细节讲出来，把一些“高大上”的道理用身边人、身边事说明白。要站在读者的角度寻找好故事，去掉虚话、套话，用最真挚实在、形象可感的语言来描述。只有这样，才能达到事半功倍的效果。

要讲“深”。基层是新闻的富矿，想让故事接地气，必须深入基层，与民警面对面交流，了解民警的所思所想，挖掘鲜活的新闻素材，用读者喜闻乐见的方式讲述他们愿听、爱听的故事。国门故事不同于街头巷尾的闲话轶事，除了要讲得生动，也要讲得深入。一个好的国门故事，必须注重提炼、升华主旨，让故事内涵深邃、值得回味，不断提升引导力、公信力。

要讲“柔”。讲好国门故事应避免“宣传味儿”，重视柔性处理，焕发读者情感共鸣。汶川地震中，新华社的报道获得社会各界赞誉，关键在于从“宣教式”报道，转向一个个救援者与被救者间的感人故事，唤醒了人们对生命的尊重珍惜。在讲国门故事过程中，也要尽量突出人、突出情感，在潜移默化中打动读者。

要讲“广”。讲好国门故事，还要加强传播手段和话语方式创新，充分运用各种宣传载体，拓宽宣传渠道，提升国门故事的传播力、影响力，进一步弘扬主旋律、传播正能量，擦亮展示中国风范、中国形象的“国门名片”。

塑造人物形象之管见

赵文煜

巧用描写手法对于刻画好人物形象、讲好典型故事有着立竿见影的效果。围绕语言描写、神态描写、侧面描写，笔者谈几点粗浅认识。

语言描写让人物形象跃然纸上。言为心声，语言描写是塑造人物形象的重要手段。恰当地使用符合人物身份、贴合人物心理的语言，能够生动刻画出人物的性格特征，让读者深入感受人物的内心世界。例如，《中国移民管理报》刊发的《“燕”声细语沁心田》一稿，讲述了一名从警37年的民警吴燕霞，在岗位上用一举一动温暖身边人的故事。作者通过“嗨”“快”“来”“嘘”几句简单的口头语，将一位性格爽朗、细心周到的“贴心大姐”形象呈现在读者面前。善于运用语言描写，是写好人物稿的必要条件，简洁明了的语言描写是人物思想的直接体现。寥寥几句对话，就能使读者读懂人物的真情实感，对表现人物的思想感情、反映心理活动、展示人格魅力，有着至关重要的作用。

神态描写让人物形象入木三分。先进人物并不是完美无缺的，他们是我们身边有血有肉的同事。简单的“造神”“比惨”类的大写特写，非但不能弘扬先进人物的高尚精神，反而容易让读者产生反感心理。而准确的神态描写可以将人物的喜怒哀乐巧妙地展现出来，使人物性格更加丰满真实、情感更加生动细腻、事迹更加感人肺腑。例如，《中国移民管理报》刊发的《把百姓冷暖扛在肩上》，讲述了黑龙江大黑河岛边境派出所所长吴德鹏的先进事迹。作者写三地分居的吴德鹏同儿子视频，在儿子说出“爸爸，我想你”时，看到儿子噘起的小嘴，吴德鹏随即将目光挪向窗外；而当儿子提到是否抓到坏人时，吴德鹏骄傲地回答着并且脸上露出一丝笑意。这之间没有内心独白，也没有一句旁白，只用吴德鹏神态的变化，就表达出一个父亲因工作繁忙对家庭的愧疚以及对从事职业的自豪感。巧妙使用神态描写，可以使读者更容易投入故事情境中，感受到人物的情感变化，触摸到人物的心灵深处。

侧面描写让人物形象呼之欲出。先进典型，代表着所处时代的理想与追求，反映着社会的价值取向和美好期盼。通过对周围人物或环境的描写，可以更加生动地刻画先进人物的思想、品格和行动。例如，《中国移民管理报》刊发的《尖刀出鞘“魔”胆寒》中，缉毒民警张飞虎妻子哭着说：“老公，你申请换个岗位吧，不行咱就辞职，回来找个安全一些的工作，我怕……”从妻子的角度描写，就能体会到缉毒一线的惊心动魄，感受到缉毒英雄的英勇无畏。侧面描写是正面描写的有效补充，恰当地使用侧面描写，不仅可以丰富人物性格，而且可以深化主题。在写人物稿时，利用侧面描写烘托人物性格特点，以独特的角度、精炼的笔墨表现所描写的对象，常常可以起到正面描写无法替代或者很难达到的艺术效果。

用事实拨动读者心弦

要浩伟

《辞海》中对新闻的释义为：新闻机构对当前政治事件或社会事件所作的报道，要求真实迅速、言简意明，以事实说话。显而易见，事实胜于雄辩，事实是新闻的本源，也最符合读者需要。

笔者在新闻写作中常常面临这样的问题：如何讲好新闻事实？如何让自己采写的新闻吸引读者？新闻是客观的，新闻事实通常是不带情感的，作者不能空洞说教，应通过一定的方法讲好事实，才能让“无情”的新闻拨动读者心弦。

还原场景再现事实。描述新闻事实的现场情景，使报道有神、有形，让读者仿佛身临其境，自然会增强说服力。通常，我们可以采用第一人称，由作者直接把读者带入现场，使读者在看新闻过程中，领会作者所传达的事实和想要表达的内容。再现场景，不只是眼之所见，还要做到“望闻问切”，对新闻现场进行细致描写。人物的一副眼镜、一双鞋子，新闻事件中的一个小插曲，都可能打动读者，起到画龙点睛的作用。

深挖背景展现事实。背景材料本身也是事实，被称为新闻背后的新闻，或用来说明新事实的旧事实。多层次、丰富的背景材料运用，可以引导读者深入分析新闻事件的意义，同时增加新闻的可读性和可信度。挖掘背景时，可以把所报道的事实与其他事实关联起来，或进行横向、纵向对比，有助于读者在阅读过程中提高兴趣、发现问题、进行思考。同时，报道同一新闻事实，由于选择和运用不同的背景材料，也会对读者的判断产生不同影响，作者也常常借此发表无形的意见。

借助引语贴近事实。直接引语是指作者通过采访得来的被采访者的原话，是新闻写作不可分割的一部分。运用引语，可以使报道具有现场感，避免稿件单调乏味与概念化。借助引语时，不能随意编造、刻意拔高，要阐明引语的来源，提高真实性。如果引语来自重要人物或重要机构，新闻的权威性也会相应提高。在采访中要保持敏感性，注意抓住人物的语言特点，通过引语使读者更加贴近新闻现场。

事实是新闻的基础，也是新闻的底线，但讲好事实并不容易，同时还要吸引读者更有难度。除了学习写作手法，更需要每一位作者笔耕不辍、脚沾泥土，用事实感染人、说服人、鼓舞人。

好故事应耐心挖掘

姚蓓雨

目前，国内新冠肺炎疫情防控形势已基本稳定，境外疫情形势仍不容乐观，“内防反弹、外防输入”成为当前疫情防控工作重点。《中国出入境观察》杂志近期来稿大多与疫情防控工作相关。

全国移民管理机构身处防控境外疫情输入最前沿，奋不顾身、冲锋在前是一线民警职工的真实写照。如何让新闻稿抓人眼球、打动人心？笔者也有一些思考。

一则用情。新冠肺炎疫情发生后，广大民警职工不畏艰难、英勇逆行，谱写出一段段动人故事。每一次上台查验，没人能预料自己面对的是否是新冠肺炎患者，但无一临阵脱逃。他们身上存在共性，更有与众不同的闪光点。作为宣传骨干，应充分挖掘他们身上的故事。面对生命危险，大家都会出现害怕、焦虑等应激情绪，一线民警也不例外。宣传报道时，这些反应无须刻意回避，因为真实才是新闻的生命。空喊口号是没有感染力的，新闻报道要力求多方面、多层次展现人物的真实情感、感人事迹，力争写出特色、写出“真我”。

二则用心。要提高新闻稿的可读性，切不可生搬硬套、堆积事迹材料，也不能模仿同类型文章，换壳不换芯。许多民警长期坚守一线，自认为没有突出事迹。部分宣传骨干长期脱离一线，不能感同身受，撰写的稿件缺乏深度、缺少温度。因此，要透过平凡生活挖掘人物非凡特性，展现表象背后真实人物情感。宣传骨干要尽可能面对面采访，如果条件受限，可采取电话采访的方式，善于捕捉采访对象话语中的关键点，挖掘深度素材。同时，还可采用侧面采访，通过采访对象的同事、家人，以旁观者的角度丰富人物形象。

这让笔者想到了被编进高中语文教材的一篇报道——《“探界者”钟扬》，讲述的是复旦大学已故教授钟扬的生平。这篇报道出自《中国青年报》一名“90后”记者之手。成功背后，是她奔赴上海、成都、拉萨多地进行实地采访，同钟扬的学生、家人、同事深入交流。对于钟扬生前事迹的收集，各大媒体都曾派出记者，他们笔下也呈现出不一样的钟扬。这位“90后”记者的报道能脱颖而出，笔者认为就是用情用心的结果。

用情讲真话，用心传真情，讲好身边故事，讲出特别味道。

做个有心人　写出好作品

何洁其

从传统的文字、图片，到如今的短视频、动态图，看似单一的边检宣传工作，其实也随着时代发展变得更多元、更广阔。笔者大学本科毕业于新闻系，现在是边检站的一名宣传干事，在宣传岗位干得越久，对大学新闻写作教授所说的“要永远做个有心人”这句话感触越深。

善于观察，做宣传工作的细心人。每时每刻，边检工作中都发生着各种各样的事件：查获伪假证件、救助受伤旅客、帮扶通关老人……要在这么多事件中分辨什么是“新”闻、什么是“旧”闻，什么可以传播、什么不可以传播，需要我们懂得观察与判断。反之，不仅会错过新闻的闪光点，还可能因为粗心大意或判断失误，造成不良影响，甚至是不可挽回的严重后果。宣传工作政治性、专业性都很强，唯有在平时加强学习，做一个细心人，用新思想、新理念武装头脑、增强眼力，才能在工作中认清形势、把握大局，做到眼光敏锐独到，善于发现真善美、正能量。

敢于吃苦，做宣传工作的用心人。我们需要肯吃苦、吃大苦，每逢节假日，要深入一线报道口岸通关情况，口岸发生突发状况要第一时间前往记录拍摄，有时执行危险执勤任务也需要随叫随到，“敢于吃苦，用心干活”应该成为我们的座右铭。毛泽东主席有句名言：“没有调查，就没有发言权。”宣传报道不是凭空捏造的，它是我们对发生在身边的人和事的观察、思考、理解，然后用文字、照片、视频等方式展现、传播，让更多人了解真实的新闻事件。同样一件事，有的人只是泛泛而谈，有的人却可以透过新闻事件表面去挖掘更多更深层、更有趣的故事。这就要求我们深入基层一线，俯下身、沉下心，察实情、动真情，全面深入了解新闻事件的来龙去脉。唯有此，写出来的报道、拍出来的照片，才是“走心”的作品，才能有血有肉、打动人心。

勤于思考，做宣传工作的精心人。德国诗人海涅说：“思想走在行动之前，就像闪电走在雷鸣之前一样。”宣传工作是一项与时间赛跑的工作，新闻报道要有时效性，因此我们的脑子要时刻动起来、学起来、活起来，善于发现问题、提出问题、思考问题、研究问题、回答问题。宣传工作又是一项与时俱进的工作，随着传播媒介、受众阅读习惯的变化，宣传方式也在更新迭代。20 世纪 80 年代，人们主要靠纸媒获取信息；90 年代，人们开始使用电视、网络了解世界；而现在大家更愿意利用碎片化时间通过手机进行学习。所以，我们要主动思考什么宣传内容民警更喜闻乐见、什么宣传形式民警更愿意接受，这样才能多出金点子、妙主意，用心用情讲好移民管理好故事。

真诚是记者的底色

洪燕森

“回望2020年，单单是活着，有的人就用尽了全力。”这是中央广播电视总台主持人董倩在全国第七届“好记者讲好故事”选拔赛现场的开场白。

当时，我就在现场。董倩讲的是武汉封城期间，她在那里所看见的，所感受到的，娓娓道来，真实、真诚、朴素。

董倩采访的对象是蔡利萍，一个坚强的女人。蔡利萍的丈夫是武汉市武昌医院院长刘智明。刘院长因感染新冠病毒住进感染病房后，身为护士长的蔡利萍给他发了条微信：“你感觉怎么样？要不我请个假去照顾你？”刘院长回复：“我很好！这个时期人手紧张，你不要过来。”直到刘院长去世，蔡利萍翻看丈夫手机，才看到在这条回复之后，刘院长又给一个医生好友发了条微信说：“我感觉很难受，我快窒息了，像溺水了一样。”蔡利萍紧紧拉着董倩的手说：“我做了一辈子护士，知道病人的各种疼痛，可我却读不懂我的丈夫。”

董倩的讲述中没有过多的修饰，她就站在那里，理解、接纳另一位女人的悲痛，真诚、客观的陈述。跟着董倩的讲述，我感受到了坚强的力量，也看到了身为记者真诚的底色。

什么才算是好记者？看到央视的一段采访，镜头前，董倩说：“好记者，技术和业务是基本的，更重要的是真诚的底色。”

我一直把这句话记在心里。几年前，一名战友的父亲过世，正赶上单位开展谈心活动，我就写了一篇宣传稿，大意是说教导员买来西瓜，与战友边吃西瓜边谈心，温情疗愈了这位战友的悲伤，激励他以更高的热情投入工作。

稿子送审时，一个老大哥跟我说："做新闻跟做人一样，最重要的是真诚。你觉得这篇报道出来后，对悲痛中的战友是疗愈还是撒盐？"这句话如醍醐灌顶。失去真诚，所有的报道将失去光彩。

真诚同样也是讲好故事的强大力量。2020 年 12 月 16 日至 24 日，由中央宣传部、中国记协联合主办的 2020 年"好记者讲好故事"巡讲活动启动。我有幸入选巡讲组，赴北京、武汉、郑州、重庆等地宣讲。

宣讲中，我以《我为祖国守好门》为题，讲述了战斗在祖国 300 多个对外开放口岸和两万多公里陆地边境线上的移民管理警察坚守外防输入阵地、逆行而上的使命和担当，形容他们就像是一支支上了膛的钢枪，在祖国和人民最需要的地方站岗。

每一场宣讲，我都告诉自己，要真诚表达，让更多的人认识和了解移民管理警察；让更多的人知道，这支年轻的队伍，在突如其来的疫情中坚守国门边境第一道防线，成为防范境外疫情输入的重要力量；让更多的人看到，移民管理警察在筑牢国门钢铁长城的同时，也在打造温暖国门。他们隔离病毒不隔离爱，向全世界传递中华民族的文明与大爱。

2020 年 12 月 16 日，在北京首场巡讲之后，《铁道建设报》记者刘秀秀主动找到我，说听了我的演讲，很受触动。她说："原来你们身处外防输入第一线，人证对照环节真的就是直接跟病毒作战，向直面危险、勇敢逆行的移民管理警察致敬！"

听到这番话，我内心既温暖又自豪。我知道，感动大家的，是坚守国门一线的第一代移民管理警察的英勇和付出。我自豪的是记者这个身份，让我可以用手中的笔记录这一个个感人瞬间。我感谢有这个平台，让我能通过话筒，通过面对面的形式，传播移民管理警察的好故事、好声音，我觉得使命光荣也满怀感恩。

每场宣讲报告后都安排了座谈会。座谈的自由交流环节，常有"移民管理队伍主要职责是什么"等问题。每次遇到这类问题，我都在思考，如何将一线民警守护国门安全、维护口岸稳定的工作细节，通过言简意赅的话语，让听众接收、接受并理解？

这时候，真诚的表达成了最好的法宝。座谈会上，我告诉大家，移民管理警察的每个人都了不起。在疫情防控工作中，他们构筑起防范境外疫情输入第一道防线，从空港到海港，从铁路到陆路，每个岗位都有人坚守，每个工作亦平凡又伟大。

我告诉他们，我看到战友王越在坚守。王越是泉州出入境边防检查站的检查员，她的丈夫也是人民警察，女儿远在湖北由老人照顾，一家三口长期分隔三地，距离 4200 公里。

2020 年年初，对王越来说特别艰难。新冠肺炎疫情暴发，王越只能通过视频叮嘱在派出所工作的丈夫做好防护，提醒远在湖北的父母和小孩不要出门。

“不能回家”成了王越冲锋在前的理由。她主动请缨到感染风险高的执勤岗位，“孩子在湖北回不来，老公在一线执勤回不来，我一个人住，万一要隔离也简单！”朴实的言语，却是第一代移民管理警察的忠诚与担当。

每个人都了不起！每一个为移民管理事业不断奋斗的人，都值得被共和国铭记。

我以我的战友为荣，我以我的队伍为荣，我以我是记者为荣。成为记者，成为这个伟大时代的记录者、亲历者、见证者、参与者，我珍惜而感恩。

我是记者，眼里有光、心里有梦，真诚的底色永远不会改变。

好形象需精心描绘

彭维熙

平凡人坚持做好平凡事，这就是不平凡。作为宣传骨干，找到所采访人物的特性，是写好一篇质量上乘人物稿的关键。凡事怕用心，有心就能成。

用心采访，确保人物更真实。一篇情感真挚的人物稿，并非坐在办公室修改人物事迹加工而成，而是在践行脚力的基础上，深入采访挖掘。人物事迹材料，容易导致作者被“牵着鼻子走”，在写稿之前就有了预设的人物形象。为继续展示人物形象，有时会出现编造情况，导致所宣传的人物不接地气，难以引起读者共鸣。宣传骨干应“站在天安门上思考，回到田埂上写作”，真正了解主人公的日常，通过主人公的讲述，提炼故事细节、动人之处，再从不同侧面采访，展现饱满的人物形象。

用心写稿，确保人物更立体。笔者写人物稿经常自我感动，读者却如同嚼蜡。因此，写稿时一定要时刻保持清醒头脑，思考“读者为什么要花宝贵时间来读你的稿”“稿件给读者传递了什么、意义是什么、能否引起情感共鸣”，这样才能避免自我陶醉。写人物稿，堆砌材料、就事论事的方法很难表现出人物的整体形象。稿件中需要几个具有代表性的故事，将能够展现人物形象的关键细节原汁原味地体现在字里行间，细致刻画读者最想知晓的场景，这样才能增加稿件的可读性和吸引力。同时，必须详略得当，有纵深感和层次感。笔下的人物有了灵魂、生命，才能有感染他人的力量。

用心改稿，确保人物更闪亮。玉不琢不成器。修改稿件，一定要有较真的态度，做到逻辑清晰、言简意赅。在《中国移民管理报》编辑部学习，笔者切身感受到修改稿件的详细过程。每次排版前、排版后，编辑们都会逐字逐句反复修改，耗费大量时间只为以最简练的文字传递更多的信息。修改过程中，也要丰富稿件的表现手法，不能是一以贯之的陈述式、记录式，单一表现手法容易让读者产生疲劳感。这就需要作者把多种表现手法融合，选择最恰当的方式，起到画龙点睛的作用，勾起读者读下去的欲望。

纸上得来终觉浅，绝知此事要躬行。写好一篇人物稿，并不是一蹴而就的，需要时间的沉淀、知识的积累，更需要脚底的实践、笔尖的锻炼。

细节让新闻报道更出彩

孔志勇

一篇好报道，离不开独特的视角、精彩的描写，以及生动的细节。

新冠肺炎疫情期间，有多少逆风而行的背影，让人热泪盈眶；又有多少感人至深的故事，让人铭记在心。《中国移民管理报》始终坚持讲好移民管理好故事，展现移民管理队伍新形象。通过广大宣传骨干的讲述，无论是“勇当‘逆行者’、一线展英姿”的深圳边检总站援鄂医疗队，还是“守住一道门、护好我的国”的国门卫士，或是“情系天山南北、志在雪域高原”的边境守护者，一篇篇鼓舞人心的报道、一个个感人至深的镜头，无不体现出全国移民管理机构的责任与担当，记录着广大民警职工的坚毅与勇敢。

在众多来稿和刊发的报道中，有的让人印象深刻、赞不绝口，甚至一遍遍品读，久久回味。究其原因，是有故事化的叙述，有生动的细节描写。

比如，《沧海横流，方显英雄本色》这篇报道，作者通过对深圳边检总站援鄂医疗队队长卢涛出征前一晚“彻夜未眠”，到赴鄂后“不到36个小时成立专家组6个、工作组5个”，再到战“疫”阵地“忙到凌晨3点依然不下火线”，及最后对队员、病患的关心和鼓励，这些连贯的叙述和描写，使卢涛勇当疫情逆行者、病魔阻击者、健康守护者的英雄本色，在沧海横流之中显现，让人既感动又赞叹。文中还有一处关于卢涛家庭情况的叙述，“在这期间，半年前刚做了重大手术的妻子在为他担忧，年迈的父母体弱多病，还在湖北十堰老家隔离……”这一细节的补充让人看到了英雄的平凡——他亦是丈夫、是儿子，然而正是这种平凡让卢涛变得不平凡。

像这样用细节表现出不平凡的报道还有很多。例如，在《战“疫”勇向前》这篇报道中，北京边检总站执勤三大队大队长王建涛因不知自己胃穿孔，仍坚守执勤现场。强忍一个小时后，他“蜷缩在椅子上，额头上冷汗直流”，这才不得不前往医院治疗。同事帮他整理入院物品时，“发现他抽屉里放着泡面、火腿肠和半包饼干”，平时来不及吃饭，他就靠这些充饥。作为“主心骨”的王建涛，就是这样一个忘我工作、默默奉献在抗击疫情一线的基层领导。

“防护镜起雾了，就把护照拿得近一些；缺氧头晕，就深呼吸调整状态；肩颈疼，就趁着没有旅客时转转头。”这是《“看不清你的样子，但我会记得你”》这篇报道中的一处细节描写。短短一句话，让人深深感受到“全国优秀人民警察”史宗良在一线的奉献和坚守。

“张凤易每天都要穿着沉重的防刺服、戴着头盔执勤，爬车顶、钻车底，日晒雨淋，原本白净的她被晒得黝黑发亮。”《时光会带来完整答案》一稿中，用一组动词让现场重现，这一“穿”一“戴”、一“爬”一“钻”，仿佛让人置身其中，也让一名不畏艰难、不惧风雨的缉毒女战士形象呈现在读者眼前。

上述报道给予我们启示：好的新闻报道需注重细节，因为细节最能唤起读者兴趣、吸引读者关注、引起读者共鸣。

以“局外人”视角写新闻

周泽方

笔者曾看过一篇题为《那条路轻了156斤》的新闻报道，有位交警体重156斤，因病早逝。出殡那天，全城许多司机自发开车前来相送，沿路排满了整整两公里。文中通过讲述一个个鲜活的事例，让人眼眶发红、心弦颤动。这样的新闻，专业、走心、有效！

笔者认为，开展新闻报道，要跳出公安视角写公安，跳出移民管理身份宣传移民管理事业，以“局外人”的理性阐述事实，以“行业内”的真心传递真情。

要善于发现闪光点。上周，笔者跟随总站思想状况调研组走访基层科队，有位民警谈到，科队内部十分团结友爱，尤其是科队领导承担了很多压力。工作间隙，检查员可以轮流休息，科队领导却要“超长待机”，每次吃饭都轮到最后，甚至匆匆扒几口就得回去工作。笔者当时想，这样的小故事其实就是最容易打动人心的新闻素材。对于当事人来说，这些事情早已习以为常；对于“局外人”来说，可以把平凡中的闪光点提炼出来，创作出有温度、接地气的新闻作品。

要尊重读者主观意识。一个好的喜剧演员，总是逗笑了观众，自己仍淡定自若；一个成功的广告文案，往往能抓住消费者需求，让他们心满意足地掏腰包。一个专业的新闻工作者，应该站在“局外人”的角度，用客观事实说话，尽量多呈现、少评判，避免“灌输式”宣传，将思考的主动权交给读者，才能赢得读者的认可和支持。

要培养多元思维能力。彩虹为什么好看？因为色彩缤纷。同理，写出好稿，必须要有多元的思路。例如，在宣传典型人物时，通过比惨、造神的方式，过于渲染民警为事业牺牲家庭的故事，反而会引人反感，影响宣传效果。其实，移民管理队伍中有许多值得宣传报道的对象，比如常年资助山区学生和孤寡老人的民警，工作积极乐观、总能给集体带来快乐的民警，性格随和爱笑、经常得到旅客表扬的民警……以“局外人”的视觉看问题，思路宽了，格局大了，新闻宣传才能事半功倍。

如何让新闻报道更有力量?

李 俊

如何让新闻报道更有力量呢？这里有“写什么”和“怎么写”的问题，也有时机、时效等问题。《中国出入境观察》杂志 2021 年第 11 期刊载了我所撰写的纪实通讯《敢于动真碰硬 精于治疾健体——江苏边检总站开展队伍教育整顿工作纪实》，队伍教育整顿工作是 2021 年以来全国政法队伍的一项极其重要的工作，此时又正值第二批队伍教育整顿期间，该篇文章的发表既是对第一批教育整顿工作成果的全面总结，同时也对第二批教育整顿工作的开展具有很强的指导意义。现结合此篇报道以及我多年的新闻实践经验，简单阐述我对增强新闻报道力量的一些观点。

思路决定出路

在新闻宣传工作中，无论是写文章，还是拍照片，亦或是新闻策划，都要首先明确工作思路，这是起决定性的一步。2020 年 3 月，我所策划拍摄的人物纪实《国门战“疫”姐妹花》共获得国家、省市各个级别的 10 余个奖项，便是受益于提前确定好的拍摄思路。那么写这篇文章的思路在哪里呢？

首先要明确，为什么要写这篇文章。2021 年以来，江苏边检总站队伍教育整顿工作成果颇丰，创新推出了派驻纪检督察、“三纪”学习教育、“四大系统”核查、清单式管理等被中央督导组、公安部、国家移民管理局数次点名表扬的先进做法，值得被全国移民管理系统乃至整个政法队伍推广学习，这便是我写这篇报道的初衷。同时，写作期间，也正值我在总站纪检督察处帮助工作，亲眼看到了从领导到普通民警，无数个头顶明月、伏案疾书的场景，亲身感受到他们火热的工作氛围和把一项工作做到极致的工作态度。如果当时胸中没有溢满这种感动，就谈不上有为功绩鼓与呼的动力，文章即使勉强写出来，也没有力量。

其次就是怎么写。身处总站队伍教育整顿工作的“指挥大脑”，自然有了写作底气，写作素材更是源源不断。写作过程中，我始终紧扣开展队伍教育整顿工作的根本目的，从学习教育、查纠整改、为民服务和建章立制四个方面着手，对总站队伍教育整顿工作亮点进行了系统的归纳和总结，全面展现了开展队伍教育整顿的政治效果、纪法效果和社会效果。所以说，在下笔之前先理清文章的整体思路，是让文章做到“形散神不散”的关键所在！

在研究状态下干工作

写这篇纪实通讯之前，在纪检工作领域，我还是一个门外汉。为了写这篇报道，我将江苏边检总站队伍教育整顿工作开展情况进行了系统研习，从方案部署到亮点总结，从领导讲话到基层反馈，从信息到简报，一个猛子扎到底，总共研究了有 60 多份文件。从繁杂的文件中精准定位关键所在，自己也从原本的一个被教育者渐渐也形成了施教者的宏观眼光，脑海中对整篇文章的架构也就渐渐明晰了。

但写综合报道，一方面要写出轮廓，使读者对教育整顿工作有一个全盘的概念；另一方面还要穿插一些精挑细选的生动事例，使报道既不是夸夸其谈，又不是现象罗列，而是有骨有肉、有声有色。

这个时候采访就很必要了。在教育整顿过程中，教育者和被教育者他们每个层面、每个角色的感受都不一样，特别是一些涉案人员或是案件办理者，他们对教育整顿工作的感受更为深刻，他们所经历的事、所讲的话便是整个文章的力量所在！由于当时身处总站机关，对机关负责教育整顿工作的民警采访相对便捷，但却“不接地气”。于是对基层民警进行电话采访、视频采访便成了我的“家常便饭”，坚持看最一线的情况，听最基层的声音。

正是有了来自基层一线的真实反馈，这篇文章里的四个章节均以“直击要害”的问题或鲜明的观点开篇，“如何在新体制下增强民警遵章守纪意识？”“主动交代是否会‘牢底坐穿’？等待观望能否侥幸逃脱？”“教育整顿的落脚点在哪？”等等，一下子将读者带入情境，循着问题看文章，大大提升了新闻报道的深度、厚度和吸引力、感染力。

对工作付诸情感

这里的情感要从两个方面来说，首先就是我对宣传工作的情感。说实话，写这篇稿子其实是不容易的。因为纪检工作的报道，特别是队伍教育整顿的报道，这个“度”不好把握，究竟是写深一点呢，还是点到为止？尺度几何是这篇文章能否成功的关键！一开始，我也在犹豫到底要不要来挑战，但想到作为一个奋战在新闻宣传战线近十年的新闻人，记录这个时代本就是我们不可推卸的责任，特别是面临一些重大的历史任务，要不是现在去记录下来，谁还能再给你重演呢？所以，我一直认为，搞好新闻宣传工作，要像战场上的战士那样，时刻保持着求战的旺盛斗志和饱满的政治热情。

第二点就是中国移民管理报社老师对我们通讯员的情感。记得有一次，我的一篇报道被《中国移民管理报》刊载，便在朋友圈进行了转发，聂虹影社长在下面评论了四个字：“见字如面”。看到聂社长的评论，心中顿时倍感温暖。我想我们从报社学习回来之后，报社的老师们还一直在关心关注着我们，《中国出入境观察》杂志编辑部负责人于雷也经常通过微信给我“压担子”，希望我能在写作上快速成长，为我干好宣传工作提供了很大也很关键的动力！

其实，一个人的成长就像写一篇长篇通讯一样，是一个比较艰难的过程。但如果在这个过程当中，能有一群志同道合的人相随相伴，就会别有一种以苦为乐、乐在其中的感觉了。

最是平凡动人心

邵志佳

2021年12月15日，中华全国新闻工作者协会第十届理事会第一次会议暨中国新闻奖颁奖会在京举行，习近平总书记亲切会见会议代表，向他们表示诚挚问候和热烈祝贺。

作为全国优秀新闻作品最高奖，一件件获奖作品饱蘸人民情怀，广大新闻工作者以人民群众为创作主线，把笔触和镜头聚焦一线，用一个个奋斗“剪影”绘就了活力中国的动人长卷。

从奋进新时代移民管理事业新征程到建设社会主义现代化强国，都离不开一个个平凡人的默默奉献，他们最真实的经历和最真挚的情感，往往会直击心灵最深处，让我们不经意间就泪流满面。

每个集体中都有一群有故事的人。2019年，在国家勋章和国家荣誉称号颁授仪式上，习近平总书记就曾指出，伟大出自平凡，平凡造就伟大。

近年来，全国移民管理机构涌现出一批批先进集体、模范个人，他们是我们学习的榜样和前进的方向，但在我们身边更多的是普通民警，他们同样驻守在高山雪域、荒漠戈壁，他们的成长故事、奋斗经历、工作日常，虽然平凡，也很动人，值得我们去采、去写、去读。

在《中国移民管理报》（2021年10月26日四版）《国门副刊》版面刊发的《平凡中的感动》一文中，主角老陈是一名驻守在海港一线的普通民警。在日常接触中，我发现其作为执勤队年纪最大的“老班长”，在工作时从来不打折扣、不谈条件，急难险重任务总是第一个上。家庭方面，因其长期在外工作，家中重担便落到了妻子身上，且这名警嫂独自在家照顾三个孩子，白天上班补贴家用，与老陈一样默默无闻地奉献着。老陈夫妇的工作与生活看似平凡，但诸多平凡的事汇聚在一起，便铸就了他们不平凡的精彩人生。

平凡的工作，也可以创造不平凡的成就；平凡的人，也可以获得不平凡的人生。在新时代移民管理事业新征程上，正因有千千万万个“老陈”，用不懈奋斗与无私奉献，为边境安全稳定、口岸顺畅通关注入了生生不息的力量。

每个人背后都有可挖掘的精彩故事。“在人民的壮阔奋斗中，随处跃动着创造历史的火热篇章。”习近平总书记在中国文联十一大、中国作协十大开幕式上的这句话，也为新闻工作寻找鲜活素材指明了方向。

作为新闻报道员，在写人物宣传稿时或多或少会有这样的感觉：缺乏素材、内容单一、没有亮点，以边疆卫士、抗疫勇士、业务“大拿”居多，内容千篇一律。这就需要我们深入挖掘人物背后的故事。在挖掘亮点时，要精准把握人物身上与众不同的特点，巧用鲜活语言和生动细节描写，“探秘”采访对象的内心世界，深入挖掘报道人物特点及其背后的暖心、动人、励志的故事，把受众喜闻乐见的故事呈现出来，引发情感共鸣。

人物故事丰富精彩，细节点缀也必不可少。好的细节描写，能使人物性格丰满、活灵活现、惟妙惟肖，使读者“如见其人”“如睹其物”，达到“一目传情”“一目传神”的艺术境界。

在江苏出入境边防检查总站警务实战比武竞赛中，太仓出入境边防检查站女民警李宝懿拿下手枪射击第一名、女子1500米跑第一名及多项团体前三的优秀成绩。撰写其人物通讯稿时，我通过多次采访、日常了解、向身边的同事询问，深入挖掘其成绩背后的辛苦付出。最后一次采访时，与李宝懿通话一个多小时，正因为有了这次采访，我才获得了更多细节和信息：李宝懿在每晚都会在宿舍加练、训练笔记写满了三本、身患骨膜炎依然坚持训练、父亲去世后重返赛场……有了这些素材作为支撑，人物自然立体鲜活，文章也生动感人。

每个精彩故事都有不同的报道形式。本届中国新闻奖不少获奖作品在语言表达上“内外兼修”，既“形式美”又“内容实”。内容决定形式，形式是内容的呈现。

普通民警比起先进典型，他们的事迹虽然更“接地气”，易让读者感同身受，但小人物、小故事却难以写出荡气回肠的长篇大稿，这就需要我们将内容与形式二者相统一，灵活运用文字，增强文章的针对性、吸引力、感染力。

同样的新闻对象，选取不同的角度和形式，会产生不同的效果。在人物报道中，我们不可拘泥于常见的“三段论”“千字文”模式，针对不同的人物类型，可灵活使用通讯、消息、采访手记、新闻背景、评论等多种报道手段，形成多层次、多品种的立体报道结构。对于部分报道，人物的特点或故事不足以支撑起“三段论”的文章结构时，硬写文章往往会导致内容空洞、篇幅不足、虎头蛇尾。

《平凡中的感动》一文中，老陈的故事虽然感人，使我多次泪目，但其人物亮点多聚集于日常细节，故我采用了散文的形式，以第一人称对其进行报道，使文章更有代入感、现场感、亲和感。

此外，任何一位民警能被报道，在更广范围展示其工作成绩或良好形象，往往不是因为一时一事，大多是因为他们长期坚守在平凡的岗位上，立足本职、孜孜不倦，做出了不平凡的业绩。报道对象若是有了新的新闻点，我们还可以采取跟踪报道的形式进行补充，连续性的人物报道在一定程度上，往往比重新塑造一个典型形象更容易吸引眼球，打动人心。

采访贵在博观而约取

江中显

采访是一种创造性的劳动，想要写出有分量的稿件，必须实地采访。在中国移民管理报社实习期间，我有幸参与《中国出入境观察》杂志“战线无形·较量无声”专题策划，并前往北京出入境边防检查总站证件研究室现场采访。

采访时，该总站证件研究室负责人详细介绍相关工作情况。《中国出入境观察》杂志编辑部负责人于雷的做法是，用心去感受他们的经历，深挖他们内心的东西，并适时引导采访对象，我们则在一旁观摩学习。看似严肃的交流，却在一种拉家常、聊工作的状态下进行，处处有宝贵的新闻素材。

采访过程中，编辑王云龙始终以问题为导向，深入细致询问采访对象，透过采访对象的自述，深挖最能反映团队成绩和最有说服力的情节。最终，《证研“梦工厂”的成长协奏曲》一文水到渠成，可以说把证件研究工作中最优秀、最精彩、最能引人入胜的故事，奉献给了读者，令人拍案叫绝。

通过这样一次现场学习，让我对采访有了一定了解，对深度报道有了更深刻认识。博观而约取，厚积而薄发。要写出好的作品，必须有把握全局的眼光，站在整体的高度发现有价值的素材，全面掌握事件的来龙去脉。经过总结提炼，稿件才能写得客观、准确，同时再适当增加稿件的理趣、文趣，让人过目难忘。相反，则容易被表面现象挡住视线，“只见树木，不见森林”，写出来的稿件就容易流于平淡，读起来味同嚼蜡。

新闻人要有咬文嚼字精神

费伯俊

著名语言学家、出版人郝铭鉴先生病逝时，他创办的《咬文嚼字》杂志再次引起人们尤其是文字工作者的关注。这本素有“语林啄木鸟”之称的杂志，以专门“咬”文字差错而闻名，是我国出版界第一份纠正社会语言运用的刊物。在悼念和缅怀郝铭鉴先生时，我们更应该向他学习，做一个咬文嚼字的新闻人。

咬文嚼字体现严谨细致的作文态度。当初有人提意见说，咬文嚼字是个贬义词，不宜作杂志刊名。但郝铭鉴先生认为，咬文嚼字代表着写文章时字斟句酌、严谨治学的态度。语言文字是新闻工作者手中缺之不行的战斗武器，唯有规范、正确使用，才能准确沟通交流、表达思想。离开严谨细致，哪怕一个小小的错别字、一个不经意的标点符号，都可能产生失之毫厘谬之千里的后果。因此，必须以咬文嚼字的精神做人作文，方能对得起宣传这个岗位和新闻人这份荣耀。

咬文嚼字体现持之以恒的“钉钉子”精神。郝铭鉴先生曾说：“语言这东西，不是随便可以学好的，非下苦功不可。”从2006年起至今，《咬文嚼字》杂志每年都评选发布年度“十大语文差错”。遣词造句作文是一项苦差事，新闻人只有耐得住寂寞、守得住枯灯，才能找到其中的乐趣。记者和通讯员在新闻采写过程中，难免会遇到困难点、瓶颈期等，这就需要保持力度和韧劲，不放弃、不懈怠，一步一个脚印善作善成。

咬文嚼字体现精益求精的精品意识。古今名家的创作经历，正是咬文嚼字的过程，也是精益求精的过程。要想成为一名合格的新闻人，就要远离差不多、过得去，敬畏文字、敬畏岗位，从最细小、最基础的标点、字词、修辞等做起，耐心细致地揣摩，多多留下类似“鸟宿池边树，僧敲月下门”的“推敲”故事，向广大读者奉献精品。

新闻稿应把握三个要素

李远平

新闻事业在信息爆炸的时代得到了快速发展，新闻报道内容和形式也越来越丰富，但笔者认为，传统的平面媒体报道依然是新闻报道主流，也是衍生其他新闻形式的基石。可以说，写好新闻稿是从事新闻报道工作的基础，也是展现新闻工作者抱负和才华的重要方式。当前，大部分同志尤其是机关同志都具有一定的写作功底，一般的文字材料不在话下，但真正能写出高质量新闻稿的却很少，我想这缘于新闻稿的专业属性。其实，文字是相通的，写新闻稿和写材料一样，都要遵循一定的章法，只要抓住关键要素，也能达到事半功倍的效果。

主题明确，找准写作的方向。也就是为什么写，写什么的问题。在一些新闻稿中，经常会出现这样的情况：文稿洋洋洒洒，可是别人根本不知道说什么，哪个才是真的，这是主题不明确的直接表现。所以，写稿之前，第一个就是搞清楚要表达什么，传递什么样的信息的问题。习近平总书记强调，加强党对宣传思想工作的全面领导，旗帜鲜明坚持党管宣传、党管意识形态。我们选择主题，首先要坚持马克思主义的世界观和价值观，要符合党和国家方针政策，体现社会主义核心价值观，营造有利于党的事业的舆论氛围。作为国家移民移民管理机构的新闻工作者，我们主要目的就是为党和国家事业举旗帜，为新时代移民管理警察发声，只有带着这种强烈的使命感和责任感，写出的新闻稿才有灵魂，符合主流价值观，从而真正感动人、感化人，最大限度发挥舆论正向引导作用。否则，新闻就言之无物，空洞乏力，甚至成为不法分子、敌对势力借机炒作的把柄。

逻辑严密，把准文章的结构。也就是怎么摆布材料，让文章主次分明、顺理成章、条理清晰的问题。从整体布局来看，主要有三种结构，即：金字塔、倒金字塔、沙漏型结构。新闻一般采用倒金字塔结构，其特点是“头重脚轻”地安排材料，把新闻的高潮或最重要的结论放在最前面，让读者很快清楚新闻的重点，快速做出新闻价值判断，这样安排比较符合新闻一般规律。需要特别指出的是，“重头”一般放在新闻导语或者新闻第一个章节，后面的某个章节、段落就不能拘于这种形式，可以采取先重后轻，先轻后重，或者总分、分总等结构形式，这样的新闻结构才显得灵活、有新意，不会呆板、枯燥乏味。直接点说，就是主标题与副标题、主标题与导语，主标题与小标题、小标题与小标题、小标题与段落、标题与内容要相互衔接，要有一种内在的、有序的逻辑联系，绝不能生搬硬套，把材料一股脑地往文章里面堆。这其中，要把好三个关系：一是主标题与小标题的关系，后者往往是对前者解释，是深化和拓宽前者的内涵，只有厘清这二者之间的关系，才能摆布好新闻的主体框架。二是小标题与小标题之间的关系。这是对新闻主体内容的安排，采取的形式大部分是并列式、因果式、递进式、时间式等等。一般来说，并列式、时间式适用比较多，而因果式、递进式，适合比较深度的、解读性的稿件。只有厘清了这二者之间的关系，才能做到对整个文章脉络和写作方向成竹在胸。三是标题与内容的关系，二者要相互呼应，前者要充分考虑后者的需要，后者要紧密围绕前者展开。最容易出现的错误是内容与标题明显不对应，出现张冠李戴或者内容重复杂糅，层次不分。

语言精准，体现新闻的特色。新闻语言区别于文学、评论等语言，有其鲜明个性，讲究简洁、准确、通俗。换句话说，采写的新闻稿，能让小学生轻松读懂，也愿意读，这也是体现新闻专业性的重要方面。有的同志写的新闻稿之所以缺少新闻的味道，就是在运用新闻语言方面把握不准，主要是容易进入四个误区：一是说话啰唆。大部分刚从事宣传的同志最容易出现这样的情况，为了一件事情或一句话，用了一堆的引用、排比句之类来强调，往往弄巧成拙。因为报刊没有这么多篇幅，大家也没有这么多时间读。二是讲大道理。从某种程度上说，新闻也是翻译，就是把领导说的话、深奥道理或者材料专业术语，还原为大家都懂的道理。不到万不得已，不要用“领导高度重视”“加强组织领导”“在某某领导下”等官话套话。三是主观色彩太浓。不像诗歌、散文，可以天马行空，抒发自己感情，新闻主要以实例、数据等事实传递道理，有的同志“墨水”确实比较多，喜欢用“啊”“哦”等感叹词、“非常”“十分”等副词，甚至还写古文，而这些运用不当就会失去新闻的韵味。四是用词模棱两可。新闻稿注重真实、具体，一般要把“六个 W”说得明明白白，切忌主观臆断，避免用“最近”“不久以前”等含混的字眼来代替具体的新闻时间；避免用“许多”“无数”等笼统的字词代替具体数量；避免用“大概”“差不多”等模棱两可的字词代替事物发展的程度。

投入真情实感写好稿

宋晓阳

通过一段时间的读报学报，对所触及的稿件进行研究总结，格外吸引我眼球的是那种文字朴实无华、感情真实细腻、易产生情感共鸣的稿件，久久回味，引人深思。真正的好稿件需要有真情、有温度、有深度，需要笔者深入基层一线，投入真情实感。

察实情。马克思在《关于费尔巴哈的提纲》中指出，全部社会生活在本质上是实践的。新闻写作也是一门实践学科，察实情是写作的源头，俯下身来、沉下心去，深入基层、深入群众，真正贴近实际、贴近生活，让真实的故事作为灵感的来源，让群众的声音作为宣传的“鼓点”。经常沾一沾“泥土”的气息，带着问题去基层寻找答案，让真实充实在文字之间。

说真话。抛弃“假、大、空”等那些自己都不相信的话，用通俗易懂、深入浅出的方式，用“接地气”的语言，把“大道理”同群众的生产生活实际紧密联系起来。说真话，并不是仅仅要求作者做一名文字的“搬运工”，更要升华、提炼内涵，将晦涩难懂的文字，通过群众易于接受的方式表达出来，让读者听得懂、听得舒坦。通过真实的文字，和读者之间搭起心灵的桥梁，真正走入读者心里。只有讲真话、写实情，稿件才能言之有物、言之有理、言之有情，才能更具亲和力、感染力，更具可读性、可视性。

动真情。动真情，就要在写稿过程中投入真实情感，把自己的真实经历、真挚感情、真切感受蕴含其中。学会用细腻的心灵去触碰生活、发现的眼睛寻找感人故事，多积累生活经验、多用真情触发灵感，让文字走向本真、走向生活。在讲述故事中展现独特心理活动，在细节描写中投入真情实感，努力写出感人肺腑、动人心弦的好稿件。

写稿不仅要有温度，更要有深度；不仅是陈述客观事实，更要分享自己的见解，给读者带来思想启迪。这就需要多读、多思、多悟，通过广泛阅读填补思想空白，建立自己的写作体系。经常思考所读的理论知识，并与新闻写作紧密联系起来，通过一个个具体的新闻事件，联系到背后的故事，探索其本质和意义，或者通过分析事件全过程，澄清事实、阐明真相。

磨砥刻厉写出好言论

殷卓骏

到中国移民管理报社学习已有一个月，偶尔也会牛刀小试，把自己的观点变成文字。言论虽短，但让想法变成有灵魂的文字，需要一个孕育的过程；要写出一篇有分量的言论，必须下一番苦功夫。在学习的过程中，笔者也有一些粗浅认识。

突出“新”字。有新意才有看点，言论引用的事例不能是陈年旧事，应是新近发生的事，最好是具有典型意义的新鲜事例。所发表的观点不能是陈词滥调，应该是见解独到、正面积极。一篇有分量的言论往往散发着思想的光芒，做到“新”，需有心，既要紧盯时事热点，在事件的“保鲜期”着笔，还要不断总结提炼观点。

突出“实”字。在信息大爆炸的时代，我们通过电视网络、报纸杂志等途径获取大量信息，即使有些信息看起来与本职工作并无关系，我们却在不知不觉中积攒了一定的信息量。哪些事件上了热搜，舆论的焦点在哪里，受众的观点是什么……要带着理性的态度去接纳庞大的信息，不断充实自己的素材库、数据库，才能实现量变到质变的跨越。

突出“真”字。言论大多短小精悍，而且重在精，这就需要一种较真的精神。引述的事例要精确，尊重客观事实，不主观臆断，揪住每一个细节核实清楚；论点论据要精炼，不粗枝大叶，不模棱两可，认真推敲语言，分拣重点。“石韫玉而山辉，水怀珠而川媚”，最终还要让观点更精辟，让读者印象更深。

突出“辩”字。理越辩越明，有分量的言论是经得起推敲的，也是在梳理思路中不断完善的，这其中也是一次次校正的过程。围绕着自己的论点论据，从不同的方向来审视，直到能够完全说服自己。成文后还可以与别人探讨，虚心倾听意见建议，不断修改完善，让言论在一次次磋磨中立得住脚。

好标题从何而来

孙聃聃

题好一半文，标题对一篇文章的重要性毋庸赘言。一份报纸，有大大小小稿子数十篇，能吸引读者目光的一定是标题最抓眼球的那篇。如何取一个好标题？笔者结合实践，谈几点粗浅看法。

好标题是改出来的。“吟安一个字，捻断数茎须。”好标题从来都不是一蹴而就的，小到一个字的斟酌，大到换血重造，历经数十次的修改是常有的事。在给一篇介绍西九龙出入境边防检查站的长篇通讯取标题时，从最开始的《“一国两制”新实践“一地两检”谱新篇》到见网时的《仰望紫荆花开 共促湾区繁荣》，笔者所在宣传组成员前前后后修改了近十次。一个“仰望”含蓄地交代了地下工作环境，“紫荆花开”似虚而实，紫荆花代表香港，“花开”一词又将对香港繁荣发展的美好愿景寄予其中。从开始平铺直叙的材料式介绍，到最终虚实结合的诗意对仗，读来让人眼前一亮。

好标题是学出来的。文有大法，无定法，标题亦如此。好标题不会凭空出现，只有平时不断学习积累，才有冲锋上阵时厚积薄发的可能。报纸或者公众号上精准、简明又饱含人情味的好标题，是我们学习的范本。巧用谐音、反差对比、用数字说话……这些技巧都可以让标题更生动灵活。习得一二招式后，在介绍中国公民E家行举措的图片新闻标题中，笔者借用谐音，以“E举两得”来凸显这一便民利民的创新举措，收效甚好。

好标题是逼出来的。好标题需要积累，也需要灵感。时效性是新闻的命脉，如何在最短时间内提炼出最精准的标题，需要我们逼自己一把。拒绝散漫、推诿，在现有的知识和经验库里努力搜罗灵感之光，总有豁然开朗的那一刻。2020 年 12 月 30 日，受大雪影响，上海始发的高铁列车晚点近三个小时，西九龙边检站民警坚守岗位、凌晨查验，确保旅客顺利通关。得知情况时已近凌晨，同事小陈二话不说动笔组稿，消息很快即成，但标题一直未定。为了第二天准时见报，他给自己设定了取题倒计时，最终《西九龙站凌晨查验，风雪护航》一稿被多家驻地媒体刊发，取得不错反响。

一个好标题是言简义丰的。取题的过程就是一个重新梳理素材、理顺逻辑关系的过程，虽然艰难却其乐无穷，愿你我都能自得其乐。

好标题要用心提炼

毛 婷

古人云：“石韫玉而山辉，水含珠而川媚。”一个好的新闻标题，就如同石中之玉、水中珍宝，往往能最先抓住读者眼球。作为宣传骨干，投稿见报的第一道关口就是版面编辑，为了让稿件引起编辑注意，拟个好标题很有必要。

删繁就简，简洁明快。“标题者，新闻之缩影，事实之骨髓。”既然是缩影、是骨髓，句式就不应太复杂、字数不宜太多，冗长的标题只会令人生厌，起不到任何积极作用。受版面和字号限制，简洁的标题可以为版面留白，增强报纸的“透气性”，给读者以轻松的视觉感受。同时，不仅要追求简洁明了，更要确保通俗易懂，这样的新闻标题才符合读者的“口味”。

突出特点，提炼新意。“题好文一半。”新闻标题忌笼统，要对标题语言千锤百炼，提炼出特点、提炼出新意。在众多稿件中，编辑首先看到的就是标题，只有新颖突出的才能引起注意。例如，近期有一篇某边检站防控境外疫情输入的稿件，副标题是《“三场战役”靶向出击筑牢疫情防线》，编辑从内容中提炼总结，形成主标题《一天一部署 一机一方案》，直接体现出该站在疫情防控工作中的特点。从读者角度来看也是如此。有调查显示，80%的读者基本依靠标题决定自己是否继续阅读正文。因此，制作一个亮点突出、抓人眼球的标题显得极为重要。

贴近生活，巧用口语。相对于书面化标题，口语化标题具有通俗易懂、平易近人、便于传播的优势，是媒体在制作标题时常用的法宝。大众的语言来源于生活，自然亲切，富有鲜活的表现力，散发着泥土的芳香。有些书面化标题，因有

“拽文”之嫌，拉远了与读者的距离。作者要站在读者的角度想问题、作标题，尽可能使用大众语言，用日常口语拟标题，出自大众之口，大众自然易接受。

文满方寸花满楼

张学伟

文字不朽，在于它承载着人类历史和当下的状态与意义。当文字有序组合落于那方寸白纸之上，一个个感人的故事、独到的观点便如花绽放，给人以强烈的冲击。一篇好的新闻如同一盆好花，花开大小、味道、颜色不尽相同，不同体裁新闻的写作也天差地别。

牡丹花开赏其色。新闻报道讲究短小精悍、实事求是。如何能在第一时间抓住读者眼球，就像一眼见了牡丹，就被其颜色所吸引？“文者，贯道之器也。”一个报道就是一个故事，做好报道就要讲好故事。脚下沾有多少泥土，心中便沉淀多少真情。首先要善于发现故事，好的故事需要好的机遇，更需要用心发现。对于报道题材，要到基层一线、人民群众、田间地头中去寻找，深入现场、脚踏实地，才能采写出“带泥土”“带露珠”“冒热气”的新闻作品。人物是故事的核心，一部好的新闻作品往往有着鲜明的人物形象。简洁、传神的细节描写，有助于传达人物的个性气质，展现人物的思想、情感，反映当下的社会现状。生动的故事情节、复杂的矛盾冲突、紧凑的叙事节奏，都会让读者产生代入感或现场感，使新闻更具感染力、穿透力。

茉莉花开闻其香。一篇好的散文，如同散发着清香的茉莉花，让人越闻越想靠近，越靠近就越沁人心脾。写好散文要了解它的特性。散文是最自由的文体，它的包容性、自由性，成就了气象万千的表达形式，但自由的表达不是大肆渲染、空中楼阁，是要有真实朴实、亲近大众、直面生活的烟火气和泥土味。散文若要深刻有内涵，就要做到形散意不散。其主题或思想，不应因精巧细致的语言和细腻的个人情感表达而减少或缺失，纵使文字海阔天空缥缈虚无，都要围绕一个中心点，让读者明白讲的什么人、什么事，说的什么道理。散文需要朴实的辞藻而不是绚丽的词语，大段的景色描写，也许都不如一句“土地平旷，屋舍俨然，有良田美池桑竹之属”来的意味悠长。语言精致充满感情，才能让人难以忘怀。

奇葩花开观其特。评论能产生震铄山河的力量。一篇好的评论能给人激情澎湃、汗毛陡立的感觉，像是绽放的奇葩，不断刷新人们对于美的看法。评论首先要“新”。每一篇评论的写作，都是寻找真相的过程，是对普遍存在又不易被发现的独特视角的精准捕捉，靠“高势能”的新知，冲击大众的成见。要既有高度又接地气，就要求选题不能流于鸡零狗碎或无病呻吟。要做舆论领袖就要有气魄，拿大人物、大事件、大趋势说事，但又不能空有高度不贴民生，最后要落到人民群众的利益上，和大众舆论相对接。要有深度有思想，能够表现事物最深刻的内涵，反映问题最本质的归因，评出痛点、要害，有理有据，如同一座教堂，让读者充满疑惑而来，坚信不疑地走，而不是大话、空话、套话罗列，蜻蜓点水泛泛而谈。

文字功底是一切写作技巧的基础。一篇优质的新闻绝不是自以为是、东拼西凑应付出来的，只有通过不断积累学习锻炼，脑里有东西、心中有情怀、笔下有力量，方能文墨飘香、妙笔生花。

用笔触传递温暖感动

王海滨

我们为好故事而感动，更为那些记录好故事的新闻报道员而感动。

作为一名跟文字打交道六年有余的“新人”，新闻报道工作可谓常学常新。讲述移民管理好故事，发出移民管理好声音，向世界展示真实、立体、全面的中国，自觉承担起举旗帜、聚民心、育新人、兴文化、展形象的使命任务，这是对新闻报道员的要求，我也在其中找到了坚持新闻宣传工作的那颗初心。

文科生对于文字有一种自然的依恋和执着。一个个四方的中国汉字，每一个都有其含义，排列组合起来，又被赋予不同的意义。

读书时上语文课，要求解释名词、概括文章大意、总结中心思想，甚至连标点符号都要阐释个中韵味。起初，并不能理解如此冗繁的要求，自从成为站里的宣传干事后，每天撰写宣传稿件、会议材料、汇报文件，才知道小至一个标点符号都可以缊含情感。

之后，我便终日沉浸在遣词造句、咬文嚼字、揣度推敲中，不亦乐乎。

初心易得，始终难守。在媒介生态大变革、大调整的背景下，新媒体、自媒体百花齐放给传统媒体和报道员提出诸多挑战和更高要求。纸质媒体虽传统却强有力，虽平面却有血有肉，字里行间尽显文字的魅力。

以文字表达情感，用笔杆子讲述好故事。好故事一般可以概括为两个字：家、国。家是最小国，国是最大家。报道员的笔尖和镜头所向，有载入史册的国之大事，也有最平凡的一线故事。

于我而言，国的强盛是亲历、亲见、亲闻的西九龙出入境边防检查站的成立与成就，是公安边防部队改革中划转士兵加入深圳边检大家庭的变化与喜悦。小家成大国，英雄是伟岸的，也是平凡的。他们是以实际行动献身边检事业的“孺子牛”，也是无数平凡家庭中的一员。

基层报道员目光如炬，时常在或壮烈，或平凡，或崇高，或朴素的纪实中，抒发情感、传递感动。我们看到的不仅仅是家和国，更是新闻的温度和报道员的精神。

报道员要把好故事讲给更多的人听，传递正能量、唱响正气歌。一个好的报道员，要始终牢记习近平总书记对宣传思想工作的要求，不断掌握新知识、熟悉新领域、开拓新视野，提升本领能力，加强调查研究，不断增强脚力、眼力、脑力、笔力；一个好的报道员，要始终坚持正确的政治方向，坚持正确的舆论导向，坚持正确的新闻志向，坚持正确的工作取向；一个好的报道员，要不忘自身使命，不忘党和人民的嘱托；一个好的报道员，要离新闻现场近一些，再近一些，坚持受众的关注点在哪里，舆论阵地就在哪里；一个好的报道员，要始终心系警营、扎根一线，俯下身、沉下心，才能讲述一个个沾泥土、带露珠、冒热气的移民管理好故事。

写好“站在地上的人”

李成苗

当我们提笔写人时，我们在写谁？我想，这个问题，是撰写人物报道时应当首先明确的。似乎这个问题很容易回答，不就是我们要报道的主人公吗？

然而，在实际工作中，却存在不少为了使人物更丰富更突出更高大而使劲拔高的情况。以至于写着写着，作者自己都可能忘了笔下的人物，是虚构出来的，而非原本要报道的对象。

在一些人物类稿件中，我们看到的主人公，更像是一位“飞在天上的超人”，刀枪不入、水火不侵，面对各种困难总能克服，而并非一个有血有肉、会哭会笑、有感情的“站在地上的人”。

诚然，在新闻写作中，对人物素材进行整理加工无可厚非。但是，新闻写作有别于文学创作，脱离实际的夸张、违背事实的凸显都是不可取的。

依笔者拙见，一篇优秀的人物报道首先应当体现真感情。所谓辞藻华丽、语句优美、排比对仗，在真感情面前都是次要的。透过文字，读者能够感受到文中人物的真感情，达到“人同此心、心同此理”，甚至“余音绕梁、荡气回肠”的效果，那就算成功了。

当我们读到“站在地上的人”时，我们与人物的距离是贴近的；读到“飞在天上的超人”时，这个距离是遥远的。近距离才能感受真实，远距离只能看个大概。

同样，我们也不忍心看到先进人物在“连续执勤几十个小时后”还要“主动到大厅为旅客提供咨询”。这样“伟光正”的人物形象，离读者的距离可能有点远了，人性中原本闪烁的光辉都无法细细欣赏。

试问，作为读者的您，是喜欢看某剧中“八百里外一枪干掉鬼子的机枪手”，还是《金刚川》中“老关，咱们打中了”的张飞呢？

让新闻漫画成为“带核儿的小诗”

王聪睿

朱自清曾经这样评价丰子恺漫画：“一幅幅的漫画如一首首的小诗，带核儿的小诗，就像吃橄榄似的，老觉着那味儿。”好的漫画，尤其是新闻漫画，恰如“带核儿的小诗”一般，有趣的外在包裹着一颗“硬核”的心，让读者观之新奇，思之回味。我接触新闻漫画的时间不长，但因真心喜爱，一直在学习探索。对于如何用漫画表现好新闻，我认为，缺不得以下这五件“法宝”。

一是“指南针”。我曾给文章画过插图，后来接触到新闻漫画，深深体会到两者的不同。如果说插图是随文章的风向而动的旗子，那么新闻漫画就是有着明确方向定位的“指南针”，它与其他新闻报道途径有着相似之处，都是以新闻性为核心，对社会热点、具体事实作出倾向性反映。新闻漫画中，作者对新闻事实进行思考，再通过画笔形象地展现出来。最重要的一点，坚持正确导向，是画好新闻漫画的前提。

二是“经验石”。新闻漫画的构思是关乎最终效果的中心环节。有一次，我接到《中国移民管理报》约稿任务：画一幅廉政主题漫画。这个题材很受关注，反映这方面的漫画也不在少数。为了让漫画有新意，我想了很久也没有满意的构思。交稿时间已近，只得根据已有想法画了一幅。第二天，偶然读到的一则“以廉为宝”小故事，让我萌发了用天平表现“廉心千金不换”的灵感。画好后，编辑老师也对这幅新画更为认可。这次经历让我深刻认识到，新闻漫画的灵感不是凭空而来，要多看、多学、多积累，厚积了经验才能有灵感的薄发。

三是“放大镜”。新闻漫画比文字新闻更加吸睛，因为新闻漫画将外在的表现和内在的新闻价值相统一，是新闻的一种艺术表达形式，缺少了艺术感染力，新闻漫画就会丧失吸引力。因此，新闻漫画要充分发挥其特质：夸张、荒诞。根据新闻主题，放大漫画对象的特点，比如笑掉大牙、举步生风、三头六臂等表情动作和形体上的夸张，再比如长着獠牙的歹徒、腾云驾雾的官员等根据人格特点进行的夸张，现实世界里几乎不可能出现的景象，都可以在漫画里夸张地表现出来。

四是"伤口盐"。著名漫画家丁聪先生说："仅仅令人发笑是浅薄的，真正的幽默，是让人笑过之后要思考，想过之后要叹息，甚至要哭。"这也是批判性漫画更容易出好作品的原因所在。批判性漫画更能发挥漫画的夸张、荒诞特性，以达到讽刺社会现实的效果，更容易激起读者的情感认同，从而产生共鸣。像"力戒形式主义官僚主义""反腐倡廉"这样的题材，就要抱着敢于在伤口上撒盐的态度，指向明显、观点清晰、一针见血，对错误的行为、现象用艺术的手段进行讽刺和批判，让作品充满深度和力度。

五是"缝嘴线"。纵观各类新闻漫画获奖作品几乎都有一个特点，除了必要的标注外，几乎很少有文字赘述。一方面，因为过多的对白、释义容易使漫画成为文字的配图，新闻漫画过于直白也就失去了艺术性。相比之下，留白式的新闻漫画能够给读者提供更多的思考空间。另一方面，文字越少，对漫画作者的考验也越大，要用图画达到无言胜有言的效果，更需要在构思上多花心思，在刻画上多下笔力。

如今，生活节奏的加快和人们多元化的需求为新闻漫画提供了更广阔的舞台，漫画创作也有了手绘、板绘等多种绘制形式的创新。但不论何时，新闻漫画的初心是不变的，它始终有一个"核儿"，一个弘扬真善美、抨击假恶丑的"核儿"。

小漫画要有大看头

朱亦明

“看头”是一个常用的口语词，网上的解释是：值得观看欣赏的地方，或值得阅读的东西。在我看来，凡是“有看头”的作品，要满足三个条件：形式抓人眼球、内容鲜活丰富、内涵意味深长。

2016年，因岗位需要，我负责站里的宣传文化工作。当时，各类公众号如雨后春笋般层出不穷，图片、视频、漫画、图解大大颠覆了传统宣传模式。在这样的背景下，我们再用“填鸭式”信息灌输已经很难吸引民警的注意力。与此同时，80后、90后民警居多，他们有才艺，也有想法，其中就包括爱画画的民警高婕。在一次主题教育推进会上，领导抛出这样一个问题：为什么不才尽其用，开展民警喜爱，又有意义的“漫话政治教育”？

虽说万事开头难，但第一组作品却异常顺利。考虑到漫画的教育属性，我们借鉴网上流行的“贤二四格漫画”，设计“教导员”和“小高”两个人物，通过他们的对话达到寓教于乐的目的。按照“不求伟光正，但求接地气”的基调，我和高婕大胆融入“月光族”、观看《湄公河行动》、航班晚点这些能引起广泛共鸣的元素。漫画在原公安边防部队“边防e家”微信公众号连载发布后，反响很好，甚至还有同事特意发微信鼓励我们继续画下去。为了扩大漫画影响力，我毛遂自荐，主动向《中国移民管理报》投稿，虽然受版面和体裁限制，“漫话政治教育”最终没能发表，但编辑老师安慰我“下次还有机会”。

果真，没过多久，我们就接到《中国移民管理报》的第一个任务：完成一篇节后收心漫画。当我把这个消息告诉刚上完夜勤的高婕时，她也很兴奋，顾不上休息，便和我一同策划构思，又马不停蹄地绘画。一天后，《节后收心小妙招》新鲜出炉。第一次看到自己的作品出现在报纸上，两位非专业人士都很开心。

我们是真心实意想画好漫画，所以对每一次机会都格外珍惜。高婕的漫画完全由她手绘，遇到截稿期和勤务冲突时，她不得不带着文具进机场，抓住每一个勤务间隙涂涂画画。画好后，还要经过复制扫描、后期处理才算完成。有一次，画完漫画已是深夜两点，一大早她又赶到文印店扫描。

2020 年，随着新成员、民警罗梦婷的加入，我们的漫画创作小组“如虎添翼”。和高婕一样，罗梦婷也是动漫爱好者。她们虽不是设计专业出身，但为了给读者呈现最佳效果，两位敬业的“画师”在网上自学漫画教程。这种完全出自内心热爱的驱动力令我非常感动，有这么好的搭档在此，我没有理由敷衍应对。

“苔花如米小，也学牡丹开。”正是这份热爱让我们坚持下来。而从“小打小闹”到有模有样，更离不开报纸编辑老师的关心和支持。从构思到草图，再到成稿，无论多晚，微信那头必有回复。印象最深的一次，画中一个人物跑步顺拐，编辑老师及时发现这个容易忽略的错误，认真负责的态度可见一斑。

无论是以前的《中国边防警察报》《中国边防警察》杂志，还是如今的《中国移民管理报》《中国出入境观察》杂志，我们有幸发表了不少作品，当中有紧扣时间节点的《致敬！“八一”建军节》《妈妈和伞》，还有趁着中国诗词大会热播推出的《飞花令 · 春节》，更多的作品则是反映民警日常生活，比如《我身边的“获得感”》《检查员年度关键词》《2019 新心愿》等。其中，廉政漫画《遵章守纪做纪律上的清醒人》还获评广西壮族自治区公安厅廉政书画比赛二等奖。

有人形容漫画是“裹了糖衣的药片”，我深以为然。“小漫画也要有大看头”是我们的创作初衷，以前作为读者看漫画，会觉得几笔画非常轻松，但当自己成为主创人员的时候，才发现并不容易。文字作品可长可短，但新闻漫画必须是浓缩的精华，在有限的空间里，要同时兼顾有深度、接地气、有美感等多个方面，需要精心设计、认真构思。

前几天，习近平总书记在学校思想政治理论课教师座谈会上指出，要不断增强思政课的思想性、理论性和亲和力、针对性。总书记的讲话，道出了思想政治教育的精髓。漫画也好，授课也罢，“予人一杯水，自己一桶水”，自己首先要与时俱进，把政治理论学深学透，提升“药”的思想性和理论性。与此同时，从民警日常工作生活中汲取养分，镀上“实践”这层糖衣，这样的漫画才越来越好看，民警也越来越想看。

到一线捕捉真实与感动

张 佳

驻守喀喇昆仑山最深处，在与世隔绝的千里新藏线上守边防是怎样一种体验？如果不亲自去走一走，无论如何也体会不到那种感觉。

2018 年 6 月，记者进喀喇昆仑山采访，目的地是新藏线新疆段最东端的赛图拉。要到达那里，首先得走 300 多公里的山路，翻越数座海拔在 4500 米以上的达坂。以前总听人说新藏线险峻，置身其中才知道名不虚传。从新疆叶城的"天路零公里"出发，穿过数十公里荒漠戈壁，新藏线便扎进莽莽群山，在一座座巨峰间上下回旋，像一条巨蟒盘绕在喀喇昆仑山上。

在第一座要翻越的库地达坂，一侧是千仞立壁，另一侧是万丈悬崖。随着海拔越来越高，记者不由地握紧车把手，手心满是汗。在喀喇昆仑山戍边的人群中流传着这样一句话：下山后就不想再进去，一旦进去又不想再下山。此时此刻，才理解他们的心情。

采访对象赛图拉边防派出所（现为赛图拉边境派出所），是原新疆边防总队位置最偏远、条件最艰苦的基层单位之一。当时正值原公安边防部队改革期间，原本以为大家会有不少怨言，结果除了几名年龄较大、不适合继续在高原工作的同志，大家都表示要留下来继续坚守。

是心里话，还是面对采访的应付话？在众多坚守者当中，有一位名叫范晓磊的民警。他原本在北疆的博尔塔拉蒙古自治州工作，当初赛图拉边境派出所筹建时，他响应号召志愿来到这里。与他一起上高原的有 6 名同志，其他人已陆续离开，唯有他还坚守在这里，并表示要一如既往守好边防。当记者问及为何选择坚守，他讲了一个关于国共两军在赛图拉“换防”的故事。

新中国成立后，据传解放军一支先遣分队向新疆边境进发，经过漫长跋涉到达赛图拉，发现这里有一支驻军，每个人都衣衫褴褛、面黄肌瘦。见面之后，对方问他们，怎么换军装了？为什么不早来换防？后经询问才知道，这是守边防的国民党军人。因为关山遥远，换防部队数年未至，他们的信息还停留在南京国民政府时期。听解放军战士说了山外发生的巨变，这些戍边人泣不可仰，一旁的解放军战士也唏嘘不已。

讲完故事，范晓磊说，以前条件那么苦，前辈们都能坚持下来，现在条件好了，还有什么理由不守好边防呢。八月昆仑山，犹有霜雪寒；非我汉家儿，万里绝人烟。只有走到这群戍边人中间，你才能理解，正是心中坚定的信念，支撑着他们度过一个又一个“狐裘不暖锦衾薄”的夜晚。

下山途中，记者出现了严重的高原反应。看到记者的痛苦状，驾驶员决定抄近路，沿着坡度超过 45 度的山体一路开下来，及时将记者安全送到海拔较低的库地边境检查站，吃了药、吸上氧，才慢慢安稳下来。第二天，记者向驾驶员道谢，交谈中得知，入警五年的他，已是新藏线上的“老司机”，仅参加高原救助就有十多次。说的人轻描淡写，听的人早已敬佩不已。喀喇昆仑山中，每个戍边人背后，都有一堆感人的故事。

下山之后，记者将这些故事和经历整理成稿，有幸得到《中国出入境观察》杂志于雷老师的肯定，并在杂志上刊发，被多个微信公众号转发。

2018 年 8 月，习近平总书记在全国宣传思想工作会议上强调，要不断增强脚力、眼力、脑力、笔力，打造一支政治过硬、本领高强、求实创新、能打胜仗的宣传思想工作队伍。脚力放在“四力”的第一位，足见其重要性。国家移民管理机构各级驻守的地方，既有繁华的都市，也有偏远的边关，从东海之滨到西陲昆仑，从北疆草原到南国海岛，广大民警常年在边境管控、服务通关、爱民帮困等工作中奋战，涌现出一大批感人肺腑的人和事。作为一名新闻人，我们理应有“铁肩担道义”的使命感，不断增强自己的脚力，到一线去、到民警身边去，把那些感人的事挖掘宣传出去，讲好移民管理故事、擦亮“国门名片”，展示新时代移民管理警察的风采。

脚底板下出新闻

丁际超

中国记协在2021年初发出倡议，号召广大新闻工作者牢记习近平总书记提出的增强“脚力、眼力、脑力、笔力”要求，锻造过硬素质、过硬本领、过硬作风，书写新时代的精彩答卷。笔者认为，脚力作为“四力”之首，是眼力、脑力、笔力的基础和支撑，广大新闻工作者唯有传承弘扬“脚底板下出新闻”的优良传统，才能写出沾泥土、带露珠、冒热气的好作品，成为新时代新闻舆论工作的行家里手。

增强脚力，首先要做到腿脚勤。新闻界有句行话，“要去基层，到基层心里才有群众；要在现场，在现场心里才有感动。”但当前依旧存在着老记者靠从业经验改材料、把通稿当新闻，新记者不愿下基层、不愿到现场跑新闻的现象。这样写出来的作品枯燥无味，更谈不上亲和力、感染力、吸引力。新闻在基层，新闻在现场。新闻工作者不能做隔窗看景的“车轮记者”、闭门造车的“文件记者”、复制粘贴的“电脑记者”，而是要坚守“不到现场不写稿，不在现成经验、事迹材料上改稿”的原则，积极主动到基层“找感觉”、到现场“抓活鱼”。哪里有新闻就奔向哪里，谁是新闻焦点就采访谁，不畏双脚长茧子，不嫌磨破嘴皮子。唯有此，写出来的新闻作品才能出新、出彩，才能把一个个鲜活的场景、感人的细节原汁原味地呈现到读者眼前，把读者带到新闻现场。

增强脚力，其次要做到步伐快。如果说真实性是新闻的第一生命，时效性就是新闻的第二生命。因此，在办公室坐等基层来稿、新闻通稿，最终导致花黄了、茶凉了，新闻变成旧闻，所采写的新闻作品也就成了“冷饭”，不具传播力和引导力。新闻工作者要始终具有“战备意识”，遇到突发事件，以最快的速度到达新闻现场，以最快的速度把最真实、最具体、最形象的画面记录下来，并及时展现在读者面前。与此同时，新闻工作者快速抵达新闻现场，能够有充足的时间去捕捉更独特的宣传角度、收集更齐全的报道素材，才能更从容地从新闻事件中抓取小中见大、平中见奇、有时代气息的鲜活信息，语言叙事上接地气、不浮夸、寻共鸣。特别是在处置舆情事件中，第一时间抵达现场、如实展开宣传引导，才能抢占先机，赢得话语权。

增强脚力，再次要做到脚印深。著名战地记者罗伯特·卡帕说：“如果你的照片拍得不够好，那是因为离炮火不够近。”新闻工作者仅仅靠打电话、发微信、看材料，所写新闻作品的高度、深度和温度远远不够，这和脚印不够深有很大关系。所以，新闻工作者要坚决杜绝蜻蜓点水、走马观花式的采访，要真正做到扑下身子、沉下心思，在交流中发现新闻亮点，在碰撞中产生思想火花，力争做到篇幅短一点、故事多一点，套话少一点、细节多一点，文字堆砌少一点、真情流露多一点，所采写的稿件没有简报材料式的语言，没有凭空猜想的事例，都是用深入基层挖掘来的鲜活事例来表述新闻事实，这样的作品才能经得起考验、耐得住推敲。有时，可能只是讲述了一件普通的小事，但由于事例生动、文风朴实、感情真切，却实现了以点带面、以小见大的效果。

脚下有泥土，笔下见真情；脚底冒热气，作品有底气。新闻工作者唯有自觉践行群众路线，用脚丈量采访路，用腿跑出好素材，才能写出接地气、有温度的作品。

一线是新闻宣传工作的源头活水

彭维熙

在中国移民管理报社实习时，常听编辑老师们讲“要站在天安门上思考，回到田埂里写作”。我一直对这句话一知半解，直到2021年参加“新春走基层”专题采访活动，身临基层一线单位，与广大战友同执勤、同生活，才深刻理解这句话的含义，只有到一线去采写，才能让稿件“沾泥土”“带露珠”“冒热气”。

走进一线，才能挖掘更多故事。受取材方式、线索价值、内容质量、时效性等因素的影响，基层提供的宣传素材在后期加工及刊发渠道上相对受限，往往是一个素材一个体裁一篇稿子，很难了解掌握额外的新闻线索，难以形成宣传大格局。深入一线，可以实现一次采集、多种生成、多元传播、全面开花。针对同一个宣传亮点，可以依托文字、图片、视频、直播等形式展示，形成多角度、深层次、全方位的立体化宣传阵容，尽可能满足受众多元化阅读需求。尽管在采访之前，会事先明确一个主题，但在与民警实际交流中，偶尔会从他们的言语间获取一些意料之外的新闻线索。例如，在采访珠峰边境派出所副所长闻飞与驻地群众密切的鱼水情中，意外得知她女儿在新年之前，给他寄来一封家信，我们随即开展了“过年了，爸爸去哪儿了”的主题策划，得到广大网友点赞。每次采访时间有限，要牢牢把握机会，尽可能与不同岗位、不同年龄段的民警交流，尽可能多地挖掘新闻线索，并顺藤摸瓜挖出背后鲜为人知的故事，尽可能地在一个单位多出稿、出好稿，多角度展示基层民警良好精神风貌，传播正能量。

走进一线，才能掌握客观背景。“没有调查，就没有发言权。”走进一线，设身处地感受过，才能用文字生动地情景再现，增强文章的代入感。在去珠峰大本营之前，笔者仅从各种报道中了解到那里“风很大，大得能把石头刮飞”，但这次跟随该所民警一起走巡逻路时深刻体会到，这里不仅风大，还极寒之至，吹得眼睛眯成一条线，冻得鼻涕止不住地流，气温低至零下20多摄氏度，寒冷的空气吸入肺部会让人产生阵阵疼痛。因戴上防寒手套不方便操作相机，我索性就不戴，可双手裸露在外仅几秒钟，就变得麻木僵硬，风一吹如针扎般生疼，只能用大腿夹住双手摩擦生热。如果在文章中将这些客观因素作为背景，映衬这群珠峰卫士日复一日在如此恶劣的环境中坚守，势必会让读者对“缺氧不缺精神、艰苦不怕吃苦、海拔高境界更高”的雪域国门卫士形象有更加直观深刻的认识。如果没有实地去立新边境派出所的牛棚执勤点，我就不会知晓前往的道路多么崎岖、没有手机信号的生活乏味、一顿年夜饭的独特风味……读者也就更不会知道这里竟然还有这么一群人在吃苦不言苦、苦中勇担当。而客观背景与文章主角的关系，恰好似绿叶与红花，必不可缺、点到为止、相辅相成，为文章起到吸睛、增色、提亮的效果。

走进一线，才能精准捕捉细节。以前坐在办公室写稿件，往往是依靠先进事迹、电话采访及个人有限的认知经验进行加工，缺乏扣人心弦的故事情节和入木三分的细节，泛泛而谈，文章缺乏可读性。只有真正走进现场，才能捕捉到那些极易被忽视却最能起到画龙点睛作用的细节。珠峰边境派出所副所长闻飞在向我展示女儿的家信时，是从床头柜最深处掏出一本厚厚的书，再从书页中取出，家信叠得跟豆腐块一样规整，然后还擦了擦桌面，轻轻地用手在上面铺平。在向女儿送上新春祝福时，这个外表刚毅的男人，眼睛突然泛红湿润。如果不在现场，文章里就会把整个过程一笔带过。但正是这部分细节，能让读者感受到远在3000公里外的父亲，对收到女儿写给自己第一份家信时的欣慰及珍惜，对女儿深深的牵挂及不能陪伴左右的愧疚之情。最能打动读者的往往不是人物多么伟大，而是细微之处体现的情感。在文章中加入这些细节，就好似加入了调味剂，文章内容波澜起伏，读者有一读到底的欲望。

纸上得来终觉浅，绝知此事要躬行。只有深入践行“四力”，在每一次的写作中不断积累、摸索、归纳、总结，才能逐渐提升写作水平，写出有思想有情怀有温度的稿件。

脚沾泥土笔生花

周裕森

什么是好新闻？有人说，抓住热点的新闻是好新闻；也有人说，直击社会痛点的新闻才是好新闻。在国家移民管理局新闻中心实习的这段日子里，通过充实的采编实践和不断的思考，以及编辑老师们的耐心引导，我找到了属于自己的答案。

就在前两天，编辑老师伏雪琨在赴喀什采访时遇到了泥石流，其间一路颠簸，交通十分不便。到达红其拉甫边检站时，她向我们报了平安："这还没开始采访，一路上的故事都已经写不完了。"不亲自走一走边疆的路，你不会明白边疆有多远；不亲自爬一爬边疆的山，你不会明白边疆有多难；不亲自看一看边疆的人，你不会明白边疆有多苦。

《中国出入境观察》杂志编辑部负责人于雷说过，"要写好故事，你首先就得到故事发生的地方去。"新闻宣传基于现实，但这并不意味着新闻的文字是干巴巴的叙述。文字是"骨架"，情感是"血肉"，有情感的新闻才能吸引读者、打动读者。校稿过程中，我常被一线战友投来的稿件所吸引，往往读着读着眼眶就湿润了。他们对戍边生活的感悟和对祖国无限的爱是那么朴实、那么真实，只有真正在那里生活过、战斗过，才能写得出来。

如今，"快餐式"新闻成了大多数人生活中的一部分，用手机飞速刷新闻是常态。一些作者甚至为了流量捕风捉影、乱写一气，"标题党""谣言党"屡禁不止，这样的心态如何能写出好新闻？作者写得越快，越是没有沉淀；读者刷得就越快，越没有耐心看完。这样的恶性循环，只有通过新闻工作者用头脑去探寻事实真相，用双脚走到故事发生的地方，用耐心采访故事之中的人，用真情雕刻文章中的语句来改变。我想，只有这样的新闻，才算是一篇真正的优质新闻。

所以，什么是好新闻？在我看来，只有写事实、叙真情、接地气的新闻，才是好新闻，只有脚下“沾满泥土”，手中才能“妙笔生花”。

在实践中强“四力”

李　俊

脚力、眼力、脑力、笔力，是新闻工作者提高能力素质的基本途径和有效手段，也是新闻宣传骨干行稳致远的重要法宝。

奔赴基层一线，走进现场强脚力。强脚力，就是新闻工作者要走进新闻现场、走到采访对象面前获取第一手素材，“脚粘泥土”的报道才能芬芳扑鼻。2020年初，新冠肺炎疫情暴发，7天的春节假期，我6天待在执勤一线，拍照片、录视频、写稿子。特别是在拍摄执勤民警保障货机出入境时，一般都在凌晨和清晨五六点钟，执勤民警凌晨四点钟起床上勤，我三点钟就起来做准备，拍照的时候手冻得通红，当时身体上虽然感觉有点累，但心里总感觉有团火在烧。从事新闻宣传工作以来，我先后参与全国边检系统体育竞赛、盐城阜宁龙卷风救援、受伤旅客转运、口岸疫情防控等10余次突发事件和重要活动采访，身心齐入现场练脚力。

善于发现辨别，捕捉细节强眼力。强眼力，就是要善于观察、善于发现、善于辨别，面对大量新闻线索时能辨析其价值大小，既见人之所见，亦见人之所未见。在2020年疫情防控中，我站执勤队女民警许秋雯、朱紫彤为口岸疫情防控作出突出贡献，被确立为典型培树对象。为挖掘她们的战“疫”故事，我先后十余次跟随她们前往疫情防控一线，最终捕捉到她们工作、生活中诸多感人细节。比如，在执勤间隙，许秋雯带着满脸勒痕与远在千里之外的家人视频通话，屏内屏外泪水交织；夜班结束后，回到家的朱紫彤获得女儿从背后一个大大的拥抱等细节，让稿件瞬间有了温度。

保持清醒头脑，客观辨析强脑力。强脑力，就是要能透过表象看本质，提高思考能力和抓问题能力，练就拨云见日的功夫。在采访疫情防控先进个人过程中，有人向我介绍，一名民警春节期间在疫情防控一线“连续奋战150多个小时”。我细算了一下，发现其每天的休息时间还不到四个小时，对于正常人来说这很难做到。有同事对我说，疫情期间最需要这样“感人”的稿件，要赶快发稿。由于当时没法与当事人核实，我坚持不了解清楚不发稿。最终，我发现介绍的情况确实有误。类似情况我们在采访报道时常会遇到，诸如，说到服务对象满意度，永远都是100%；介绍典型“舍小家顾大家”，常常忽视了人情味，连自己的至亲生命垂危都不去陪同，仍然“坚守岗位”，等等。凡遇此类情况，我一直坚持“三不”原则：不随意夸大、不顾此失彼、不以偏概全。

力求真情实感，创新文风强笔力。强笔力，就是要勇于表达、善于表达、及时表达，用真情感染人，用活事例说服人，在创新和改进文风上下功夫，让新闻稿件走心更暖心。我曾撰写了一篇我站建站十周年的侧记，但完成初稿后发现，文章有些空而不实。后经《中国出入境观察》杂志负责人于雷指导后才发现，原来我只是将十年来发生的事简单堆砌，缺乏深入挖掘提炼。文风到位，笔下自有千斤力。只有不断地进行学习研究，集百家之长，形成自己的写作风格，深入采访挖掘真实而又感人新闻素材，才能让文章更加全面、厚重。功夫不负有心人，在反复修改后，我最终写成了长篇通讯《十年磨剑 气贯长虹》，在反复打磨中增强了笔力。

练就好眼力　捕捉好新闻

刘姝梦

不断增强脚力、眼力、脑力、笔力，是习近平总书记着眼做好新形势下宣传思想工作、加强宣传思想工作队伍建设提出的总要求。笔者认为，宣传思想工作者要达到既见人之所见、又见人之所未见的境界，必须练就好眼力，而好眼力就是要善于观察、明辨是非、捕捉亮点，发现更多好素材、好新闻。

在多维观察中练就好眼力。合抱之木，生于毫末；九层之台，起于累土。好眼力不是凭空得来的，宣传思想工作者要学会眼观六路、耳听八方，不断开阔视野，提升自身储备，为创作好作品打下坚实基础。当前，国家移民管理事业发展迈入新阶段，面对新机遇新挑战，要始终关心大势、关切大事、关注大局，广泛接收信息，避免认识局限，努力在新时代新变局中稳住阵脚、冷静观察、沉着应对；要高度关注社会热点、民警焦点、工作难点，善于多方面、多角度观察问题，力求看得真切、听得仔细，进一步提高认识能力。

在分辨是非中练就好眼力。不审不聪则缪，不察不明则过。宣传思想工作者承担着高举旗帜、引领导向的职责使命，必须做到辨是非、分真假、断好恶，尤其是在开展宣传报道时，要以敏锐的政治眼光和新闻嗅觉，透过纷繁复杂的表面现象，把握事物的本质和发展的内在规律，始终坚持正确的政治方向和舆论导向，以精品奉献受众，用明德引领风尚。要学会见微知著，善于从细节中发现关键性问题，从苗头中发现倾向性问题，增强由小及大、由点及面看问题的能力，切实提升辨别水平，在实践工作中眼力渐长、观察渐精、辨别渐明。

在深挖素材中练就好眼力。涉浅水者见虾，其颇深者察鱼鳖，其尤深者观蛟龙。好新闻永远在基层，宣传思想工作者要俯下身子、沉在基层，和一线民警、群众同坐一条板凳交心，观察他们的喜怒哀乐，感受他们的酸甜苦辣，真正从火热的警营工作生活中获取原汁原味的新闻素材，发掘珍贵的闪光点。要多形式、多层次深挖素材，独辟蹊径、去粗取精，发现最新鲜、最感人、最生动的亮点，让新闻报道活起来，创作出有思想、有温度、有品质的优秀作品，提升正面宣传的传播力、引导力、影响力、公信力。

精彩导语是成功的一半

姜中华

"惊风飘白日，光景西驰流。"还没来得及反应，在新闻中心的实习已近月余，有着太多刷新认知的时刻。

"所长，这些天我在工作中总感觉自己心不在焉，工作与家庭难权衡，想和您聊聊……"这是2021年10月12日刊发于《中国移民管理报》三版《独龙江边境派出所扎实开展"一人一事"经常性思想工作——走进民警内心才能以心交心》的开头。就是这个开头，瞬间引起我对这篇稿件的阅读欲望，同时也引发了我的思考。

最大限度激发读者阅读兴趣，是每一名新闻宣传工作者需要考虑的第一个问题，尤其是在信息爆炸的今天，工作和生活节奏很快，人们很难一篇篇看完所有新闻，往往是集中精力浏览新闻中的开头部分，也就是我们说的新闻导语。

我在与编辑老师交流过程中体会到，导语就像一个故事的开头，有趣、生动、形象就容易吸引读者，反之则不然，一定程度上可以说，写好导语，新闻就成功了一半。故而，在文章开头以省俭的笔墨反映出新闻的要点和轮廓，显得尤为重要。

所以，我们写新闻导语时，要灵活运用不同的表现手法设置"悬念"，使导语更加好看。从导语的优或劣、生动或枯燥、形象或呆板，也大致可看出作者的文字功底。所以，一篇好新闻的开头往往是整篇文章的精华所在。写好导语虽不容易，但也有迹可循。

"横看成岭侧成峰，远近高低各不同。"同样一个单位、同样一个人物、同样一个事件，不同的人有不同的观察角度，即使同一个人，如果从不同角度去观察，也会产生不同的创作思路。因此，能不能写出一条个性化导语，很重要的是看能不能选择一个最有新意，最能揭示新闻价值的角度。

“一个自制蛋糕、一碗长寿面……2021 年 9 月 30 日，安徽出入境边防检查总站机关食堂上演暖心一幕，单位为当天过生日的民警周晓洁送上祝福，该总站机关党委为她拍了纪念照。”10 月 8 日，《中国移民管理报》二版刊发的《点亮“微心愿” 架起“连心桥”》新闻稿的导语，细节满满、心意满满又暖意融融，瞬间将“微心愿”点亮，引导读者在下文解密“微心愿”，机关党委的参与更是直接呼应“连心桥”。

写好导语除要选好角度外，还要在表达方式上求新，要敢于突破旧模式，打破老框架，努力探索新颖明快的导语表现形式，以适应时代发展要求，满足受众多样化需求。同时，要注意语言的鲜活性，尤其是导语写作，要常写常新，多向身边的人学习，多从群众语言中汲取营养。

好稿就要多琢磨

杨 漾

从来到国家移民管理局新闻中心实习的第一天起，我就迫切地想帮助来稿单位发稿，对于来稿，凭个人写作经验修改后，就转投给编辑老师。直到一篇人物通讯再次被编辑老师拒绝，我开始反思。王益民老师告诉我，人物故事比较虚，不能凸显人物特点，“在你这儿过得了关的稿子再给我”。

究竟什么样的稿子才算过关的稿子？我看着被拒绝的人物通讯，翻看起往期报纸琢磨起来。想起自己钟爱“写意”的风格，除了人物本身的故事外，习惯于堆砌烦冗的描述来“锦上添花”，并自视为“点睛之笔”，忽视了最基本的对人物本身的塑造。

一篇好的人物通讯选取的故事要真实、深刻、鲜活。在《界河源头守边人》一文中，作者从主角在界河源头巡边踏查的细节开始，逐步延伸到与群众相处的点滴；《乌孙山下“拓荒牛”》一文，则是从哈萨克牧民吹拉弹唱的情境入手，进而描述主角帮助哈萨克族群众脱贫的故事，这两篇文章都找准了人物性格塑造的切入点，正所谓“岁有其物，物有其容；情以物迁，辞以情发”，通过细节的描述，让读者走近了主角。

在《破茧成蝶的猎毒功臣》中，作者从各式藏毒手法的变化入手，描写主角将其逐一击破，讲的都是缉毒工作，但在每件小事中通过不同角度的生动描写，使文章整体非常流畅大气且对读者很有吸引力。除了充足的实事支撑，我也看到很多有意思的细节描写。例如，在《坚守岗位为大家》一文中，主角邱凯向老婆“汇报”完值班的事后，狠狠抽了自己一下，此后文章逐步讲述了主角父亲的激励、妻子的担忧，还有主角“不要命”的拼劲儿，情感流露时而生动内敛，时而饱满丰饶，阅读时，我不禁身临其境。

在《守好边关，是情怀也是能力》一文中，作者开篇描述了主角工作的环境：平均海拔超过 4300 米，最低温度零下 40 摄氏度。接着就是主角的工作日常：一路蹚冰河、啃干粮、饮雪水，历时 27 天，徒步 260 公里……我看得很揪心，这究竟是怎样的一种情怀在支撑民警呢？尔后，作者给出了答案：喜欢这种所有战友为了同一个目标聚在一起奋斗的感觉。主角对自己守护的雪山也有更深层次的解读：雪山巍峨，让人震撼，但山高人为峰。这种渐入佳境的升华，让我感到这样的情怀不是虚的，而是主角深植内心的自豪。如果说人物稿的事件、语言、动作描写是横线，那么一定程度的抒情和思考就是纵线。因报纸报道篇幅限制，很难对人物稿中主人公的精神世界进行深度挖掘，但适当的抒情能让文章升华。

如此，再回看我曾经写过的人物通讯，缺少扎实的立意、内容太单薄、表达过于写意，反而丢失了应有的温度。再次提笔审视手头的稿件，也不再和之前一样不知从何落笔。大量阅读文章，反复琢磨、探析，让我知道如何审视一篇稿子，也更加开阔了写作思路。

新闻漫山遍野　贵在精准采撷

于　雷

不去也知道，去了心狂跳。2019年以来，国家移民管理局深入学习贯彻习近平总书记和党中央决策部署，在公安部坚强领导和国务院扶贫办有力指导下，局机关和上海、江苏、浙江、厦门、山东、广州、深圳、珠海、广西九个边检总站，克服新冠肺炎疫情影响，不断加大投入和帮扶力度，在加快推进广西三江侗族自治县定点扶贫工作中取得可喜成效。截至2020年6月28日，提前超额完成2020年公安部向党中央承诺的六大责任目标，获得国务院扶贫办充分肯定。

2020年7月6日，出差到三江，当双脚第一次踏上如火如荼的“扶贫战场”，作为一名新闻工作者，面对漫山遍野的新闻“活鱼”，除了惊奇的眼，就是狂跳的心。

扶贫宣传工作是宣传思想工作的重要组成部分，也是脱贫攻坚工作的重要组成部分。突出的扶贫工作成就，理应呈现火热的宣传工作局面，但有的总站只知道埋头实干，忽视了宣传，或者不重视时效性，很多宝贵的历史瞬间成为“昨日黄花”，失去新闻价值。有的总站虽重视宣传，却零打碎敲，忽冷忽热，没有科学规划，无法形成气势和规模，致使传播力和影响力大打折扣。

2020年4月22日，2020年全国扶贫宣传工作会议召开。会议强调，2020年是全面建成小康社会和“十三五”规划目标实现之年，是脱贫攻坚收官之年，扶贫宣传工作要紧扣决战决胜主题，把握全面收官特征，坚持正面宣传，生动讲好我国扶贫脱贫故事，为决战决胜脱贫攻坚提供强大精神动力。会议精神为全国移民管理机构扶贫宣传工作指明了方向。我们要提高政治站位，强化宣传意识，压实工作责任，坚持扶贫宣传与脱贫攻坚同频共振，不断聚焦扶贫成就、挖掘扶贫典型，推广扶贫经验、做好扶贫解读，推出深度宣传报道，营造良好舆论氛围，为如期全面打赢脱贫攻坚战，提供坚强思想保证和强大精神动力。

面对三江县极其丰富的扶贫工作新闻素材，就平面媒体而言，可因材施策，大做文章。比如，对于诸如安居工程启动、扶贫路通车、种养殖项目丰收、捐助学校新电脑等动态性内容，可强化时效性，采用消息、短篇通讯的形式及时报道。其中，对于诸如国旗第一次在村委广场上升起、捐助的数百盏路灯亮了、知了小学又奖猪肉等思想性强、有画面感的内容，则运用新闻特写及图片新闻（摄影专题）的形式加以报道。对于已经取得丰硕成果、显著成就的，诸如解决农产品滞销、就业扶贫、增强产业发展动力、“平安乡村”建设等大项内容，则以工作通讯的形式进行系列报道。在各项工作圆满收官时，则可以推出长篇通讯或者报告文学进行全面深度报道。扶贫战线涌现出的事迹和突出的扶贫干部、支教民警等，则以人物通讯和专访的形式推出。对落实国家扶贫政策的思考，开展扶贫工作的总结、体会等内容，则可以推出新闻评论、调查性报道和理论性文章。对于扶贫工作者而言，可以言论、杂感、随笔等形式，记录自己的扶贫感受。当然，如激情难抑、心潮难平，也可以辅以散文、诗歌等形式，抒情咏志，更为扶贫宣传工作别出心裁、锦上添花。

“宣传也是战斗力。”正如产业扶贫讲究因地制宜，扶贫宣传更讲究“对症下药”“看米下锅”。守着漫山遍野的新闻素材，只要敏锐发现、精准采撷，灵活运用各种新闻体裁，全面出击，百花齐放，一定会形成高潮迭起、精彩纷呈的宣传工作大格局。

反映人性的作品才能深入人心

黄金衔

2021 年第二期的《中国出入境观察》杂志的开篇《亮相》栏目，整页刊登了一张题为《他穿着防护服睡着了》的照片。画面上一位穿着医用防护服，戴着口罩、护目镜和医用头套、手套的人，左手捧着手机，侧躺在地毯上睡着了。在他的右手边，是一个对讲机，在他的身后，是一个装着紧急执勤医用装备的纸箱。

此情此景，看上去叫人心疼。画面上的主人公叫高辉，是南京出入境边防检查站执勤二队民警。2021 年 1 月 19 日早上，高辉就“全副武装”开始忙起来，货机清舱、机组办理、现场消杀……一套流程下来要两个多小时。刚要下勤休息，又临时接到转运旅客的任务，勤务结束后已经是凌晨 4 点。高辉和同事们身着防护服回到休息室待命，不经意间，战友们发现他已躺在地上沉沉地睡着了。

同事周珩用手机拍下这一幕，发到朋友圈里后，引起各级媒体广泛关注。江苏广电融媒体中心公众号以《心疼！你睡在地上的样子》为题，编发了这张照片及事后的采访视频。央视网、环球网、“平安江苏”“江苏新闻”（APP、微信公众号、微博）、江苏电视台城市频道《零距离》栏目、“南京发布”（包括几个区委的微博号转载）、“江宁发布”的微博和抖音号、金陵晚报微博、紫金山新闻客户端、南京日报、南京电视台（APP、抖音号）都予以报道和关注。微博话题 # 民警通宵执勤穿防护服躺地睡着 # 总阅读量超过 200 万。“向国门卫士致敬”“看了心疼！向战斗在疫情防控一线的工作人员致敬”……广大网友纷纷留言等给予好评，云南“迪庆政法”留言“哪有什么岁月静好，不过是有人替你负重前行！”南京市委副书记、市长韩立明看到报道后非常关心这名民警，立即安排南京市公安局常务副局长向这名民警表达问候和关切。

饿了想吃饭，困了想睡觉。这些都是人的基本反应。一张躺在地上睡觉的照片之所以能引发强烈反响，比在岗位上执勤的画面更能打动人，那是因为读者和观众从照片上看到了人性的本能，感同身受，体味到在执勤一线工作的移民管理警察的不容易。由此，笔者想起每到节假日等出入境高峰期，许多通讯员的镜头对准的是执勤岗位，文字上介绍民警如何加班加点，写他们舍小家为大家，这样的常态新闻报道并没有给受众留下什么深刻印象，甚至有人认为宣传意味太浓。然而，《他穿着防护服睡着了》是一图胜千言。镜头没有聚焦执勤岗位，却让受众透过画面看到了移民管理警察执勤的辛苦，体味到他们的不容易。

由这名移民管理警察躺在地上睡着了，让笔者想起2008年年初我国南方发生冰雪灾害，致使大量准备回家过年的旅客滞留广东火车站。解放军某部派战士到火车站执勤，结果有四名战士站着睡觉的画面被《广州日报》摄影记者拍了下来，并在该报上发表。随后人民日报、中央电视台等媒体也转载了这张照片。据说，几名战士获悉自己站着睡觉的照片被许多报刊、电视报道，吓个不轻。因为在这次执行任务之前，部队首长再三强调说，现场十几万老百姓在看着他们，头顶上的所有摄像头也在盯着他们，如果他们有一丝军容不整、违反纪律的样子被人看到了，那就不光是个人的问题，而是在丢“岭南铁军”的脸，丢解放军的脸。可是，从到火车站执行任务开始，战士们背包都没有打开过，由于已经连续奋战了39个小时，他们累得实在没有办法，四名战士在困极的情况下，站着也睡着了。就在短短的15分钟打盹期间，出于职业敏感的《广州日报》摄影记者邵权达用相机镜头记录下这个经典画面。

照片在媒体发表后，一石惊起千层浪，但广大读者、观众看了这张照片，第一反应是这几个战士太辛苦，站着都能睡着了。广大老百姓都知道，解放军战士特别能吃苦、特别能忍耐、特别能战斗，但他们也是血肉之躯，也是普通的人，在超过了人承受疲劳的极限后，不知不觉间会作出人的本能反应。

广大受众都想知道这几名战士叫什么，来自哪个部队。于是，《广州日报》在一版刊登了巨幅的寻人启事，启事左边重登了4名战士站着睡觉的照片，下方印有这样一句话:“春运期间驻守广州站累得‘站着都能睡着’的子弟兵,你在哪里?”寻人启事一出,立即引起轰动。有人按照与导读版同等面积的广告进行估算,堪称中国报业史上最大最贵的寻人启事。

从广东的媒体,到人民日报、中央电视台等多个媒体都在寻找这4名战士。当4名战士被找到时,他们吓坏了,心想这下完了。事实上大家不是来追究军容军纪的,而是来寻找感动老百姓的“可爱大兵”的。各路媒体以“史上最牛”称赞此事。

在中央电视台的抗击冰雪灾害的表彰晚会上,4名战士被请到现场,接受礼赞,更引起了全国人民的关注,摄影记者邵权达给他们每人赠送了一张他们站着睡觉的照片。不仅如此,广州雕塑院院长、国家一级美术师、广东省美术家协会理事许鸿飞队官兵英勇抗击冰雪的事迹后,总有一种创作的冲动。4名站着睡觉的战士的事迹让他找到突破口,仔细刻画每一个战士的形象,把自己全部的热情、灵感、智慧和心血倾注到战士的雕像上,完成了《九天九夜》雕像创作。《九天九夜》问世后,整个羊城为之瞩目。最终,《九天九夜》耸立在广州雕塑公园最醒目的地方,雕像底座上刻着一首诗:“醒着时,他们是一堵墙,守卫生命;睡着时,他们是一座山,震撼心灵。”与此同时,这4名战士的雕像也耸立在部队营区,成为部队官兵光荣传统教育和当代军人核心价值观教育的生动教材。《九天九夜》的故事也随着网络飞向了全世界。

人性是相通的。越是反映人性的作品,越打动人。新闻同样如此,越是有人情味的新闻,越能感动读者,越来引起共鸣。

2010年1月12日下午,北京时间13日凌晨,地震袭击了拉丁美洲这个面积约2.78万平方公里的山地岛国——海地。由125名队员组成的中国第8支赴海地维和警察防暴队目前正在海地太子港,时任江苏边防总队常熟边防检查站站长赵峰是其中一名维和队员。《边防警察报》记者汤范珑敏锐地抓住每一名维和队员的安危牵动着国内战友、家属和亿万同胞的心,他立即将2009年12月16日拍摄的资料照片——赵峰女儿画给爸爸的一封信投给新闻媒体。结果中国全球图片总汇以《“海地维和的爸爸,盼您平安归来!”》为题编发了这张照片,《中国青年报》也以大的版面刊登了这张照片。画面中,赵峰的8岁女儿站在钢琴旁，双手捧着她用一张 A4 纸画的画，四周有彩虹、云朵、飞鸟、蝴蝶、蜻蜓，中间是颗大大的爱心，在爱心中间，写着她盼望爸爸早日归来的话语。

“来自江苏的 8 岁女孩赵书颜展示写给在海地维和的爸爸的信（2009 年 12 月 16 日拍摄的资料照片）。赵书颜的爸爸赵峰是中国第 8 支赴海地维和警察防暴队的队员，来自江苏边防总队常熟边防检查站。自赵峰 2009 年 3 月离家执行维和任务至今，女儿快有一年没见爸爸了，这封没有寄出的“画信”寄托了她对爸爸的思念。由 125 名队员组成的中国第 8 支赴海地维和警察防暴队目前正在海地太子港。当地时间 2010 年 1 月 12 日，他们和海地民众一起经历了 7.3 级强烈地震。目前，由于通讯中断，中国维和官兵的安危牵动着国内战友、家属和亿万同胞的心。”这是新华社编发的图片通稿的文字说明，汤范珑既交待了图片内容，又传递地震信息，还有相关背景资料。品读照片和文字，受众会被这朴实的人情味深深地打动。

而《中国青年报》刊登的照片，加了引语标题——“爸爸，我们盼着您平安归来！”图片说明第一段是赵峰女儿画信的一点内容：“亲爱的爸爸，我爱你，你好吗？你什么时候回来……”这样的第一人称表达，浓浓的相思情、厚重的人情味，更牵动读者、观众和亿万同胞的心。大家都把目光聚集大洋彼岸的海地，为海地人民祈祷，同时盼望中国维和人员平安归来。

在通讯恢复后，我们得知地震时位于海地首都太子港的联合国驻海地稳定特派团总部大楼坍塌，大楼内约有 100 到 150 人被埋于废墟之下，八名中国维和人员被埋，其中三人是第 8 支赴海地维和警察防暴队队员。

当第 8 支赴海地维和警察防暴队执行完任务归国后，笔者见到赵峰，问他看了女儿的信有什么感受。赵峰说，当时知道国内的信件和物资来了，包括他自己在内的所有队员都没心思去理会，大家一心想着怎么营救被埋废墟的战友。回国后，赵峰特别不愿意接受媒体记者采访，因为一旦回忆起与烈士们生前战斗的往昔，他都是热泪盈眶。

有温度的作品温暖人心，有人情味的作品扣人心弦。虽然新闻作品是易碎品，但是有温度和人情味的新闻作品是经得起时间检验的，它即是新闻精品，也将记录成一段历史。

做好典型宣传报道之管见

李康强

大力宣传先进、用典型引路是我们党的优良传统，是指导和推动工作的重要方法。习近平总书记曾在全国宣传思想工作会议上指出，各个时期涌现出来的先进模范都是我们的民族英雄，要广泛开展先进模范学习宣传活动，营造崇尚英雄、学习英雄、捍卫英雄、关爱英雄的浓厚氛围。本人就结合从事的新闻宣传工作，谈几点粗浅的认识。

典型宣传报道要实事求以保证典型的真实性。先进典型要传得开、叫得响，人物形象要立得住、站得久，最基础的工作在于搞清楚“实事”，实实在在按照典型宣传的客观规律办事。同时，要让先进典型的微言见大义、启心智、发心声，还必须要扑下身子、深入群众，学群众语言，写清新故事，这样的文风才最有生活气息，最能打动人。“问渠哪得清如许，为有源头活水来。”新闻工作者只有接“地气”、补“底气”，深入火热的警营，才能挖掘到与典型有关的鲜活、真实的富有生命力的素材。

新疆盖孜边境检查站驻守在帕米尔高原北麓，扼守着通往巴基斯坦、塔吉克斯坦的唯一咽喉要道——承担起314国道过往车辆和人员的检查任务，处于反恐维稳的最前沿。2013年6月26日，我来到这里采访。20时许，当我正在荣誉室里听民警艾尼瓦尔·努尔顿介绍站里的基本情况时，艾尼瓦尔身上的对讲机里传来了指令：“接群众护边员举报，有几名可疑人员逃往了附近的深山中，请你带领人员迅速追击！”随后，艾尼瓦尔与战友快速集结。我获悉这一消息后，也拿起照相机和战友们一起赶往现场。

从检查站出发，当车子翻过一座达坂时，前面的冰山阻断了去路。我和战友们只能徒步前往，就在一处岔路口，我们发现了嫌疑人留下的脚印。随机，大家立即兵分两路继续实施追踪，经过近 6 个小时的围追堵截。我们将一名嫌疑人堵入一山谷中。气喘吁吁的嫌疑人见无处遁逃，假装束手就擒。就在这时，狡猾的嫌疑人突然从怀中取出一把匕首刺向我们的民警。“快闪开！危险！”见状，艾尼瓦尔一个飞身过去扑倒了身边的战友，躲过了致命的袭击。随后艾尼瓦尔冲上去夺掉了嫌疑人手中的凶器，将其双手死死抓住，嫌疑人最终被大家一起制服，这一幕，被我深深地记在了脑海里。

通过参与此次行动，我亲身体验了战友的艰辛和忠勇。后来，我以艾尼瓦尔为主人翁，通过记者走基层的形式，撰写了题为《他是敌人的克星》人物通讯报道，详细地刻画记录了艾尼瓦尔的英勇形象，后来这篇报道被原《中国边防警察报》在头版头条刊发。2014 年 6 月 27 日，在第五次全国边海防工作会议上，艾尼瓦尔荣膺了全国“十大卫国戍边英模”称号。2018 年年底，在部队转改时，他果断地选择留下继续卫国戍边，在他的带动和影响下，盖孜边境检查站广大民警奋勇争先，中心工作成绩斐然，捷报频传。

典型宣传报道要充分彰显典型的时代特点。时代呼唤典型，典型回应时代，先进典型富有与众不同的特性，但力透纸背的，都是跳动的时代脉搏。做好新时代先进典型宣传工作，使推出的典型人物立得住、亮起来，则典型身上必然要有与这个时代相契合的特质和品格，反映时代精神和社会价值取向。归根到底，就是要让先进典型与时代精神产生强烈共鸣。对于新闻记者而言，能否提炼出能够反映时代特征的主题，并且深入挖掘典型的革命精神和思想风貌，则是决定典型宣传成败、优劣的关键。因此，宣传报道典型要紧跟形势任务发展，才能在受众中产生广泛影响。

2013 年 7 月，我来到祖国最西端的新疆克州边防管理支队吉根边境派出所采访时，我听民警讲道，驻地有一位柯尔克孜族群众护边员布茹玛汗 · 毛勒朵。自从事护边工作 50 多年来，老人数十年如一日在边境线上的石头上刻上“中国”二字，以表明她巡逻的地方就是祖国。获悉这一线索后，我来到大妈家中，深入挖掘了老人数十年巡边的故事。随后，撰写了《中国石的故事》《她在祖国西极 50 余年巡边》等多篇稿件，全面折射了老人爱边护边的初心。后来，老大妈先后获得“全国爱国拥军模范”“全国三八红旗手”“全国民族团结进步模范个人”等称号。2019 年 10 月，她被授予“人民楷模”国家荣誉称号，并受到习近平总书记的接见。

典型宣传报道中，还需要新闻工作者要有敏锐的观察力，才能抓住鲜活的报道素材。2014 年 4 月 29 日，习近平总书记在新疆考察时，接见了原新疆阿勒泰边防支队优秀护边员马军武。总书记听说马军武和妻子连续 26 年在中哈边境的桑德克哨所屯垦戍边的事迹后，对马军武说：“了不起！”当我看到新华社发布的这一通稿后，我敏锐地意识到，马军武是新疆万余名群众护边员中的优秀代表，总书记给予他的评价就是最好的宣传点。为此，我第一时间赶往阿勒泰，近距离采访了马军武，撰写出一篇通讯稿件：《总书记夸他了不起》一文，先后被《法制日报》《中国边防警察报》在头版刊发。马军武和妻子的护边事迹得到了深入宣传，激励了更多的群众护边员义务戍边的热情。

2021 年 1 月 4 日，全国人大代表、塔吉克族群众护边员拉齐尼·巴依卡因在冰湖中救助一名落水儿童牺牲。当我了解到拉齐尼曾在原新疆公安边防总队喀什边防支队当过兵时，我及时采访了拉齐尼生前的领导、战友和拉齐尼一起巡边的群众护边员，然后撰写了长篇通讯报道《花儿为什么这样红》《帕米尔高原雄鹰翱翔》等多篇稿件，后来这些稿件被《中国移民管理报》、国家移民管理局微信公众号刊发。3 月 3 日，拉齐尼被中共中央宣传部授予“时代楷模”称号。

典型宣传报道要久久为功提升典型影响力。对于典型的挖掘宣传报道是个系统工程，一方面，做好先进典型宣传报道，必须坚持不懈、扎实稳固地改文风、写新风，使我们的话语体系更加符合群众口味、适应受众接受习惯。另一方面，必须紧跟组织部门确定的被宣传报道对象，不断发力，才能不偏离党委的意图。此外，还要通过召开典型人物媒体策划推介会，邀请媒体记者开展采风，集中重要节点宣传报道的方式，把宣传和策划力量整合起来，让宣传报道的典型持续发挥效应。

新疆红其拉甫出入境边防检查站驻守在平均海拔 4000 米的帕米尔高原，这里冰峰林立，自然环境极为恶劣，氧气含量仅为平原的一半。1996 年，河北青年孙超来到这里后，经过十余年的努力，在这里摸索种养殖技术，成功培育出了绿色蔬菜，不仅解决了单位吃菜难题，而且助力驻地牧民群众脱贫攻坚。从2013年开始，我就前往帕米尔高原连续多次宣传报道孙超。连续7年多来，每当孙超获得一次表彰，我就趁着这个时机抓紧采访，撰写稿件。截至目前，我撰写的反映孙超扎根高原的各类报道就有26篇。正是在日积月累的坚持中，孙超先后获评“全国模范退役军人”“全国最美退役军人”，全国移民管理机构首届“十大国门卫士”、第四期全国“公安楷模”和二级英模。

2021年6月29日上午10时，新疆边检总站塔城边境管理支队群众护边员魏德友获得“七一勋章”。喜讯传来，令新疆边检总站广大民警无比激动，在建党百年的神圣时刻，魏德友老人能获得党内的最高荣誉，不得不说也是在日积月累的宣传中积淀的成果。2015年，当我们得知魏德友老人50多年在无人区戍边的感人事迹后，就对老人展开了宣传报道。为了做好对这一典型人物的宣传报道，我们当时邀请了新华社记者采写了反映老人半个多世纪守边践行初心使命的通讯报道，后该报道被《新华社内参》刊发。一时间，魏德友老人获得了“时代楷模”“全国道德模范”“兵团优秀共产党员”“感动中国人物提名奖”等众多荣誉……经过多家媒体的宣传报道，老人的事迹感动了很多人，他的故事还被搬上了荧幕。2016年，长春电影制片厂获悉了老人的戍边事迹后，还派人专程赶到新疆采风，撰写剧本，准备以老人的护边故事拍摄电影。2017年，由长影集团拍摄的影片《守边人》在全国边防“百城千哨”展开了巡映活动。影片《守边人》全景式展现了以魏德友为代表的几代护边员群体忠诚践行“一生只做一件事，我为祖国守边防”信念。2017年10月28日，电影《守边人》在第四届中澳国际电影节上获得优秀故事片奖、最佳编剧奖、评委会特别表彰女演员三项大奖。2018年9月8日，在第十四届中国长春电影节颁奖典礼上，电影《守边人》导演方军亮喜获“金鹿奖”最佳处女作奖。2021年，老人获得了“七一勋章”后，我又第一时间撰写了《萨尔布拉克的“活界碑”——记“七一勋章”获得者、新疆优秀群众护边员魏德友》人物通讯报道，得到了《中国移民管理报》《中国出入境观察》《人民公安报》《法治日报》等媒体的聚焦报道，进一步提升了典型的影响力。

编辑时间

最是初心能致远

聂虹影

2021 年，在第二十二个中国记者节来临之际，习近平总书记致信祝贺新华社建社 90 周年，并向全国广大新闻工作者致以节日问候。这充分体现了以习近平同志为核心的党中央对新闻舆论工作的高度重视，饱含着对新时代新闻工作者的殷切期望。作为国家移民管理局党组领导下的新闻舆论部门，新闻中心全体采编人员认真学习领会习近平总书记重要指示精神，备受鼓舞，倍感振奋，将毫不动摇坚持党性原则，坚定理想信念，坚守初心本色，自觉讲政治、讲品行、讲格调，争做党性强、素养高、情怀深的移民管理新闻工作者。

旗帜鲜明讲政治，做党性强的移民管理新闻工作者。《中国移民管理报》和《中国出入境观察》作为移民管理机构的党报党刊，政治性是第一属性，讲政治是第一要求。我们必须坚定政治方向，时刻关注党中央在关心什么、强调什么，深刻领会什么是局党组抓的大事要事、什么是落实“政治家办报”最有力的体现，切实把增强“四个意识”、坚定“四个自信”、做到“两个维护”落实到采、编、审、发各环节。必须注重政治引领，自觉用习近平总书记关于新闻舆论工作的重要论述观察时代、淬炼思想、指导工作，深刻把握蕴含其中的战略思维、人民立场、问题意识、创新精神、全球视野，系统掌握蕴含其中的科学思想方法和工作方法，用以分析和解决实际问题，努力形成与履职尽责能力相匹配的政治眼力、理论功力、工作能力。必须强化政治历练，增强政治敏锐性和政治鉴别力，注重政治影响、站稳政治立场，多维度发好移民管理声音，全方位讲好移民管理警察故事，弘扬主旋律、传播正能量。

旗帜鲜明讲品行，做素养高的移民管理新闻工作者。新闻事业肩负着党和人民的重托，它的人民性、专业性、严肃性决定了新闻工作者必须具备良好的职业素养。置身这支队伍已有三十多年，一路走来，我记录着、感动着。战友们奋战在边关、奋战在国门、奋战在移民管理系统的各个领域，他们那种默默付出、无私奉献的品质令我感动。每一次采访，都是灵魂的洗礼、心灵的净化。记录感动的同时，也在升华着自己的精神；书写作品的同时，也在塑造着自己的灵魂。崇德和尚艺、修德和修艺相辅相成、密不可分。我们必须明大德，胸怀“国之大者”，做到守土有责、守土负责、守土尽责，巩固马克思主义在全国移民管理系统意识形态领域的指导地位，巩固全警团结奋斗的共同思想基础，打造具有强大感召力和影响力的“耳目喉舌”。必须守公德，身体力行践行社会主义核心价值观，秉持高尚的新闻志向，培养健康的审美情趣。必须严私德，把为人、做事、从业统一起来，增强道德判断力和道德荣誉感，努力做到德艺双馨。

旗帜鲜明讲格调，做情怀深的移民管理新闻工作者。做好新闻舆论工作，必须解决好“为了谁、依靠谁、我是谁”这些根本问题。作为移民管理系统的新闻工作者，在警营这片沃土滋养下，个体命运已和这支队伍血肉相连、密不可分。聚焦移民管理队伍，有太多的生动事例、先进事迹、感人故事，需要我们带着责任、带着感情、带着使命去讴歌、去礼赞。作为新闻工作者，我们有责任也有义务把移民管理警察的时代形象“立”起来，更加深入地扎根身处的这片沃土，以新闻人的担当和坚守，为警抒写、为警抒情、为警抒怀。有责任也有义务让移民管理警察的时代风采“活”起来，坚持精细挖掘、精心提炼、精彩呈现，力争推出一批反映时代精神、反映民警面貌、引起广泛共鸣的新闻作品。有责任也有义务使移民管理警察的时代正气“传”开来，以讴歌基层、凝心聚力为本，让更多的人了解和理解这支负重前行护佑岁月静好的队伍，奏响许党报国、建功立业的忠诚之歌、担当之歌、为民之歌、奉献之歌，更好发挥强信心、聚警心、暖人心、筑同心作用。

突出行业特色 打造精品佳作

杨 林

国家移民管理局因改革而生、伴改革而行，是人民警察队伍中最年轻的警种，这支队伍来自原公安边防部队和出入境管理机构，既延续着人民军队的红色基因，也赓续着人民公安的光荣传统。隶属于国家移民管理局的《中国移民管理报》是典型的行业报，这张报纸，以及这支队伍的新闻宣传工作者，可谓坐拥新闻“富矿”，掌握着丰富而独特的新闻资源。更好地突出行业特色，努力打造精品佳作，是我们必须锐意进取，坚决扛起的责任担当。

依托资源优势，力求围绕中心写深写精

行业报与综合类、生活类等“大众”性报纸相比，其独特竞争力就体现在“行业”内。《中国移民管理报》是国家移民管理局党组机关报，报道资源主要在移民管理行业里。该行业的中心工作是这张报纸最有新闻价值的报道资源“富矿”，这是形成《中国移民管理报》权威性、指导性的核心资源，主要包括国家移民管理局的重大决策、工作思路、重要会议、工作成绩、典型经验等。报道和阐述好国家移民管理局中心工作，是《中国移民管理报》的根本职责。

国家移民管理局的中心工作是协调拟定移民政策并组织实施，负责出入境管理、口岸证件查验和边民往来管理，负责外国人停留居留和永久居留管理、难民管理、国籍管理，牵头协调“三非”外国人治理和非法移民遣返，负责中国公民因私出入国（境）服务管理，承担移民领域国际合作等。这支光荣的队伍，既守卫在威严、繁忙的国门口岸，又奉献在艰苦、偏远的万里边疆，鲜明的职业、岗位、地域特色，决定着这里必然是新闻资源的“富矿”，天天有战斗、时时出

新闻，这里的故事道不完，这里的篇章写不尽。

从2020年年初新冠肺炎疫情暴发以来，疫情防控特别是严防境外疫情输入，就一直是国家移民管理局最重要、最紧迫的中心工作。这支英雄的队伍始终保持战时思维、战时标准、战时状态，慎终如始、再接再厉，疫情不退、不离“疫”线，取得了突出战果和辉煌成绩。围绕战“疫”大局，服务中心工作，理应主动作为。《中国移民管理报》及时开设了“党旗在疫情防控一线高高飘扬”“国门战疫”专栏，推出了《抗疫战线群英会》《众志成城，坚决打赢疫情防控阻击战》《致敬，疫情防控一线的勇士们》《巾帼战荆州 逆行展风采》等数十个专版报道，精心编发了《国门边境奏响气壮山河战“疫”歌》《战“疫”中的旗帜最鲜红》《筑牢“外防输入”铜墙铁壁》《战斗在防控境外疫情输入第一线》等一大批特色鲜明、声势浩大、有口皆碑的纪实通讯。截至目前，累计刊载相关稿件2000余篇，充分展现了移民管理警察在大战大考中对党忠诚的政治本色，诠释了服务人民的真挚情怀，凝聚起众志成城抗击疫情的强大力量，极大地激励、鼓舞了战友们努力工作、争创佳绩。

移民管理警察勇战疫情、坚守阵地、逆行而上的使命和担当，得到了全社会的广泛关注和好评。2020年11月，在由中宣部、中国记协等组织的第七届“好记者讲好故事”演讲比赛中，《中国移民管理报》记者洪燕森以“我为祖国守好门”为题，用心、用情讲述了驻守在祖国300多个对外开放口岸和两万多公里陆地边境线上的中国移民管理警察，奋战在防范境外疫情输入第一线的新鲜热乎的感人故事，打动了评委、感染了听众，洪燕森因此荣获“优秀选手”并赴全国巡讲。

事实证明，围绕中心工作的成绩、经验、典型抓新闻，不但可以引导、组织、激励、鼓舞广大民警更好地履行使命、完成任务，而且还能体现报道特色，打造精品佳作，取得优异成绩。把中心工作写好写精了，打造成品牌、亮点了，报纸的指导性和感染力就会得到极大增强，新闻的价值、作用也就凸显出来了。

搞好新闻策划，力求体现特色做大做强

移民管理工作的新闻资源非常广泛，出入境管理、队伍建设、警务训练甚至是涉外工作，无所不有。内容也比较独特，反偷渡、反走私以及缉毒、缉凶

等，无奇不涉。

如何把行业报优质的新闻资源做大做强，做出特色？笔者认为，加强新闻策划是重要手段。新闻策划是指新闻媒体对一个时期或一项活动的报道，所进行的有创意的设计、指挥和调控。行业报采编人员占有大量的本行业信息，立足于本行业做新闻策划，往往可以实现“人无我有”“人有我深”的效果。特别是在一些重大事件的“战役性”专题策划上，可以营造出“规模效应”。《中国移民管理报》对国家移民管理队伍正规化建设会的战役性宣传，就是一个成功的例子。

2021 年 7 月 15 日至 16 日，国家移民管理队伍正规化建设现场会在新疆博州召开。此次会议采取现场观摩、大会研讨、座谈交流相结合的形式，旨在通过样板示范和集思广益，全面推动全国移民管理机构思想教育、日常管理、学习训练、纪律监督、基层基础建设和综合保障的正规化，进一步铸牢忠诚警魂，提升能力素质，培育优良警风，提高队伍履职担当能力水平。《中国移民管理报》在会议召开前，就组织优势兵力突击采写了国家移民管理队伍正规化建设综述的长篇通讯，又派出记者全程参加会议，及时采写了会议消息和现场会见闻特写。经研讨策划，在会议结束后的最新一期报纸，集中力量，尽可能地拿出全部版面刊发此次会议相关报道。在头版刊发会议消息并配发本报评论员文章；二三版打通专门呈现现场会特别报道，刊发队伍正规化建设综述和现场会见闻特写，以及现场会上各单位的交流发言摘登，并配发现场会期间的精美照片；四版整版刊发现场会期间上演的“全国移民管理机构庆祝中国共产党成立一百周年特别节目”图文报道。“全景式”“集群式”“战役式”的新闻策划和报道使整个宣传活动有章法、有节奏、有韵味，层次分明、丰富多彩，收到了密集、醒目、热烈的宣传效果，发挥了行业报不可替代的作用。

重大事件的报道是检验媒体组织策划和应对能力的重要标准。经报党中央批准，在国家移民管理局成立三周年之际，国家移民管理队伍队旗和中国移民管理标志于 2021 年 4 月 2 日正式启用。对于这样的重大新闻，我们打破常规，当天《中国移民管理报》出版了“号外”，并用高精度铜版纸印刷，受到广泛关注。这样的“硬新闻”如果按正常出报时间来报道，要过三天以后才能见报，这就失去了新闻责任。报道体裁多样化、版面处理图文并重，也是《中国移民管理报》重大事件报道的一大特色。在这期“号外”中，既有消息、通讯、评论、现场见闻、图片报道等常用新闻体裁，还有队旗、标志的样式和介绍，启用队旗和标志的重大意义、队旗和标志的使用管理办法，以及广大民警对启用队旗和标志的感受体会等，让人感到这期“号外”意义重大、内容充实、精彩纷呈，给读者以强烈的视觉冲击和心灵震撼。

事实证明，有效利用新闻策划这一手段，有利于发挥行业报熟悉行业的优势，把属于本行业的新闻做深、做足、做成精品，形成规模、形成声势、形成强大的舆论传播力、引导力、影响力、公信力。

把握报道角度，力求贴近需要可亲可读

“横看成岭侧成峰，远近高低各不同。”新闻报道角度选择的不同，产生的宣传效果就不一样。如果选择的角度平常，写出来的新闻就平淡无奇；反之，如果角度新颖独特，写出来的新闻就富有新意和吸引力。我们要贴近读者需求，从最易于读者接受的最佳角度来做好新闻报道，打造精品佳作，实现最佳宣传效果。

一是从大众最关心的问题中去选择报道角度。在报道中，如果变领导视角、部门视角、工作视角为大众视角，从大家最关心什么、最需要什么、最想知道什么等方面提炼主题，就能吸引读者，起到良好的宣传效果。例如，基层基础建设突飞猛进，报道这方面的累累硕果是新闻的一个常见题材。如何突破那种老一套、千篇一律的报道模式，给人以新意，就需要花一番工夫选择新的角度。2021 年 7 月 16 日《中国移民管理报》头版头条以《喜看边疆今更美》为题，报道了国家移民管理局传递党中央关心厚爱推进戍边基础工程建设的事迹。如果按照“老一套”的写法，这篇报道完全可以从后勤业务部门提供的公文材料中修修改改，就能拿出一篇表面上冠冕堂皇的长篇综述。但这样就会导致报道视角错位，文字表述就会“机关化”“套路化”，这种报道就会缺少生动的细节、感人的故事，就会缺乏贴近性和可读性。承担采写这篇报道任务的本报记者夏飞，决心求变求新，突破公文材料模式。他在繁忙的编报之余，不远千里从北京深入到边疆基层一线采访，翔实了解了战友们对于戍边基础工程建设的期盼

和感想，掌握了工程建设中的大量鲜活故事，从大众视角推出了这篇洋溢着时代气息，读来倍感亲切、可信可敬的重磅报道，引起较好反响，倍受关注称赞，还被“学习强国”平台转载。由此可见，抓住了大众普遍关心的东西，善于从大众的角度去思考问题、捕捉信息、寻找角度、提炼主题，新闻报道就能出奇制胜、多姿多彩。

二是从最能揭示事物的本质去选择报道角度。透过现象看本质，为我们选取新闻报道角度提供了一个科学的认识方法。当我们发现和掌握了某一新闻事实后，从最能揭示事物本质的角度去立意，写出的新闻才有深度，才有可读性。2021 年春节期间，《中国移民管理报》刊发了一篇有趣的报道，这篇报道写的是一只受伤的秃鹫被内蒙古白音都兰边境派出所及时救助，伤愈之后民警数次将其放飞却“赖”着不走求“圈养”，民警只好将这只秃鹫送到遥远的边境草原深处放飞。这篇报道采取的是亲切自然的群众视角，运用的是喜闻乐见的群众语言，而且文中还有民警对“赖皮”秃鹫的“唐僧式”苦劝：“走吧，走吧，你不是鸡，不能圈养，草原蓝天才是你的归宿”等生动细节，让人感到幽默风趣，颇有新意，在令人欢笑开怀的现象背后，能够让人深刻感受到民警热爱生活、保护自然的情怀和本质。如果直白地揭示现象背后的事物本质，那效果就会大打折扣，不会给人带来欢笑和思索，更难于打动人心。这篇报道和 2021 年 8 月走红的北京野生动物园通报游客打斗事件，有异曲同工之妙。通报中写道：“动物们是第一次看到人类之间的打斗场面，令它们印象深刻，当晚部分动物家庭在兽舍内纷纷效仿，场面一度失控，在饲养员的耐心教育下，动物们知道了打架不好，特别不好！”这则幽默感十足的通报好评如潮，大家纷纷称赞这则通报从动物的角度警示人类要讲文明、守秩序，而不是板着面孔生硬说教，这样的通报接地气、得人心，宣传教育效果特别好！

三是从读者最需要的方面去选择报道角度。行业性报纸应努力强化服务意识和实用性，使报纸不但要具备“可读性”，更要具备“必读性”，从而使报纸能够充分满足读者和行业的需求。制定和推行《出入境边防检查机关检查员专业能力等级评定办法（试行）》，是关乎国家移民管理局队伍能力建设的大事要事，和每一位检查员的成长成才息息相关，意义重大、影响深远、势在必行。对此，《中国移民管理报》不但及时推出《评定办法》施行的消息，还同步推出解疑释惑的《评定办法》问答，并从推行《评定办法》的目的意义、评定标准、组织实施、制度保障等角度，连续推出系列评论员文章，还推出了基层开展推行《评定办法》大讨论、大实践的专版。很多边检站领导都说，《中国移民管理报》刊发的报道非常“解渴”、管用，为他们部署开展工作提供了有力的理论依据和精神支撑。

潮平岸阔催人进，风劲扬帆正当时。丰富而广博的移民管理工作是我们新闻报道取之不尽、用之不竭的宝藏，为我们讲好移民管理故事提供了充足的素材和资源。我们要依托资源优势、围绕中心工作，做好新闻策划、找准报道角度，把握时代发展要求、顺应人民期盼，深入实际、深入生活、深入群众，学习群众语言、善用群众语言，多报道群众喜闻乐见的新闻，多打造和推出体现行业特色的精品佳作，为服务和促进移民管理工作高质量发展书写精彩篇章、作出积极贡献！

传承“青记”精神 提升“四力”质效

于 雷

1937年11月8日晚上7时，“中国青年新闻记者协会”在上海山西路200号（今山西南路200号）南京饭店正式成立。在中国共产党领导下，在周恩来同志直接关心下，“青记”诞生于中华民族生死存亡之时，活跃在抗日救亡最前线，经战火洗礼而发展壮大。1949年9月，中华全国新闻工作者协会筹备委员会成立，薪火相传，“青记”完成了历史使命。

“青记”是中国新闻史上的精彩一页，是全国新闻记者的一面旗帜。2000年，经党中央、国务院批准，把“青记”成立日——11月8日确定为“中国记者节”。1991年中国记协设立以“青记”领导人范长江命名的“范长江新闻奖”，成为我国新闻工作者的最高奖项。该奖项2005年与“韬奋新闻奖”合并。

2021年6月，本人有幸参加中国记协、上海记协在党的诞生地上海举办的新闻战线“学党史 强四力”资深夜班编辑和优秀新闻工作者调研培训，追寻“青记”在烽火硝烟中诞生、成长的艰难历程，缅怀先烈们冒着枪林弹雨奋笔疾书的英雄壮举。我深刻感受到，要继承和发扬“爱国进步责任担当”的“青记”精神，就要不断增强脚力、眼力、脑力、笔力，走好走稳走实新闻工作者的新时代长征路。

增强脚力打好基础

做一名合格的新闻工作者，首先要做一名行者。毛主席在1958年到人民日报社视察，与采编人员谈话时指出：“报社的人应该经常到下边去，呼吸新鲜空气……”就是要求新闻工作者不要坐在办公室“纸上谈兵”，不要闭门造车，要经常下基层抓“活鱼”。

当然，看材料、打电话可以了解线索、获得素材，但“道听途说”终不能代替人到现场“眼见为实”。2021 年 7 月，本报记者伏雪琨只身闯进海拔 5000 多米的新疆喀什边境一线采访，像一只小鸟扑进金黄的稻田，亲身体验，尽情采撷，收获了一大批鲜活的鲜为人知的新闻素材，成就数篇佳作。事实证明，只有深入基层，走进国门边境，走进一线民警火热的工作生活中，才能抓取冒热气、沾露水的“新闻活鱼”。

深入基层，难免遇到困难险阻，但决不能浅尝辄止、畏缩不前，要持之以恒练就一双“铁脚板”，发扬不怕困难、勇往直前的战斗精神，增强群众思维、实践思维，锻造扎实、吃苦、沉下去的作风，努力做到走得实、走得深、走得久。

增强眼力抓住关键

眼力就是对事物的分析能力、观察能力、辨别能力和判断能力，正所谓“太山之高，背而弗见；秋毫之末，视之可察”。著名新闻人普利策曾说：“倘若一个国家是一条航行在大海上的船，新闻记者就是船头的瞭望者。”所以，做“船头的瞭望者”，既是新闻工作者的责任，也是新闻工作者的内心映射，必须具有敏锐的眼光、开阔的眼界、精准的眼神，练就去伪存真、去粗取精的“火眼金睛”。

有一则消息说是深圳湾边检站援助广西三江县的一所学校建成了电教室，其实更有价值的新闻点不是为学校捐了多少电脑，应是捐助电脑后，山村学校可与深圳蛇口的育才学校连接，开展网上授课。“山村有了云课堂”才是最有价值的新闻点。2021 年 10 月中旬，港珠澳大桥边检站全力保障 500 多名 14 岁以下的跨境学童从澳门过关回到珠海，但最引人关注的应该是这些学童因为疫情已滞留澳门很久，现在终于可以回到珠海。

毫无疑问，一名优秀的新闻工作者，观察事物要有洞见，判断事物要有预见，一方面要能够穿透事物的表象，看到事物的本质；另一方面，还要眼观八方，学会全面、综合地看问题，要有往深处看的洞见，也要有往远方看的预见。这也就是我们常说的“要站在天安门城楼上看问题，走到田间地头找感觉”。

增强脑力突出主题

脑力是思想水平、理论水平的集中体现。新闻工作者要以党的政治建设为统领，增强“四个意识”、坚定“四个自信”、做到“两个维护”。实践中，增强脑力最根本的要求，就是增强政治思维、战略思维，不断提高政策理论水平，做到想得深、想得高、想得全、想得准。

近年来，《中国出入境观察》杂志的很多来稿，主题发散，贪大求全，四平八稳，眉毛胡子一把抓，导致“不知道在写啥”；有的素材堆砌，主题割裂，七拼八凑，导致柔弱无力、一盘散沙。平常与作者交流时，发现很多作者先期也进行了大量采访，掌握了很多新闻素材，但准备大写特写时，却发现无从下手或者找不到重点。显而易见的原因，就是忽略和缺乏对主题的分析研究，没有提出问题、分析问题，采访变成了平推，没有消化分解，没有融会贯通，写出的文章自然内容散杂、缺乏重点。

脑力之用，有开有合，有放有收，钻透才是硬道理。新闻点不是孤立存在的，盲人摸象式写作，结果往往是一叶障目不见泰山。我们常说，文章要“想透”，在融会贯通上用力；主题要“想准”，在问题导向上用力，就是要求我们对身边的人和事，要用眼去观察、用脑去思考——通过实地采访，把那些真实的、具体的、形象的材料，条理分明地记录下来，主题突出地展现在读者面前。

增强笔力提升素质

笔力就是驾驭掌握语言文字的能力，是新闻工作者履职尽责的基本功。新闻宣传是一项专业性很强的工作，没有扎实的文字功底就难以胜任。“敢为常语，百炼工纯”“意在笔先，力透纸背”，就是对笔力的形容。

本报记者夏飞，最初在基层单位是一个对写作懵懂的“菜鸟”，经过几年历练，成长为写大稿、出精品的行家里手，写作功底日渐沉厚，写作风格日渐鲜明，大作迭出。

没有一夜就能成为大家写手的成功，也没有出手就是精品的奇迹。笔力是循序渐进、日积月累的过程。一要勤看，广泛阅读在潜移默化中借鉴学习。二要勤记，“好记性不如烂笔头”，记的过程也是一个学习的过程，思路打开了，自然就文思泉涌。三要勤写，写文章没有捷径，勤写才能善写。比如，读了好文章写读书心得，学了政策精神写心得体会，发现新闻亮点，立即写消息、通讯，时间长了，功到自然成。四要勤改，“吟安一个字，捻断数根须。”笔力不是一蹴而就的，要用“一诗千改始心安”的态度，对待每一次写作和每一篇文章，历经千锤百炼，终会好文自现。

非凡脚力出眼力，勤想多思著华章。“四力”是紧密相连的有机统一体，缺一不可。脚力、眼力和脑力最终都会反映在笔力上。只要我们不断学习和锤炼，掌握适应媒体发展的“十八般武艺”，就能完成新时代赋予的综合履职能力，成为新闻宣传战线的优秀工作者。

新闻应向“虚”字开刀

夏 飞

“XX活动隆重召开”“XX会议胜利闭幕”“XX活动意义重大”“XX领导发表重要讲话”“XX领导亲自带头”……

在一些新闻稿中，常常会出现类似上面列举的表述。举办活动没有不隆重的，召开会议没有不胜利的，活动的意义没有不重大的，领导一讲话就是重要的，一有活动就是亲自参加，等等。说到底，这些都是文风中的诟病。

《新华社新闻报道中的禁用词》中有规定：对各级领导同志的各种活动报道，慎用“亲自”等词。除了党中央、国务院召开的重要会议外，一般性会议不用“隆重召开”字眼。

新闻应向“虚”字开刀！

虚，有“空”“不真实”的意思。新闻是对新近发生的事实的报道。事实必须是真实的，空的、不真实的就不是事实，亦不能称作新闻。

向“虚”字开刀即改文风，就是善于用普通百姓的视角观察问题，用群众乐于接受的方式阐述观点，平等交流、平易近人，防止居高临下、自说自话。

具体到新闻中，主要谈谈标题上的“虚”和内容上的“虚”。

标题上的“虚”。很多人取标题时无意识中偏向“虚”。比如，《努力实现新目标、奋力开创新局面》《立足新起点、实现新跨越》《学习重要讲话、开启崭新征程》等，类似于这样的题目，根本不会吸引读者继续看下去。

一写工作成绩，标题上就会用到措施有力、成果丰硕、成绩突出、效果显著、亮点纷呈等，这些也都是比较虚的表述，到底取得了什么成绩，不看正文根本不知道。

还有一些看起来似乎挺实，但仔细推敲后发现也是虚的。比如写人物稿，《扎根基层的“螺丝钉”》《爱岗敬业好青年》《忠诚卫士展风采》等，这些题目放在任何一个努力工作的人身上都可以，但没有特点，是比较空泛的。

做新闻一定要避免题目上的虚，看报先看题，题目是文章的眼睛，想要提升宣传效果、扩大影响力，取个响亮、贴合主题的题目至关重要。因此，取标题时一定要多花一些心思，一个好的标题能够吸引编辑的眼光，上稿的几率也会更大。

内容上的“虚”。大致可以从三个方面，一是主题选取的虚，二是语言表述的虚，三是事件本身的虚。

主题选取的虚，正如上文列举的几个题目，都是比较虚的，如果按照那个思路进行采写，稿子质量肯定不行，甚至很差。主题一定要实，这是确保写好稿子的前提。因此，在动笔前认真梳理采访的内容，根据内容确定恰当的主题，可以讲述一个故事，可以谈一个事件，也可以写某项工作亮点，但必须实打实。

语言表述的虚，即说的都是正确的废话。新闻语言一定要通俗易懂、言简意赅，如果通篇都是官话、空话、套话、大话，肯定没人愿意读下去。比如写某项工作取得的成绩，“坚决贯彻上级党组织指示精神，按照什么什么方针，根据什么原则，确保各项工作取得实效”这个就是比较虚的表述，应该谈具体怎么干的，讲故事、列数据，用更生动活泼的语言来呈现工作开展情况，这样才会吸引读者。

事件本身的虚，这个就是作者采访不深入，但又必须得完成宣传报道任务。于是，就在浅层次采访的基础上加入自己的主观想法，结果导致事件的虚构。这是新闻的大忌，千万不能为了完成任务而去虚构。要确保稿子经得起推敲，符合事实、符合逻辑，合理合情合法。

新闻应向“虚”字开刀，这是每一名新闻工作者必须引起重视的问题！

“顶天立地”提高作品“含金量”

王江超

常听基层宣传同志说稿子难上，而编者则总觉好稿难求。乍一看，这是一个矛盾，其实不然。

这里我们要认识到，报纸版面是有限的，每一块版都是一个二维空间，有规定的长、宽尺寸，有一个不可突破的最大容量限制。而编辑在排版中，首选的肯定是“含金量”高的稿件，尽力向读者呈现出最精彩、最有“营养”的版面，这些因素无形挤压很多稀松平常稿件的生存空间。

如何让稿件引起编辑情不自禁地另眼高看，不由自主地虚位以待？我认为，可以用“顶天立地”这个方法来突破，也就是常说的上接“天线”，下接“地气”，站在天安门上看问题，站在田间地头找感觉，把党的声音传下来与基层呼声传上来统一起来，实现“仰望星空”与“脚踏实地”的完美对接。

“顶天”的文章见思想

习近平总书记指出，党和政府主办的媒体是党和政府的宣传阵地，必须姓党。

那么“顶天”，什么是“天”？“天”就是党的领导。《中国移民管理报》作为国家移民管理局党组机关报，“顶天”就是对上要吃透中央精神，坚持“政治家办报”原则，增强“四个意识”、坚定“四个自信”、做到“两个维护”，坚持以习近平新时代中国特色社会主义思想为指导，坚决贯彻以习近平同志为核心的党中央的大政方针，坚决落实公安部党委和国家移民管理局党组的决策部署。

惟有“顶天”，方可抓住有利时机，方能不负神圣使命。辛丑牛年，既是建党一百周年的大喜之年，也是全面建设社会主义现代化国家新征程起点的开局之年。迈向新的伟大征程，习近平总书记向全国各族人民发出“发扬为民服务孺子牛、创新发展拓荒牛、艰苦奋斗老黄牛的精神，在全面建设社会主义现代化国家新征程上奋勇前进”的伟大号召。

第一时间深入学习宣传贯彻“三牛”精神，是我们坚决听党话、跟党走的生动实践，也是我们迅速吃透中央精神的重要体现。

《中国移民管理报》大年初八二版头条刊发的《“三牛”精神在鹏城口岸闪耀》这篇通讯，初稿是反映三位民警春节期间坚守岗位、辛勤工作的故事，正文用三位普通民警来代表整支队伍的奉献，首先，不具代表性；其次，三个人形成三个部分，让主题显得很分散。

这样稀松平常的稿件投给报纸，形容成“烫手山芋”一点也不为过。考虑到作者过年期间写稿不易，不忍弃之。报纸编辑部人员开动脑筋、认真思考，认为这篇报道应该同习近平总书记春节前强调的“三牛”精神结合起来，才会有高度、出思想。于是，我积极和作者联系，调整报道角度，聚焦“三牛”精神谋篇布局。最终，作者立足基层肥沃的土壤，把三十多年来全心全意服务出入境旅客的吴燕霞比作“孺子牛”，把创新数据研判工作技战法的林聪比“拓荒牛”，把全国“最美基层民警”、首届“十大国门卫士”黄平比作“老黄牛”，最终写就一篇有思想、有内涵的优秀报道，展现了移民管理警察的忠诚品格和高尚情操。

涉浅水者得鱼虾，涉深水者得蛟龙。这篇精品力作让我们认识到，作为一名新闻工作者，应该率先吃透上级精神，在搞清“上情”这个“大坐标”上，坚持辩证思维和历史思维，善于透过现象看本质，观大势、谋全局、看长远，多动脑、多分析、多思考，去粗取精、沙里淘金、见璞识玉，看见现在的同时，更要洞见过去、预见未来，这样才能直抵事物的本来面目，实现“一粒沙里见世界”的效果。

“立地”的作品有温度

如果说“顶天”是靠脑力，那么“立地”考验的就是眼力、笔力、脚力。

什么是“地”？“地”就是人民群众。党的根本宗旨规定了党的新闻工作的服务对象是人民。“立地”，就是我们来自于人民，扎根于人民，服务于人民，人民群众是我们赖以生存和发展的基础。种子只有植根于土壤，才能充分地吸收养分，进而生根、发芽，最终才能开花结果。党的新闻工作者只有像种子那样，把根深扎于群众之中去，其作品才能饱含着人间真情大爱，才能打动人心，才能产生温度，才能焕发出无穷生命力。否则，内容再正确，没人看读，一切等于零。

作为行业报，我们有着特殊性。首先，基层民警是事业发展的主体；其次，出入境群众是我们服务的对象。他们都是我们关注的受众群体，只有时刻把他们装进心里，把他们的呼声作为第一信号，践行“走转改”精神，多写大家喜闻乐见的“接地气”报道，才不会辜负读者、不会辜负时代，才能承担起举旗帜、聚民心、育新人、兴文化、展形象的使命任务。

比如，2020 年，国家移民管理局推出的服务促进长三角航运枢纽建设十项新举措、帮扶广西三江县顺利实现脱贫摘帽等热点新闻，事关群众切身利益，引发社会广泛关注和点赞，体现报道的温度。《出入境边防检查机关检查员专业能力等级评定办法（实行）》《国家移民管理机构干部调动管理办法（试行）》等政策出台的报道，传递了局党组真正把基层民警成长和冷暖放在心上的意志和姿态，富有浓浓的温度，生命力极强，受到基层广泛关注和好评。

还有 2019 年，甘肃边检总站直面队伍转改后出现的新矛盾，在艰苦边远地区率先试行轮休假制度，有力缓解戍边民警长期分居难题，增强了民警到艰苦偏远地区岗位工作认同感和吸引力。消息刊发后引发基层民警特别是戍边民警的关注，更引起相关沿边总站的效仿，取得了良好效果。

事实证明，新闻工作者从受众需要出发，多从基层视角观察事物，想基层之所想，喜基层之所喜，急基层之所急，帮基层之所需，使新闻作品能够对受众实施真正有效的政策性、生活性、服务性、心理性指导，才能真正吸引读者、留住读者。

对此，我在采写《玉门关外最情牵》中深有感触。2019 年 7 月 10 日至 11 日，公安部副部长、国家移民管理局局长许甘露率领调研组到甘肃马鬃山边境一线，结合“不忘初心、牢记使命”主题教育和“践行新使命、忠诚保大庆”实践活动开展实地调研。在采访中，我借助自身在甘肃边境地区工作近十年这个“接地气”优势，认真翻阅、反复聆听调研组一行所言所行中形成的文字材料和录音录像，并深入采访随行人员、基层民警等所思所感，尽力掌握第一手资料。由于采访的深入、扎实，鲜活的语言、感人的情节、紧贴的“地气”贯穿全文，生动展现了国家移民管理局党组心系边疆安全的担当精神，情系基层一线的爱警情怀，严谨细致扎实的工作作风，传递了局党组对强警固基的深刻思考，对戍边民警的深情牵挂，令广大戍边民警备受鼓舞、倍受感动。

“春江水暖鸭先知。”新闻工作者要常思我是谁、依靠谁、为了谁的问题，把新闻写在大地，把视角对准基层，把内心融进受众，才会耳聪目明、肚里有活、笔下有情，其作品才会显现无穷的“温度”、充盈饱满的力量。

“顶天立地”方能出精品

“顶天”与“立地”辩证统一在新闻报道之中，是密切相关、不可分离的。如果只强调“顶天”，写出的报道就会陷入“大而空”。如果只追求“立地”，易陷入鸡毛蒜皮的平庸稿件之中，失去新闻报道的价值和导向作用。只有“顶天”“立地”相结合，才能牢牢把握正确导向，提升新闻作品的公信力、影响力和传播力。

纵观中国新闻奖获奖作品，有几条重要的评选宗旨，其中首条就是紧贴党和国家工作大局，坚持人民立场，坚持正确导向，积极传播党的声音、阐释党的主张，充分把握时代特征，敏锐记录时代变迁，及时反映伟大社会实践，充分体现新闻舆论工作主阵地作用。还有一条就是倡导“短、实、新”，鼓励新闻工作者改作风转文风，践行“脚力、眼力、脑力、笔力”要求。

以《中国移民管理报》的前身《中国边防警察报》荣获中国新闻奖的《护卫“祥云”登上世界之巅》为例。

要写出“顶天立地”的精品佳作，题材必须重大。何谓“重”？何谓“大”？大，是个空间概念，题材应带有全局性；重，作品的含量、分量应该重，社会关注度高、反响大。

2008 年 5 月 8 日，当奥运圣火顺利传递至珠穆朗玛峰峰顶并成功展示，这一刻，万众瞩目、永载史册。故事背后的故事更感人，新闻背后的新闻更可贵。就在中国登山队把奥运“祥云”圣火传递至珠峰峰顶两小时之前，西藏边防总队奥运圣火运送护卫特勤队四名队员，就已经登顶珠峰，对顶峰进行安全检查，安排警戒，确认万无一失后，才通知中国登山队登顶。《护卫“祥云”登上世界之巅》这篇消息，报道的正是这一震撼人心、鲜为人知的新闻背后的新闻。

这样独一无二的重大新闻题材，是获评中国新闻奖的成功捷径和取胜之道，但是想要打造出精品佳作还得接地气。这就需要采访深入细致，占有的素材多，感人的事迹多，提起笔来就会如鱼得水，写得生动活泼，情景交融。我的老师杨林主任在提及编排《护卫“祥云”登上世界之巅》这篇文章感悟时谈道，初稿刚传来时，内容有些平铺直叙，显得火候不够，欠缺文采。为了做到有思想、有温度、有品质，他打开思路，打电话再次深入采访事情的来龙去脉，并回忆着电视直播“祥云”登顶珠峰的画面，在初稿基础上进行“再创作”和“深加工”，力求用最佳的形式准确地、精彩地表现出稿件最有价值的内容。

这篇拍案叫绝的精品佳作，首先在于题材重大，其次紧接地气。当然，这些都离不开作者、编者过硬的新闻素养和斐然文采作支撑。

2021 年，在中国新闻奖参评作品推荐中，中国移民管理报社推荐了 2020 年 8 月 7 日刊发在二版的《古尔邦节，警车畅通“生命之路”》这篇现场短新闻。为什么推荐呢？主要就是考虑到文章策应了当前我国与西方反华势力斗争的这个大势。

该作品记录的是在 2020 年“古尔邦节”，恰逢新疆地区疫情出现回弹。面对封城封路全民抗疫的特殊时期，一名维吾尔族孕妇在家中出现难产的危急时刻，基层民警坚持人民至上、生命至上，急施援手，特事特办，畅通“生命之路”，协调临时开放沿途封路关卡，快速送难产孕妇入院抢救，最终确保母子平安。

文章字数不足 500 字，文风简洁、主题鲜明，由一起民警救助孕妇这个小切口，引入民族团结这个宏大主题，还原了民族团结一家亲的感人事迹，描绘出新疆地区巩固民族团结、警民鱼水情深的鲜活事例，彰显了中国共产党依法保障新疆各族人民权利，为新疆各族人民创造美好幸福生活的初心使命，用事实和真相有力驳斥了西方反华势力造谣抹黑新疆的低劣伎俩。

而作者亲身参与并全程记录了民警无私救助少数民族群众最真实的心路历程，以朴实生动的笔触描摹出民警与少数民族群众之间浓浓的鱼水情。正是这种俯下身、沉下心的采访方式，形成非常丰富的素材，再经过编辑精心打磨，以最简洁的语言表现最感人的故事，最后呈现出来的作品既有独到的思想内涵，又十分接地气，达到有高度、有温度、有品质的好效果。

在满洲里领略采访魅力

韩 瑞

如何做好采访，是我一直思考的问题。结合前段时间去满洲里采访国家移民管理局党校第六期处级干部进修班“大国边疆巡礼”教学实践活动经历，我认为做好采访应注重四个方面。

访前准备应充实。此次“大国边疆巡礼”，是党校成立以来首次组织京外教学实践活动。活动依托国家移民管理机构唯一挂牌成立的党性教育基地——满洲里干部学院举办，活动特殊、意义重大。出发之前，我就确定最终形成的报道一定要凸显站位，于是恶补了有关满洲里和满洲里干部学院的知识，了解到习近平总书记曾于2009年考察满洲里，从那次开始，共计6次前往内蒙古视察，发表了一系列重要讲话，而满洲里干部学院专门有个“守望相助”主题展厅，详细记录了总书记对内蒙古发展的殷殷嘱托。得知这一情况后，我决定文章的第一部分要围绕学习感悟总书记重要讲话精神去写，因此在后期采访中，我聚焦这一点深入挖掘素材，采访到了“守望相助”理念从提出到在内蒙古落地扎根的具体过程；内蒙古呼伦湖生态环境持续修复，成为习近平生态文明思想生动实践地的发展情况；恩和边境派出所在促进民族团结，助推了各民族铸牢中华民族共同体意识、“像石榴籽一样紧紧抱在一起”的工作经验。这些素材很好地提升了稿件的站位，而素材的获得，充分体现了做好访前功课的重要性。

现场采访应扎实。在跟随进修班学员抵达中俄边境室韦口岸时，天突然刮起狂风，下起细雨。在参观界桥界碑后，按照原计划，我们就可以离开口岸，但我总感觉没有采访到自己想要的素材，便没有随学员们一起返回，而是在界桥边与执勤民警刘海龙继续交流，随后又前往距离界桥400米的口岸大楼，与当天带勤民警额尔古纳边检站执勤三队教导员戴树宝聊了很久。从戴树宝口中，我获得了更多与口岸工作机制、民警执勤环境相关的内容，其中民警要在零下50多摄氏度的严寒下执行夜间巡查任务，经常被冻得腿都是木的等细节，深深打动了我。此外，我还有意外收获，在口岸大楼蹭了一顿晚饭，伙食很好，六菜一汤。让我印象最为深刻的，是民警们吃饭时的纪律性，饭前吹哨集合，进入座位统一下达开饭口令，大家吃饭时少有嬉笑……这些部队的传统让我感叹，越是艰苦的地方，越是作风优良。

素材整理应及时。此次教学实践活动行程1300余公里，路途串联呼伦贝尔境内的中俄、中蒙边境沿线五个开放口岸、五个生态文明教育基地、两个民族团结进步教育基地、10余个爱国主义教育基地。行程很紧凑，活动很丰富，为期六天的采访，白天基本都在路途上奔波，每天晚上回到酒店，不管时间多晚，我会将当天所见所闻、采访录音和现场感受及时整理出来。这为最后报道的形成，积累了丰富的素材，同时也在一定程度上增强了稿件的现场感。

笔下记录应真实。真实是打动人心的第一要素，而真实性最直接的表现形式就是接地气。采访期间，我获得了诸多被采访者的现场感受，虽然这些感受都是被采访者真实表达出来的内容，但明显能够感觉到，有些被采访者表达的内容是朴实的感受，而有些被采访者是因为迫于接受采访，表达的多是大而空的内容。因此，在整理采访内容时，一方面要客观记录，另一方面要结合实际、有所取舍，真正将有温度、有情感、接地气的内容记录下来，这样才使稿件更真实、更丰满。

此次去满洲里是我第一次到边疆采访。尽管形成的稿件并不成熟，但这次经历使我在心态上不再害怕采访，甚至喜欢上了采访，同时也在一定程度上提升了文字表达能力。我很庆幸能有此行，也将带着这些收获，做好今后的工作。

用油墨芬芳对抗繁芜嘈杂

伏雪琨

我总在出报的夜晚说，要用最贵的眼霜熬最晚的夜。虽然没有最贵的眼霜，却收获了许多个最珍贵的夜。在这些夜里，我投入在鲜活的文字里，感动在平凡的故事里。那敲击键盘的声音、细碎校对的声音、手表滴答的声音，如“大珠小珠落玉盘”般掉落心里，似耳语叮咛，温暖、踏实。

有次，深夜校对中，我遇到问题便拿着清样请教我的老师。他说，版面上这些点是什么？我反问道，不是你教我校对时逐字逐字看吗？这不是笔戳的印吗？老师用大笑来回应我。

我收获的自然不是这个小笑话，也不仅是一种校对方式，它是一个编辑对版面的一丝不苟、精益求精。在一个又一个出报的深夜，大家用各自的方式沉浸于稿件编辑的多彩世界中。每当我困倦时，抬头环顾四周，伏案工作的伙伴就是我最好的“提神咖啡”。

改制前，有位编辑曾说，一期周末版一出，一周过去了；一期深度报道一出，一个月过去了；一期党委扩大会专题一出，一年就过去了。这就是报社的生活。

编辑工作看似只是选稿、改稿，但看稿子的前提是和每位作者事无巨细地确认，跟各地宣传战线战友的无缝对接。当然，也有对时常崩溃的编辑软件束手无策，对反复修改不尽人意的稿子失望透顶，对每一次版面的策划绞尽脑汁。这“单调”的生活就是无数个充实的瞬间组成，一份报纸就是点滴的倾注凝结而出。

又是一个凌晨，出完报纸，我坐在老师的车上翻看手机。老师说，累了吧？我说，还好，您不也现在才回家。老师说，我三十年就会做这一件事，是不是很笨……

车里很安静，手机屏幕的亮光竟渐渐氲氤。看着迅速倒退的高楼大厦，就像我们快节奏的生活。

编辑工作是辛苦的、默默无闻的，用几十年如一日的坚守，用努力和敬业甘做最美嫁衣。远离喧闹，只愿静守一隅天地。踏踏实实地雕琢着手中的报纸，兢兢业业地丰满着心中的坚持，编辑的匠人精神是任何物质带来的快感都无法比拟的。摒弃对外界纷繁迷眼的物质追求，用油墨铅字芳香对抗繁芜嘈杂，用纸张文章的重量抵御炽热浮躁。猛然领悟，所谓编辑，编辑的竟是人心这篇大文章。

每期报纸的校对版我都不舍得扔掉，那上面密密麻麻的圈圈点点，对我而言都是鞭策。我把它们放在办公桌上，因为它们见证着我的成长，更打磨着我的性情。翻看报纸，有那么一瞬，感觉是在湖边沉思冥想，感觉是在森林悠然散步，感觉是在窗下静听老歌。我想，编辑工作是值得的，因为身心得以重归安宁。

浅议新闻报道“十对关系”

王云龙

新闻报道工作是一项复杂的系统工程，需要全面地而不是片面地、系统地而不是零散地、普遍联系地而不是单一孤立地观察分析，处理好内在逻辑关系，拿捏好分寸、掌握好火候，从传播规律和特点出发，依规而办、循规而行。笔者在此以“十对关系”来论，以求窥其门径，就教方家。

一是“道高一尺”与“技高一筹”。“文者，贯道之器也。”任何报道，都要讲导向。报什么、不报什么、怎么报都包含着立场、观点、态度。这是新闻宣传的“道”。对党的新闻舆论工作而言，坚持马克思主义新闻观，把党性原则作为最高准则，把服务人民作为根本导向，把客观真实作为基本要求，把“喉舌”功能作为职责使命，就是守住了“道”。当然，掌握了道，不见得会弘道。还得通过引人入胜的方式启人入道、循循善诱的方式让人悟道。只有用心用情，用鲜活的故事展现信仰的厚重，用透彻的阐释揭示真理的力量，“大道理”才能讲得鞭辟入里、深入人心。因此，我们既要多得道、得大道，也要勤于技、精于技，从而实现“道以技显、技因道进”的辩证统一。

二是“眼高手低”与“脚踏实地”。有道是：眼高手低，不如脚踏实地。如果针对那些喜欢好高骛远又不踏实做事的人来说，这是有道理的。但对宣传报道员来说，“眼高手低”同样是要具备的素养。所谓“眼高手低”，就是要有标杆意识，善于向顶尖高手学习，向高质量的新闻作品学习，并在学习中时刻保持“能力不足”“本领恐慌”的自觉自省，这对于初涉新闻宣传工作的人来说尤为重要。创作新闻稿件，就好比站在巨人肩膀上前进。先得知道巨人的样子，了解同巨人间的差距，才能一步步地往上爬。试想，“纸上得来”的功夫尚不具备，“躬行”的底气又从何而来？没有对佳作名篇的心摩意揣，没有过几番高山仰止、自叹不如的学习体验，怎能指望写出力透纸背的精品佳作？到头来，只能陷入盲目自信、“谁写谁读”的尴尬境地。有“眼高手低”打底，勤学苦练才有方向和动力。剩下的事，就是要扎扎实实地做好积累，一篇稿子一篇稿子打磨，一步一个脚印向前走。

三是“自讨苦吃”与“苦尽甘来”。新闻报道是一项鼓与呼的事业，要干好，可不是敲锣打鼓这般简单。这其中充斥着大量枯燥、烦琐、重复的工作：穷尽各种手段收集信息，焦虑等待，为了打磨一篇稿子彻夜不眠。经历了这一切之后，可能还要接受接踵而至的挫折和打击：角度不合适、案例不理想、稿子发不出来……没有超乎常人的坚韧和望星空、踱方步、冷思考的心境，就很难做好这份工作，也坚持不下来。当下，我们提倡“四力”：靠脚力走进新闻、靠眼力捕获新闻、靠脑力提炼新闻、靠笔力表达新闻，没有哪一条不需要吃苦。没有扎根基层、深入一线，搞得自己“一身灰、两腿泥”，脚力何来？沉浸在“眼不见心不烦”的安乐窝里躲清闲，习惯在“众声喧哗”中走马观花、浮光掠影，眼力何来？不经过无数次的“头脑风暴”，对一个观点钻进去、再跳出来看，把一个选题拆开了、揉碎了、再合起来想，脑力何来？没有一条条稿子的研讨，一个个标题的打磨，逐词逐句的雕琢，笔力又从何而来？经历了这一切，当一篇篇沾露珠、冒热气的新闻作品孕育而出时，“苦果”也就结得了“成果”，“苦味”中也能咂摸出一丝甜味。其实，我们讲典型的故事，一定是走进典型、融入典型，进而书写自己的故事；我们拍摄的每一张照片，既是一个揭示美的过程，也是打开心灵的窗户，拥抱美的过程。从这个意义上讲，与其说宣传工作是件苦差事，不如说是件美差事；我们在“苦中作乐”中“成人之美”，也在“苦尽甘来”中“美美与共”。

四是“浓眉大眼”与“眉清目秀”。浓眉大眼是一种美，眉清目秀也是一种美。“浓眉大眼”美在大气、端庄；“眉清目秀”美在细腻、传神。公安宣传工作一个显著特点，就在于一个“气”字。新闻作品要有锐气、豪气、英雄气，读来能鼓士气、提志气、扬正气。所以，我们擅长用大手笔、大场景来揭示主题、展现工作、刻画人物，尽量写得“大鼻子大眼”一些、气势磅礴一些。然而，面对不同的受众对象，一套话语满足不了所有人，一个腔调难以唱遍天下。浓墨重彩可以写英雄，轻描淡写也可以写英雄。有些时候需要大开大合、字正腔圆，把“调门”起得高一些；有些时候又需要把“高语境”的东西“降准”处理，润物无声、以小胜大，让报道主体离老百姓更近一些。但更多的时候，要做好结合的文章。比如，针对大型主题报道，既要有展现全景工作的通讯、巡礼等宏观报道，也要有从不同角度采写的侧记、特写等微观报道。宏观报道当有大体量，写出气势和高度，发挥“力能扛鼎”的镇版效果。微观报道则需用平视视角，重点展示扣人心弦、动之以情的瞬间报道和细节报道，把新闻背后鲜为人知的场景、对话、事件一层层剥给受众看。两者相互配合、互为倚重，才能满足不同受众的阅读需求，从而达到“大珠小珠落玉盘”的效果。

五是“言之有理”与“言之有情”。所谓言之有理，一是有道理，二是有条理。古人讲：“言贵于有物，无物，非言也。”好稿子首先要“言之有理”，在事实和逻辑层面无懈可击，有说服力。工作中常见一些作者精于拽文炫技，稿子动辄辞藻堆砌，新词叠出，“块头”还不小，乍一看很“唬人”，却因内容的空洞贫乏让人没有再读下去的兴趣；还有的不顾行文逻辑，对素材进行漫无目的地堆砌，看似内容丰富，却没有明确而清晰的脉络，就像木材失去纹理一样，又散又乱。其实，无论媒体形态如何演进，逻辑精谨、说理深刻的稿件，依旧为媒体所倚重，依旧为读者所看重，依旧可以凭借内容优势赢得话语优势。当然，有理不在声高。如果只是概述现象讲道理，没有采访一线故事，很难得出有说服力的结论，也很难使读者可感、可信。特别是在新媒体语境下，要能说理、还要会抒情，稿子要有“精神”、还要有“表情”。只有源于生活、反映生活，说实话、新话，说老百姓的话，让报道鲜活起来，使之充满实情、真情，才能引起读者的心灵共鸣。

比如写人物，可以跳出履历式、程式化的写法，以具有故事性的内容、体现感染力的手法、富有人情味的细节进行写作，亲和力、吸引力和感染力就会增强；又如撰写工作通讯，多用平视视角，少用俯视命令；多用故事化叙述，少用工作化语言；多用细节场景，少作笼统概括；多用富有表现力的动词，少用形容词、副词；多用群众生产生活中经常使用的语汇，少用专业性术语、抽象概念，就可以实现“硬内容”的“软着陆”。特别要注意的是，“言之有情”是实事求是文风基础上的“有情”，不能因追求新颖巧妙而故弄玄虚，追求“纯朴乡土”而粗糙简陋，追求“诗情画意”而矫情造作，追求故事性而缺少思想性，追求“碎片化”而没有贯通呼应的“灵魂”。

六是“大题小作”与“小题大作”。确定新闻选题时常面临两难：大的选题不好做，不知从何下手；小的选题不愿做，不懂意义何在。如果懂得大题也可以小做，小题也可以大做，或许会是另一番天地。针对宏大主题，要想展现好，显然不能“眉毛胡子一把抓”，更不能“捡到篮子里的都是菜”，而是要化整为零、化整体为部分、化部分为要点、化要点为细节，从大处架构、小处落笔，以小切口、小故事，折射出大政策、大变化、大格局。以写大项工作综述为例，拿到素材不妨先做减法，简化核心内容，提炼出关键字词、核心概念、数据等，再合并同类项，确定文章结构，以此为框架找对应的场景、地域、人群、观点和事例，这些元素即是整篇稿子的切入点，将其连缀成文，写成一篇大稿不是件难事。

如果说“大题小作”是做减法、除法，“小题大作”则是做加法、乘法，是由小及大、由点到面、由具体到整体的层层递进。毕竟，小人物可以折射大精神，小事件可以反映大事件。我们关键要从平凡中看到非凡，从百姓情怀中把握时代高度，从人情冷暖中透视社会变迁。以写人物为例，只有用心挖掘和精心呈现，普通人身上也能呈现让人动容的精神之光。与很多“高大上”式的典型人物相比，它们或许没有身处极端情境甚至生死考验下迸发出的动人事迹和精神力量，但默默无闻、籍籍无名的生命境遇同样有书写价值。因为他们更有代表性和普遍性，能够激发“他就是我”式的感同身受的共鸣，毕竟凡人微光也是时代之光。

七是“厚积薄发”与“厚积速发”。俗话说，“巧妇难为无米之炊”。写稿好比烹饪，缺少充足新鲜的食材，是烧不出美味的。深入细致地采访调研、广泛搜罗相关资讯、占据尽可能多的一手资料，是一道少不了的工序。一定程度上讲，素材的厚度决定了稿件的厚度。然而，实际工作中，面对采集来的丰富“食材”，有的人摆布不当，详略不分，不懂得割舍，有用的、没用的统统“下锅”，本来要做“十八罗汉”，结果炖成了“大杂烩”；还有的在厨房里忙活半天，抱着菜谱反复掂量，愣是把“食材”晾得没了鲜味，出锅的东西自然也谈不上可口。所以，作为给新闻大餐“掌勺的”，面对新闻素材，我们要具备“厚积薄发”和“厚积速发”的功夫。所谓“厚积薄发”，就是要在海量的素材中去粗取精、去伪存真、博观约取，选用那些有利于我们表达的、适宜对外发布的、受众感兴趣的材料，并置于谋篇布局、遣词造句、标题制作、导语写作等各个环节进行提炼升华。其实，素材选取的过程，也是对选题深入思考的过程，从中区别主要和次要，分清主流和支流，把零散的认识系统化，把粗浅的认识深刻化，从而获得对文章谋篇布局更为准确的把握和处理。

“厚积薄发”体现了一种“精”，“厚积速发”则代表了一种“快”。新闻创作最终要靠稿子说话，素材再好，准备得再充分，写不出来也无济于事，写慢了而贻误发稿最佳时机，同样是件憾事。这就要求我们快速整理素材，加紧构思谋篇，一鼓作气，尽早成文，为通联刊发备下充足时间，做到“手中有稿心不慌”。当然，“速发”是建立在“时度效”基础上的快，不能为了抢独家、抢首发而不顾质量盲目求快。先声夺人是“快”，应急而动是“快”，乘势而为也是“快”。我们追求的是快得准、快得巧，在关键时一锤定音、在平淡中一鸣惊人。

八是“直抒己见”与“借嘴说话”。新闻报道要实现信息发布和传播，就要涉及话语表达角度的问题。是自己讲，还是让别人讲？这个关系要摆布得当。从认识论上看，我们要主动设置议题，引导舆论走向，把该说的事实讲透彻，把该谈的道理谈深入，把该讲的成绩讲到位，传播主旋律、弘扬正能量。从方法论上看，很多时候我们又不能一味地自己讲，要学会“借筒传声”，搭好舞台后适时把话筒交给他人，借助他人之口讲述他们眼中的发展变迁，使报道更加立体鲜活，进而增强报道的公信力和说服力。

比如，我们讲述典型事迹，可以从本系统中跳出来，从地方党委政府和群众的角度阐释典型的社会价值和时代意义，让典型由台前走向幕后，由“显性”转向“隐性”，由“简单直接”转向“踏雪无痕”，由“独家报道”转向“集体发声”。再比如消息写作，不见得都是干瘪简短的“豆腐块”，有时借用专家、学者口吻夹杂一两句点评，也会令稿件增色不少。又如通讯写作，引语使用是关键。专家有何认识？群众有何感受？党委政府有何评价等等，都可以有意识地在文中进行穿插，让稿件更加丰满、更有可读性。

九是“独当一面”与“威风八面”。对优秀的新闻报道员而言，“独当一面”是基本素质。“独当一面”，说到底，就是要有“两把刷子”，有看家本领和拿手绝活。所谓“专业的人干专业的事”，讲的就是这个道理。一个人只有把自己的特长充分发挥出来，使自己在某一个领域能够成为专家型人才，能够与团队成员实现长板与长板的整合，才能促进个人和团队更好地发展进步。然而，新的传播环境和舆论生态，对宣传报道员的履职能力提出了更高要求，想要“一招鲜吃遍天”已难以为继，往往“专业的事”倒逼着“不专业的人”变得专业。所以，打铁还需招招硬。特别是身处融媒体时代，报道员不能落伍，要树立“融理念”，适应一次采集多次加工、一个主题多层次呈现的报道策划模式，寻求同一选题的多角度挖掘、同一体裁的全媒体提炼、同一稿件的全媒体推送；要具备“融本领”，一肩挑起挖掘策划、拍摄写稿、媒体通联等各项工作，做到“十八般武艺”样样精通。

十是“团结鼓劲”与“斗争亮剑”。正面宣传与舆论引导，是新闻舆论工作的两手。工作中要坚持两手抓、两手硬。一方面，我们要坚持“团结稳定鼓劲、正面宣传为主”的方针，围绕中心、服务大局，聚焦基层、引领实战，着力在议题设置、提升传播效能、扩大网络声量、拓展宣传格局上下功夫，进一步做大、做强、做实、做活正面宣传，以正面声音引领多元多样多变的社情舆情。另一方面，我们要强化“守土有责、守土负责、守土尽责”意识，加强舆情特别是网络舆情的发现、研判、处置、回应，有理有力有节开展网上舆论斗争，及时发出权威声音，有效回应社会关切，提高舆情处置效能，牢牢掌控舆论引导主动权。

在媒体融合发展中淬炼真本事

王一明

“用得好是真本事。”习近平总书记曾勉励编辑、记者，大胆运用新技术、新机制、新模式，加快融合发展步伐，实现宣传效果最大化和最优化。新冠肺炎疫情发生以来，各级媒体在抗击疫情的报道中，融合淬炼“十八般武艺”，彰显了公信力权威性，加快了全媒体传播体系建设步伐，新媒体网络传播力得到大幅提升，新媒体编辑也有了展示真本事的广阔平台。下面，请走进一篇微信公众号文章的编辑幕后，看看小编们的真本事都包括什么吧！

学习积累，打好基础。干一行，钻一行。新媒体编辑如何尽快融入“环境”，关注行业大V、搜罗“对标”账号，每天浏览学习是必修课。比如，做政务新媒体，每天的大事要闻和新闻热点要知道，蒙着眼睛干只会日渐偏离中心，也很难把握发布导向、抓住读者眼球，亦不能满足粉丝期待。同时，编辑在日常生活和工作中要注重积累个人“素材库”，收集一些好的语句、海报、视频剪辑手法和视图编辑特效等，在之后的工作中，才能更好地选择使用，节省构思和搜索素材的时间，提高工作效率。

做好策划，强化质量。巧构思，勤策划，遵循“内容为王”做好文章选题，是提升文章质量和账号权重的好方法。在账号的定位构思上，注重对读者“有用”，服务于群众。比如，发布实用内容或者设置功能性菜单栏，让读者关注后有所得、有所感、有所悟，从而增加账号对粉丝的黏性；推文有情有品，一个能引发读者共鸣的好选题，也能更好地宣传主旨。而无论是自媒体、行业媒体还是政务官方账号，政治合格是前提，或发布咨询，或探究学术，或抒发情感……坚持弘扬社会正能量的大方向不能改变。

巧拟标题，引导关注。每天庞大的信息流之中，读者目光停留在一篇公众号文章的时间少得可怜。一个迟迟看不见关键词的标题早已在无形中损失80%的用户，哪怕内容再好，很多时候也是“无用功”。题好一半文。那些吸睛的新媒体标题往往提炼两三个要点，凝练成关键词在标题前置，既提高了读者碎片化阅读效率，也能够提高文章点击量。另外，结合时下热点事件运用“言外之意”的词语拟标题；利用与读者有关的“数字化”标题，刺激读者感官；标题巧设悬念，让人产生期待，勾起好奇心等，都是增加标题吸引力的方法。

顺势而为，展示重点。读者阅读新媒体文章更像吃“快餐”，很多人不爱主动思考，喜欢快速浏览。所以，当前一些主流媒体多运用短语句式，杜绝段落式长篇大论；尽量放大字体，营造阅读舒适感；标记重要语句，以提示阅读；尽量控制推文篇幅，删除冗余成分，力求精简。当前，网络用语有低龄化倾向，读者看新媒体越不费力、越开心刺激越好，而新媒体语言大多就是遵循这个社会心理而拟定的。因此，在内容展示上应多用简单句式，让读者在最短时间内捕捉到最大的信息量。同时，挑选最适合文章内容的图片，帮助读者更好地理解文章，一定程度缓解阅读疲劳。

融合创新，突出亮点。新媒体文章的视觉效果也是很重要的。编辑在排版时可以借助一些线上编辑器，既能节省时间又能提高效率，内有模板可套，也可创造版式增加文图美感，或加入特效强化互动性。编辑要掌握一定的图片处理技能，在图片调色、制作栏目图和海报等方面会经常用到，如人民日报、新华社在各节点推出的数据图和海报，赢得一片好评。图片太大还需要使用压缩工具、格式不适用需要用到转换软件等，融媒体时代的微信公众号文章文图视频样样具备，编辑有时还需要视频剪辑能力，在繁多的剪辑软件里，推荐使用主流软件，功能性强且素材通用范围广。

建立渠道，完善机制。当前，虽然微信公众号平台关注度整体在下降，但多数政务新媒体、行业媒体仍以其为新媒体宣传主阵地。所以，一方面在素材的征集上要建立稳定、优质渠道，不然则“巧妇难为无米之炊”；另一方面要建立良好的宣推渠道，积极与上级部门和相关媒体沟通，让更多平台看得到，从而转载报道或选用素材，增加行业曝光度和影响力。

如今，各级各部门广泛建立新媒体矩阵，工作中更多的是利用多平台融合互动。比如，借助抖音等短视频平台传播又快又广的性质，再次编辑微信公众号推文进行深度报道等，工作中也涉及策划、文编、美编等岗位技能。可见，做新媒体不能只关注一个平台，也不是一个人就能包揽。要做精做好，除了不断增强个人本领，还需要一个过硬的团队。

新媒体发展的速度很快，小编们也在各网络平台的更新迭代中摸爬滚打，在全媒体时代进步和媒体融合的发展中不断学习实践，为新时代党的新闻舆论工作贡献力量，让党的声音传得更开、传得更广、传得更深入。

雕琢一份热爱

刘一丹

人们常说，细节决定成败。当关注细节成为习惯，那么永远为了最大限度接近完美而努力，就会是常态。

报纸编辑工作就是这样，编辑过程中的每一个细节都需要进行细致的雕琢和打磨，直至完美。在参与十几期报纸的编辑工作之后，我发现要真正做到“雕琢”，并不是一件容易的事，它需要不骄不躁的耐心，需要精益求精的勤奋，更需要甘愿沉浸在文字海洋里的热爱。

“雕琢”需静。《大学》中说：“安而后能虑，虑而后能得。”只有心静时做出的思考，才会出现智慧的闪光。记得第一次参与校对工作时，当我拿到第一个版面，首先就被上面密密麻麻的字震撼了。我深吸一口气，开始认真校对。可是当第二个、第三个版面也放到我面前，我的心情逐渐焦躁起来，有时一篇文章读完，竟对文章的内容没有任何印象。然而，周围的前辈却都在凝神校对，笔尖随着视线滑过纸上的每一个字，办公室里十分安静。那时，我才突然意识到，我所面对的工作，是急不得、躁不得的。于是，我也试着让自己的心静下来，去专注于眼前的文字。这回，我才真正投入到工作中，一个版面细细阅读之后，我发现了几处“藏得很深”的错误，而时间竟已在不知不觉中过去了一个小时。这次校对之后，我才明白，所谓“雕琢”，需要一次次忘我的投入，一颗颗“两耳不听周围声”的宁静心灵。

“雕琢”更需勤。每件惊艳世人的雕塑作品，都不可能一蹴而就，报纸也是同样。版面美观又内容深刻的报纸出炉，需要的是前期的反复调整和打磨，在这个过程中，“勤”是必须具备的。我在报社工作的时间不久，却深刻感受到了“勤”字的分量。从开始选稿到最后付印，每篇稿件都至少要接受十几次逐字逐句的斟酌，面对稿件中一些知识性的内容，编辑老师们都会亲自查找核对。比如，在2021年2月23日报纸四版文章《警营花香》原稿中提到，西双版纳“地处亚热带气候区”，编辑老师在读到这里时“习惯性”地进行了核对，果然发现了错误——西双版纳是典型的热带气候，于是马上进行了修改。类似的事例还有许多，每一个小错误的发现，都让报纸的质量臻于完美，而这背后，是远离“差不多主义”，以及和自己“较劲”的勤勉和匠心。

“雕琢”最需爱。在做到“静”和“勤”之外，要想让编辑工作成为奋斗一生的事业，最需要的是发自内心的热爱。来到报社的第一天，聂社长对我说：“报社是一个非常单纯的集体，大家都有一份情怀。”直到我完全融入这里，才明白这句话的含义。每周两个出报夜，编辑老师们从未准时下班。下班时间到了，他们仍安静地坐在电脑前，对报纸内容做着最后的调整，加班到凌晨是常有的事。我想，在他们的心中，“下班时间”并不是一个确定的数字，什么时候报纸再也挑不出问题，什么时候才能放心地休息。每周一次评报会，聂社长的“养花喻编稿”、杨主任的“如何用新闻由头救活稿件”、于主任的“六束光释新闻体裁”等等，不同视角的见解，都让我心潮澎湃、久久深思。我想，这个集体之所以单纯，是因为大家志同道合，有文字作为一个天然的滤网，滤去了心机，滤去了城府，留下的只有那一份纯粹的热爱。正因这份热爱，才让辛苦的“雕琢”变得乐趣无穷。

“如切如磋，如琢如磨。”当热爱成为事业，于我来说，是莫大的幸运，而要将这份事业做好，我还有太多的东西需要去学。我将像老师们一样，以“静”和“勤”为刀斧，一字一句地将热爱雕琢成我最满意的模样。

运用多种体裁叠加宣传效应

于　雷

一个新闻事实发生了，最常见、最经常采用的新闻体裁是消息。消息是一种以简明的文字迅速及时地报道最新事实的短篇新闻宣传文书，常常被大家第一时间所想到和采用。但是，在新闻报道体裁的“大家庭”，不应只让一两种体裁占主角，理应“百家争鸣、百花齐放”。

多体裁、多视角地报道新闻事实，应是新闻媒体所大力倡导的，也是新闻工作者所积极追求和实践的。对于升华主题内容、丰富版面语言、提高出版质量，增强内容的传播力和可读性，以及提高新闻工作者采编能力素质都具有十分重要的意义。

就平面媒体而言，围绕一个新闻事实做文章，类似于光的发散性特点。如果把一个新闻事实比作一个光源，我们不妨看看，以它为中心可以发出多少束新闻体裁的光。

2020年12月1日，山东出入境边防检查总站在东营举行首届“百名队长、千名民警”全警实战大练兵比武竞赛，来自全省18个站级单位代表队的506名岗位尖兵闯进决赛，围绕边检业务、警务实战、后勤保障、应急处突等项目展开角逐。

我们把以上新闻事实看作一个光源，按照常规，发出的第一束光是消息，可在开幕或闭幕时快速成文发出，体现时效性。

第二束光，可以以此次比武为由头，写一篇反映山东边检总站开展全警实战大练兵的工作通讯。如果还想“条分缕析”，则可继续深入挖掘，采写全警实战大练兵过程中涌现出来的先进典型，可以是站级先进单位工作通讯，也可以是人物通讯。

第三束光，可以写一篇比武侧记，侧记其实是通讯的另一种表现形式。可截取比武过程中最富有特征的横断面，着墨若干个生动、感人的镜头，即着力点，用横的写法加以扩大描述和精雕细刻，适时插入总站近阶段甚至近年来，如何开展全警实战大练兵工作，取得哪些突出成效等背景内容。这样，一篇具体、鲜活、深刻的侧记便跃然纸上，使读者如临其境、如见其人、如闻其声。

第四束光，可在“短平快”上做文章，采写现场短新闻。现场短新闻是新闻体裁“十八般兵器”中的“微型武器”，是新闻体裁中的一枝奇葩。由于具有实景、实声、实情的感染力，深受广大读者欢迎。正因如此，现场短新闻是每个新闻工作者喜欢和经常运用的一种体裁。写作现场短新闻既要把握好新闻的要素，考虑到时效性、新闻性和文学性等方方面面，又要把握好反映和呈现新闻价值所在的关键点。这个点就像一个人的眼睛，也就是我们常说的“新闻眼”。就比武而言，可选取让人激动的比赛场景，如“惊险刺激”的对抗射击、武装越野等；也可选取让人感动的时机，比如颁奖时刻、为失败者做思想工作的场景等，写出一两篇现场短新闻。现场短新闻容易让人忽略，而你的“独出心裁”会让编辑眼前一亮，被采用的概率可能“弹无虚发”。

第五束光，是真正的光，就是比武期间精心拍照，赛后立即整理，找出最精彩的照片，或单张或组照，快速发出视觉新闻。如果你更有心，善于策划，可在大练兵伊始，就选定一个有特点、有故事的人，一直跟踪他（她）拍摄，直到他（她）或成功身披荣誉或失败眼含泪水走下赛场。这样一组闭环式的、有故事、有内容的新闻图片，无论编辑还是读者都会留下深刻印象。

第六束光，则要聚焦投射的影，即言论。比武竞赛的大幕落下，应立即总结盘点，思考成败得失。或透过比赛，剖析有特点的人、事或某种现象，找出思想观点发表议论，比如针对比赛中队员顽强拼搏的精神，或者一个单位崇尚胜利、珍惜荣誉、永争第一的作风，写出“一事一议”的小言论；也可以通过这次比武竞赛的启示，谈实战大练兵对加强队伍建设、提高履职能力的意义，写出大主题的大篇幅理论文章。

显而易见，多种体裁的新闻报道，让新闻宣传变得多彩多姿、春色满园。当然，报道一个新闻事实，不是说每种体裁都要运用，而是要根据实际，选择一二或三四，求得新闻价值与新闻体裁的最佳结合，从而叠加裂变出更大的宣传效应。所以，当我们面对一个新闻事实的时候，不妨让思维发散，从“光源”出发，统筹兼顾，精挑细选，集束发射，多点开花，定能生产出“金光闪闪”“璀璨夺目”的新闻产品。

如何写好现场短新闻

夏　飞

现场短新闻，可分为三个部分："现场""短""新闻"，要求现场感强、短小精悍、新闻价值高。

现场感强，即代入感强，让读者看后如置身其中，像是通过镜头回放观看现场真实情况。这就要求作者不断磨炼"脚力"，第一时间置身新闻现场；锤炼"眼力"，及时抓取现场场景、捕捉细节；磨炼"脑力"，注重提炼主题、精选画面；锤炼"笔力"，通过"蒙太奇"的手法将现场画面"剪辑"在一起，犹如制作一部"微电影"。

现场短新闻，主题一定要选好，通过小视角反映大主题、揭示新变化，鲜活地展现所要传达的主旨思想，用事实反映主题。

首先要选好角度。就像拍照一样，不一样的角度拍摄出来的画面肯定大不相同，要抓取最能吸引人的镜头，受众最感兴趣的画面。

其次是穿针引线。如何把这些画面巧妙地串起来，可以以时间先后为主线，也可以以逻辑关系来呈现，还可以通过"精彩前置"的方法，将最生动的画面放在最前面，引起读者兴趣，然后再讲述整个新闻事件。

再次是讲究方略。开门见山、直奔主题，以精彩的导语将读者带入现场，可以是现场情景描写、叙述、氛围烘托、人物对话、人物表情、人物动作等，也可以是作者提纲挈领的评论，可根据具体事件灵活转化。新闻事件主体部分，可通过点、面结合，生动描写、形象叙述结合，穿插直接引语、间接引语，要求画面真实细腻、情节生动有趣，人物形象栩栩如生、跃然纸上。

话不在多，意达则灵。现场短新闻贵在短小精悍，应努力做到短而精、短而活。善于去除“正确的废话”，确保概括准确、文字简洁、条理清晰，短的有力度，精的有亮点，用短短几百字讲述一个故事，揭示一种现象，阐释一个道理，便于读者快速阅读，引起共鸣。

现场短新闻还须具有较高新闻价值，即要满足时效性、接近性、显著性、重要性、趣味性等新闻价值的基本要素，无论这些要素强还是弱，前提是建立在真实性的基础之上。对于现场短新闻来说，时效性尤为重要，这是它的优势所在。此外，作者要不断增强“脚力、眼力、脑力、笔力”，确保新闻事件发生后第一时间呈现在读者眼前。

让人物鲜活起来

刘一丹

朱熹在《读书要三到》中说："读书有三到，谓心到，眼到，口到。三到之中，心到最急。心既到矣，眼口岂不到乎？"其实，写作亦如此，只有全身心投入，才能创作出有温度的作品。以新闻通讯中的人物刻画为例，一个鲜活立体的人物，一定能够让读者产生共情并留下深刻印象，这就要求作者学会"将心比心"，带着真情去创作。

新闻通讯里出现的人物是否真实而鲜活，有时决定了一篇新闻通讯是否成功。要想让笔下的人物真实立体，就要突出"人情味儿"，让人物活在现实里。

"在病危的母亲和紧急的工作面前，他毫不犹豫地选择了后者。"在先进典型新闻通讯中，我们有时会看到类似这样的表述。这很容易让读者产生疑惑：病危的母亲真的没能让主人公做选择时产生丝毫犹豫吗？英雄模范太超脱了，向英雄模范看齐太难了！毫无疑问，这样的报道是失败的，不仅没有让读者内心受到震撼，反而让典型的真实性受到质疑。出现这种情况，也许是采访不够充分，但更重要的原因是作者自己没有走近写作对象的内心。

"无情未必真豪杰，怜子如何不丈夫？"先进典型之所以伟大，不是因为他们在两难中"毫不犹豫"地选择尽忠职守，而是因为他们在经历过常人都会有的挣扎和犹豫后，做出了常人难以做出的选择。"七尺之躯已许国，再难许卿"的故事让人感动落泪，是因为读者首先对主人公内心的痛苦产生了共情，而后被他以国为重的抉择震撼心灵。因此，在写人物稿时，一定要让内心与笔下的人物同频共振，从平凡中见伟大。

在写人时，还需注意人物语言要接地气。我曾读到一篇有关党史学习教育的通讯，文中提到，一位父亲给孩子讲自己的入党故事时，“首先”“其次”“再次”贯穿，大量专业名词堆砌，让人很难看出是父子在交流，这位父亲的话更像是一篇公文。这样的情况很常见，很多作者为了提高站位，将一些本不应出现在日常对话中的内容强行加入，反而让人物形象显得虚假。要改变这种情况，就要求作者站在所描写的人物角度发声，也就是要做到接地气。

当然，接地气也要注意用词用语要适度。有一篇关于双警夫妻的稿件，文中提到，两个主人公刚认识时，男警在表达对警犬的喜爱之情时，对女警说：“以后我给警犬当‘爸爸’，你来当‘妈妈’。”如果不是有后续发展，这样的话语仔细琢磨，难免有“玩笑开过头”之嫌。也许在当时的情境下，结合人物的语气和表情，这样的“玩笑”看起来并无不妥，但当作者将这句话原封不动地搬到文章中时，读者便只能通过文字本身去想象人物的心理活动。因此，将日常语言引入文章固然接地气，但如果引用不当，也容易引起不必要的误会。

文章不是无情物，唯有真情最动人。让新闻通讯中的人物活起来，就要让笔下的人物说真话、动真情。只有这样，才能打动读者，才能真正让新闻宣传工作起到以高尚的精神塑造人、以优秀的作品鼓舞人的重要作用。

增强“四力”是新闻工作者永恒的进行曲

杨　林

增强脚力、眼力、脑力、笔力，是习近平总书记对新形势下宣传思想工作队伍建设提出的总要求，也是新闻宣传工作者履行好使命任务的必由之路。在此，笔者以《中国移民管理报》2021年春节期间刊发的多篇好稿佳作为例，谈一谈如何增强“四力”、努力谱写新闻宣传工作新篇章的认识和体会。

在深入基层中增强脚力

新闻不是在办公室里想出来的、闭门造出来的，而是一步步走出来的、一句句听出来的、一遍遍看出来的。只有深入基层，脚踏实地，才能采写出“沾泥土”“带露珠”“冒热气”的新闻作品。

大年初一二版头条刊发的组稿:《除夕，他们坚守岗位——一家不圆换来家国平安》，让我们跟随作者的脚步，仿佛身临其境听到《丹东港口：警笛声中送祝福》，闻到《马鞭洲岛：巡逻路上饭菜香》，看到《昆仑山口：执勤现场迎新春》，领略《龙江源头：为国守岁最幸福》的动人场景。倒头条《卫士顶风冒雪执勤：群众安心过大年》《民警“苦劝”伤愈秃鹫：草原蓝天是你家》组稿，同样是作者亲身经历走出来的佳作。一篇是作者冒雪深入中缅边境交界处的腾冲边检站自治分站执勤点的实地采访，让我们看到了坚守在3500多米海拔执勤点民警不怕苦累、坚守岗位的情怀和担当。另一篇是作者听说一只受伤的秃鹫被内蒙古白音都兰边境派出所及时救助，伤愈之后民警数次将其放飞却“赖”着不走求“圈养”的事情后，不惧路途遥远深入实地采访的一篇稿件，从这则幽默风趣的报道中，亦能让人感受到民警保护自然、热爱生活的情怀。

这些报道生动鲜活，让人对“脚下有泥，心中有光”有了直观而深刻的理解，充分认识到新闻宣传工作者只有深入基层一线，才能增强自己的脚力，才能及时抓住“活鱼”，充分挖掘新闻富矿，写出打动人心的精彩篇章。

在善于发现中增强眼力

作为新闻工作者，发现和了解情况应做到见微知著，努力练就一双能够发现问题、发现价值、发现真善美的慧眼。

大年初五三版头条刊发的《有年味更有战味——北京边检总站基层民警新春佳节坚守“第一国门”掠影》，让我们看到，万家团圆时，守卫首都国门一线的边检民警，如何度过一个别样的春节，听到他们“为首都平安付出再多也值得！”的铮铮誓言。大年初八头版头条刊发的《探访春节期间坚守云南边境一线的移民管理警察——团圆在岗位 幸福正此时》，作者真实记录了民警家属不远千里赶赴边疆与亲人共度佳节，在岗位上幸福团圆的感人情景，让人从中领悟到习近平总书记节日祝福金句“团聚最喜悦、团圆最幸福、团结最有力”的深刻道理。

干新闻，光有脚力是不够的，还必须有敏锐的眼力，必须有善于发现新闻的敏感性。正是通过这些不但身至，而且心至，用心观察、用情书写的好稿佳作，让我们读懂了“既见人之所见，亦见人之所未见”的独特魅力。

在思考谋划中增强脑力

在新闻宣传工作中，报道能否呈现时代特色和亮点，关键在于思考和谋划。新闻工作者应该努力做到解放思想、善于谋划，清晰观大势、谋全局、看长远，形成别具一格的工作新思路、新格局、新方法。

大年初八二版头条刊发的《深圳边检总站民警职工春节在岗干劲十足——“三牛”精神在鹏城口岸闪耀》，原来的稿子是篇反映三位民警节日期间坚守岗位、辛勤工作的组稿。编辑开动脑筋、认真思考后，认为这篇报道应该同习近平总书记春节前强调的“三牛”精神结合起来。而且，该总站民警黄平曾获评全国“最美基层民警”、全国移民管理机构首届“十大国门卫士”，是大家公认的吃苦耐劳的“老黄牛”。于是，编辑及时和作者联系，让作者调整报道角度，聚焦“三牛”精神谋篇布局。最终，作者选择了从花季少女到年近花甲，一直在执勤一线全心全意服务旅客的“孺子牛”吴燕霞；首创陆路口岸风险排查预警体系等快捷技战法，在数据研判领域耕耘的“拓荒牛”林聪；铆足牛劲加油干的“老黄牛”黄平，组成了这篇闪耀时代精神和思想光芒的报道。

而大年初八四版整版刊发的《伫立口岸，他们是写着忠诚的旗》这组报道，则是编辑、作者认真思考、精心谋划、完美呈现的精品力作。这组报道聚焦驻守在全国出入境业务量最大的海港、陆路、空港口岸的蛇口边检站、拱北边检站、上海机场边检站民警，分别以《大海扬波作和声》《灯火点亮濠江畔》《执着无声的守“沪”》为题，展现了他们越是万家灯火团圆时，越是守护平安作贡献的担当作为。

通过这些佳作，让我们认识到，作为一名新闻工作者，在采访报道中应该多动脑、多分析、多思考，对获取的第一手资料、掌握的各种事实信息仔细辨识和研判，去粗取精、沙里淘金、见璞识玉，这样才能直抵事物的本来面目，揭示事物特有的精神实质和内涵。

在抒写华章中增强笔力

“非凡脚力出眼力，勤想多思著华章。”只有用群众喜欢的方式、读得懂的文字，才能妙笔生花，推出有思想、有温度、有品质的作品。

大年初一三版整版刊发的《坚守，只为万家灯火更璀璨》组稿，都是作者现场所见所闻所感，有奋战缉毒岗位“毒品一日不绝，禁毒一刻不止”的响亮回答，有坚守雪域高原“战位有我，请祖国和人民放心”的庄严承诺，有奉献国门口岸“岗位在哪里，哪里就是家”的豪迈宣言。组稿通过思想提炼、情感升华，展示出“人人心中所有，人人笔下所无”的写作功夫，让人由衷感到，这些可亲可敬可爱的移民管理警察，都有一个共同的心声：为祖国和人民守岁，是最大的幸福和荣光。

春节期间刊发的《守得云开见珠峰》《马背上的除夕夜》《我为祖国守海岛》《大年三十，通宵达旦守国门》《矿区孤站，雪大路滑巡逻忙》等文章，都是作者踏遍坎坷、深思熟虑、饱含真情的心血之作，展现了移民管理警察苦不抱怨、难不畏惧、险不退缩、累而心安的崇高精神。因为这些佳作反映的是人迹罕至之处、艰辛不易之事，具有新闻素材的稀缺性和特殊性，收到了“文章本天成，妙手偶得之”的显著效果。

“四力”是有机联系、相互促进的整体，脚力是基础、眼力是关键、脑力是重点、笔力是目的。作为新闻宣传工作者，工作中的每一天每一刻，应该不是行走在基层一线的采访之路上，就是在谋划和构思着出彩的报道，或是在奋笔疾书崭新篇章。增强脚力、眼力、脑力、笔力，应该成为每一名新闻宣传工作者的自觉和习惯，成为驰而不息、久久为功、永恒的进行曲。

漫谈期刊的专题策划

于 雷

如果把一期杂志的制作出版视为建设一项系统工程，其中的一个或多个专题策划就是这个系统工程中的“四梁八柱”。一期杂志有没有专题策划，或者说专题策划质量的高低，直接影响到这期杂志好坏的评判。可以说，没有高质量的专题策划，就没有高质量的杂志，更不会产生精品杂志和大刊名刊。

专题策划可谓是杂志的生命和标志。2010 年，《人民论坛》杂志立足时代前沿，深入社会肌理，观察、传播社会脉动，依托“特别策划”栏目先后策划了“维稳，还有哪些新思维”“那些事关中国前途命运的重大战略问题”“援藏干部回归后的四个追问”“我们何时才能不弱势”等十大专题，反响巨大，直至影响上层决策，令 2010 年期刊界为之瞩目，《人民论坛》的形象、地位及经济效益也一下得到大幅度提升。

新闻界有一个观点，说是“新闻要做大，关键看策划”，虽然有争议，但也不是没道理。而期刊依靠报纸所不能比拟的内容上的无限深度、时效上的相对宽度和版面上的任意广度，无疑成为最适合策划的媒体之一。2019 年创刊以来，《中国出入境观察》杂志在专题策划方面作了很多尝试，“服务中心，贴近读者”“精品意识，精益求精”“每期必有专题策划”等工作原则，一直是编辑人员追求和坚守的目标，某一专题的诞生或者某一专题从头至尾的策划制作都凝聚着全体编辑人员的心智。

一分耕耘，一分收获，杂志也从中尝到了“甜头”。一些内容丰厚、新颖别致的专题策划为杂志增光添色，风格特色更加鲜明，影响力、知名度进一步扩大。2020 年第 7 期，反映深圳边检总站成立 70 周年的策划《壮志凌云七十载 鲲鹏展翅翱九霄》被中宣部评选为第五届“期刊主题宣传好文章”。

成功的专题策划不仅体现着杂志的办刊理念、编辑思想，更体现着编辑人员与作者携手互动、群策群力的团队精神。因此，《中国出入境观察》杂志些微的进步，不仅是编辑人员智慧的结晶和职业精神的体现，更是记者通讯员队伍热心关注、诚心支持、全心供稿的结果。一报一刊是全国移民管理机构宣传工作的主阵地，记者通讯员队伍也是《中国出入境观察》杂志的作者主力军，为杂志的发展出谋划策、提供线索、撰写稿件当是重要职责，积极参与、亲自制作专题策划更是义不容辞的责任。

杂志一直倡导和重视记者通讯员队伍的自主策划。编辑人员囿于一室，足不出户，难免有闭门造车、纸上谈兵之弊。而记者通讯员队伍，工作生活在基层一线，掌握着大量鲜活的素材，感同身受国门卫士的酸甜苦辣，具有独特的视角和价值观，所萌发的思路、所激发的灵感、所撰写的稿件，更贴近基层、更贴近民警、更贴近生活，这是编辑人员所没有的优势。

基层一线，新闻无处不在，人人可做编辑，策划不难成就。那么，记者通讯员队伍制作专题策划应注意哪些事项呢？

要注意把握主题的新鲜感。一报一刊是国家移民管理局党组的喉舌，因此，专题策划的立足点、落脚点必须服务于中心主业。围绕中心工作，贴近社会时势，关注热点焦点，注重新闻性，保持新鲜感，则是专题策划的前提。2020 年 10 月，正是国家移民管理系统第一届“十大国门卫士”评选活动如火如荼拉开大幕的时候，杂志多次策划“最美国门卫士”专题成波次刊出，为活动造势呐喊，加油助威，有力地配合了评选活动的宣传。庆祝中国共产党成立 100 周年，是国家 2021 年政治生活的一件大事，围绕此主题，杂志在第七期制作纪念特刊，分九大板块，从封面到内文着力精心策划呈现，页码达到了创刊以来最多的 132 页，内容涉及全国移民管理系统的党建成绩、老党员对党的无限常情、新党员对党的无限热爱等等，内容丰富，气氛热烈，不失为一次成功的策划。这两个策划都是紧紧围绕新闻事实，把与新闻事实相关的内容，深挖细掘，精挑细选，精心组合整理而成。

记者通讯员队伍要有“春江水暖鸭先知”的新闻敏感，将新闻触角伸展到各个角落。要密切结合本单位的新闻事件、新闻人物、新闻现象、热点问题来策划选题，努力做出新意。即使是老话题，也要挖掘新的亮点，从新的角度，用新的题材、新的形式予以解读。或者竭力揭示老事物在当前新形势、新背景下所具有的新意义，给读者以新启示。人性是趋“新”的，人们本能地会对新的事物给予更大的兴趣、更多的关注。比如，如果本单位今年恰逢成立50周年，能否从历史故事、工作成绩、关键人物等方面进行策划；如果本单位有人被评为“十大国门卫士”，能否组织一个关于他的成长历程、情感故事的专题策划，等等。

要注意拓展思维的纵深度。思维的纵深度好似专题策划的灵魂，就像一个人人格的高度取决于他灵魂的高度，一个专题策划是否成功也取决于它思维的厚度，亦即纵深度。特别是社会综合类杂志，纯粹靠市场生存，被认为是生存环境最为险恶的媒体形态，在杂志消费“相对昂贵”、杂志阅读习惯没有固化、不能和报纸比时效的不利形势下，如果不以纵深度吸引读者的关注，杂志将前途渺茫；如果不以纵深度掩盖周期长的不足，杂志将举步维艰。

杂志由于周期长、版面多，因而在报道和评述新闻事件方面有独特的优势。它可以在相对从容的条件下，对一个刚刚发生过的事件进行更为周密详尽的报道，更为深刻透彻的评述，更为多角度的分析观察，因而会带给读者更多的思考评判和更丰富的获得价值。如果说报纸是新闻纸，那么杂志就是观点纸、思想书、情感册，所以，专题策划可以让杂志的劣势变为优势。

一位期刊同仁曾说过一句很形象的话，一本杂志对读者产生的效果应如同让读者“跳起来摘桃子”。也就是说，杂志在迎合读者、为读者服务的同时，更需要以内容引导读者，预测问题发展变化要比读者领先一步，剖析问题前因后果要比读者站得高、看得远。如果专题策划的思维深度只能达到甚至还达不到读者的平均水平，那么，这个策划肯定会被读者不屑一顾。如果专题策划的思维深度能让大多数读者为之一振、回味无穷，觉得“人人心中有，个个笔下无”，那么这个专题策划就是成功的，就能大大提升杂志在读者心目中的影响力。国家移民管理局成立后这几年都发生了哪些变化？在国家移民管理机构工作幸福吗？什么是正确的幸福观？这些问题都可以在2020年第2期杂志所组织的

《战疫·迎春·团圆》专题策划中找到答案。第二期杂志的出版时间正值新春佳节，策划此专题，浅处说是反映一个小单位一个人的幸福，深处说则是反映整个部队的发展壮大、日新月异，从点到面，由表及里，有告白有思考，有高度有深度，全方位、立体式展现了全国移民管理机构从民警到单位，欣欣向荣、众志成城、阔步前进的风貌。

记者、通讯员必须跳出本单位来策划，从事物的个性中看到共性，从现象看到本质，从本单位发展的进程中看到前进的推动力，站在全总站、全国移民管理系统的高度审视本单位取得成绩的缘由，善于从本单位一个先进个人的身上思考群体全貌，做到一叶知秋，而不是一叶障目，能够化腐朽为神奇，“于无声处听惊雷”，成就专题策划的最高境界。一个专题策划的纵深度、文化含量和对读者的吸引力等情况如何，从一个侧面充分反映了策划者的文化素养和个性特征。一个文化层次高、掌握知识既专且博、有良好个性的策划者，策划出的选题往往都具有比较鲜明的个性，能够产生较强的轰动效应和对读者、单位具有较深远的影响力。突出的策划能力不是天生就有的，只要敢于发掘客观事物间的差异性、现象与本质的不一致性，发现其必然联系和本质；只要有意识地让思想插上翅膀，以创造性的想象为创新性的思维服务；只要和杂志编辑人员保持密切联系，知其所需，占据主动，有的放矢；只要勤奋学习，让自己具备合理的知识结构和活跃的灵感，就一定能够形成高深到位、卓尔不凡的策划思路。

要注意找准角度的切入点。比之于报纸，杂志是小众媒体，最明显的短板就是周期长、出版慢，而作为小众媒体的杂志，其最大的卖点、最宝贵的优点是“见识”，即杂志要有深刻独到的见解，要有看问题的新颖别致的角度。媒体界有位学者曾提出杂志三条竞争力原则：一、你有，别人没有。二、别人有，你的更好。三、别人的也好，你的角度更绝。最后的关键点就落在了看问题的角度上。

比较于新闻性和纵深度，角度的切入点在专题策划中看上去不是太显眼，但它往往对一个专题策划成败起着至关重要的作用。它就像诗歌创作中的“诗眼”。一首诗写得再长，如果没有诗眼，就是一堆语言垃圾。在专题策划诸多环节中，以何种视角看问题贯穿着对新闻事实不断寻找、透视、表现、挖掘和思考的全过程。如果说事件本身是一片风光迤逦的景区，那么视角则是这片景区的最佳观察点。因此，在专题策划中，视角虽是一个较小的概念，却有着“窥一斑而见全豹”的效果，是创新专题策划最基本、最重要的元素之一。苏轼在《题西林壁》中说“横看成岭侧成峰，远近高低各不同”，描写的就是角度问题：在同一座大山面前，因观察者的立场、角度不同，因此而产生的视觉差异也大相径庭。同样，对同一新闻事实，不同的媒体不同的记者在同一时期会做出不同的报道，有的精彩漂亮，有的相形见绌，这正是新闻视角的魅力。

从专题策划中，可以看到策划的角度主要包括三个方面：专题的立意角度——专题主题的选择；专题的选材角度——制作所用题材的选择视角；专题的表现角度——专题写作技法的运用。记者、通讯员要熟练掌握这三方面的含义，在日常实践中不断提高认知能力，加强比较判断，善于挖掘和捕捉表现新闻事实的角度，依托独特视角做出具有新闻价值和审美价值的好专题。

要站在全局高度找角度。所谓全局高度，也就是宏观高度和大局意识。著名记者艾丰有一句名言：“当记者要想总理想的事。”这就要求策划者具备宏观与全局的眼光，站在全总站、全国移民管理系统的高度看问题，学会用上级精神之矢来射基层工作实际之的，要善于把所掌握的专题素材放到部队大环境中去审视它的新闻价值。要发挥自己熟悉基层、熟悉身边的民警、熟悉戍边生活的优势，多从具体事例入手反映大主题。

要从以小见大中找角度。选择角度有一个大小的问题。角度，顾名思义就是一角，因此，在选择一个角度时，不能贪大求全，如角度选得太大，必然是新老材料掺杂，报道效果不佳。报道角度选择小一点，口子必然就窄，写起来就可以写得细一些，开掘得深一些。战争年代，兵马未动，粮草先行，突出后勤保障的重要性，和平年代，伙食问题看起来不那么起眼，但对民警思想稳定、战斗力提高依然非常重要，如从单位的伙食变化入手，做一个后勤保障大提升的专题，相信大有可为。

要从具有广泛共性的话题中选角度。所谓广泛共性的话题就是广大民警普遍关注的问题。单位出现的带有倾向性的思想动向，民警中一时议论最多的共性话题，常常是专题策划应选取的最佳话题。例如，2021 年杂志做过的“如何看待评功授奖？”“说说我的五年规划”等，都贴紧了实情，产生了好的效果。

要从新闻事实的特殊性中选取角度。在丰富多彩的戍边生活中，每个新闻事实都毫不例外地具有自己特殊的个性，紧紧抓住和围绕其鲜明的个性特征去报道，就能成为专题策划的新角度，做出的专题就会具有独特风格和韵味。例如，民警的婚恋问题一直是专题策划的“常客”，但大家关注的大都是民警找对象难问题，或者是两地分居问题，很少有人关注现在民警经营婚恋的经济成本问题。

要从分析比较中选取策划角度。策划实践表明，比较是识别客观事物、选择报道角度的行之有效的办法。就是现在同过去比，正面同反面比，先进同落后比，正确与错误比，此一事物与同类事物相比，此一人物与其他人物相比。通过研究、分析、比较，弄清哪些思想和角度是新鲜的，报道中尚未用过，从中筛选出最佳的独特的报道角度。如制作一个单位建站几十周年的专题，或者边境辖区经济发展变化的专题等，就可以借鉴此方法。

要从事物的侧面选取策划角度。不加选择千篇一律地从正面报道事物（人物），往往角度大、涉及面广，内容繁多而庞杂，很容易使专题显得臃肿、呆板，很难给读者留下印象。而选取一个侧面去组稿，角度小了，报道面窄了，材料相对集中，专题就显得精悍、活泼、可读性强。比如，我们关注民警的喜好也许很多，如果从民警的憎恶入笔，关注他们情感的另一面，就会获得更好的表现效果。

要注意增强形式的表现力。专题策划比一般的文章篇幅要长，分量要重，在一本杂志的内容分配中占据重要位置。制作完成一个好的专题策划，如同完成一项庞大的系统工程。一个专题策划要让读者产生阅读快感，产生深刻印象，不仅需要有好的主题，还必须有好的文本制作。文本制作包括标题、结构和设计等环节。一个策划者，不仅要对内容主题负责，也要积极参与文本制作，因为策划者最熟悉专题的内容，最终以何种形式展示给读者，最有发言权。现在，杂志越来越重视外在形式的包装与制作，文看题，书看皮，包装与制作得标新立异，就能吸引读者，就能增加卖点，进而产生经济效益。

好的标题，是一个专题策划成功的重要标志之一。标题是吸引读者注意力的重要因素，如果专题的标题给人以文本游离、内容涣散的感觉，那就会让读者丈二和尚摸不着头脑。专题的标题一定要突出与主题相关的字眼，要大气张扬，要抑扬有力，不能太虚，不能拗口。为配合6·26国际禁毒日，《中国出入境观察》杂志在2021年第六期策划了禁毒专题，分“综述”“影像”“钩沉”“揭秘”等5大板块，内容或短促有力，或磅礴大气，让人过目难忘。

几乎每个专题策划都有导语，甚至有两三个导语。导语的作用非常重要，对整个专题的主题起到提纲挈领的作用，对整个专题的设计起到画龙点睛的作用。策划者一定要重视导语的制作，这也是打动编辑的重要因素。导语的写法比较灵活，可以是整个专题的内容提要，可以是专题主题的高度提练，可以是专题中的题眼或者主人公闪光的话，也可以站在编辑的角度写成“编者按”，等等。文无定法，给杂志写稿讲究灵活自由，不拘一格。有人曾作过形象的比喻，说是报纸的文章是要一本正经地写，杂志的文章则可以笑着写；报纸的文章要穿着常服或礼服来写，杂志的文章则可以穿着休闲服、短裤背心甚至一丝不挂地写。

读图时代的到来，使图片具有促进快速阅读功能、印证事实功能、卖点功能、品质提升功能等。运用恰当的图片，可以制造出良好的视觉表达效果，可以强化版面的立体感，达到增强内容魅力、形成卖点的效果。现在，图片发挥的作用，在专题策划中越来越凸显。读者翻开一本杂志，最先入目、首先关注的就是图片和标题。一个成功的专题策划应该是文编和美编完美合作的产物。记者、通讯员在策划专题的时候，不仅仅担当文字编辑的职责，也应承担美编的职责。要把自己占有的能表现主题内容的图片或者设计思路同时提供给美编参考，让优美的图片和设计理念对文字形成呼应和烘托补充，起到“尽在不言中”“不着一字，尽得风流”的奇妙效果。

一个专题策划的结构包括很多元素，除了标题和图片，还包括板块分布、导语制作、相关链接、题头设计等环节。在版面允许的前提下，与主题相关的内容越丰富越好，记者、通讯员需要做一个有心人，在策划期间要认真收集和整理相关的短小精悍的新闻点或者知识点，提供给编辑。一来服务主题，二来在版式设计上，用之穿插点缀，避免出现冗长的大块文字，活跃外在形式，消除读者视觉和大脑受纳的疲劳。

没有策划就没有深度，更谈不上精品，已经成为新闻界的公识。策划之妙，存乎一心；策划之效，胜过黄金。《中国出入境观察》杂志愿为作者提供一片广阔无垠的天地，盼望着作者天马行空，自由驰骋，才智尽现，做强策划，享受宣传，创造出一个又一个有新意、有影响、有战斗力的专题策划。

对话光影

纪实摄影对新时代移民管理警察的叙事价值

邓书山

纪实摄影是以记录生活现实为主要诉求的摄影方式，具有独特的“在场”与“再现”功能，其基本要求就是真实地反映客观现实，这就是纪实摄影的客观性表现。当前，中国正处在高速发展、不断变革的新时代，纪实摄影凭借着形象直观、便捷快速的记录特性，越来越多地起到展示中国良好形象、人民美好生活的作用，也将具有越来越重要的作用和价值。因此，通过纪实摄影的独有视角，极具视觉冲击力的瞬间抓取记录能力，把新时代移民管理警察戍边守国、勇毅前行的故事形象直观地记录下来有着十分重要的意义。

纪实摄影对一支队伍历代沿革的历史意义

著名摄影家布列松曾说：“当照相机快门按下的那一刹那，照片上的影像便进入了历史的领域。照片的瞬间既是拍摄的瞬间，也是历史的瞬间。”

人类实现资讯可视的基础，是摄影的纪实属性。记录真实，成为摄影本体特性之一，摄影起到了“有图有真相”的实证作用。摄影以其具有的准确记录视觉世界的能力，对现实世界进行“复制”或“转载”得出的视觉信息，就应该是真实客观的。而公安边防历代改革变迁的照片，无疑可以成为诠释见证我国新一代移民管理警察“从哪里来，要到哪里去”，反映历史变迁的图像档案文献，在社会传播、文化交流、历史展现等方面发挥重要的见证作用。例如，1950年1月24日，毛泽东主席赴苏联访问途经满洲里口岸，边防检查员在口岸验证的图像；20世纪60年代，广东边防查获的乘船偷渡逃港事件系列图片；1992年1月19日，邓小平同志在广东省、深圳市领导的陪同下，来到深圳皇岗口岸视察，时任皇岗边防检查站站长熊长根向小平同志汇报口岸建设情况的图片；1997 年 7 月 1 日零时驻中英街的边防哨兵见证香港警察更换帽徽等纪实图片；影像记录香港回归 20 周年，1999 年 1 月 15 日，《港澳居民往来内地通行证》正式启用，广州出入境边防检查总站在广州地区所属开放口岸配备新证检查设备，并开辟《通行证》专用通道，方便港澳居民入出境。邓书山用影像记录了第一个香港居民持新证从广九直通车站入境的情景。这些作品无不反映着每个时期的边防印记。

以上所说的摄影作品，主要展现了摄影作品的纪实性特征，因此这种纪实摄影特征成为了记载现实生活的有效载体。一般来说，纪实摄影作品主要取材于日常工作生活，在日常中发现、挖掘具有价值的素材，用镜头去关注那些可能被我们遗忘的，被生活遗忘的瞬间，并把他们定格为永恒的画面。另一方面也反映出了社会的真实状态，纪实摄影作品能够保存历史的痕迹和真实的生活写照，能够见证整个社会的发展。不仅如此，纪实摄影具有一定程度的艺术表现力，从而用摄影的力量影响社会。例如，上个世纪 90 年代解海龙的代表作《大眼睛的小姑娘》，这张经典摄影作品，改变了千百万贫困失学孩子的生存状况，堪称中国最重要的纪实摄影作品之一。这幅作品已经成为了希望工程最具代表性的标志，这就是影像带来的任何语言都难以取代的强大力量。

纪实摄影对移民警察典型故事的叙事价值

在我们的边境线上，每天都有无数的感人故事在上演，而怎么直观记录下在边境线上与孤独作斗争，与危险做较量的典型故事和典型人物，纪实摄影中的叙事价值便可在此发挥至关重要的意义和作用。

因此，纪实摄影对国家移民管理局在全力防范化解政治安全风险，深入开展专项治理和专项斗争，持续深化移民管理服务改革，锻造“四个铁一般”过硬移民管理队伍的典型故事，具有非常重要的叙事价值。通过有态度、有温度、有高度的纪实摄影作品，做新时代移民管理工作的记录者，展示国家移民管理警察形象，讴歌一个又一个如“十大国门卫士”的典型人物，把国门卫士的奋斗过程真实地记录下来，用摄影语言把他们的战斗故事展示出来，用摄影艺术反映中国边检现实生活是十分重要的工作。

我们主张不只是对单一事件忠实地记录，而是通过一系列的国门口岸、边疆边境执勤工作，真实反映现实状况，用“第三只眼睛”发现挖掘固边守国的动人事迹，创作更多接地气、沾泥土、有特色、有温度，思想性、艺术性相统一的优秀摄影作品。这些作品还要具有强烈时代感、社会性和人文情怀，才能体现新时代移民管理警察体制变迁的珍贵人文影像、图像文献，让后人能够“看见”中国边防、边检在一个大发展、大变革时代的人文精神和体制变化，作品具有特定的历史意义和价值。

纪实摄影所展示的作品如果想成为艺术，就必须要体现人文情怀，还要反映人的本质力量，在一定程度上与人的精神世界和社会思潮相契合。不管是在单幅照片中还是在组照中，一个影像的成功与否同作品是否具有深刻的形象有着密切的联系。在摄影的过程中，形象是通过可视图像来体现的，不是任何的图像都称之为艺术形象，有的图像仅仅是一种传递信息的符号，其本身并不具有审美价值。所以，在日常的摄影过程中还要做到，将自己的情感投射到被拍摄的对象上，使其具有一定的现实意义。

纪实摄影对移民管理职业精神的决定瞬间

中国纪实摄影发展 30 年，走过辉煌的历程。中国摄影“为人民留影、为百姓写真”的主张，具有积极意义。进入新时代，社会生活更加多元化，丰富繁杂，当代摄影的形态也越发异彩纷呈、多元多样。挖掘和发现新时代宏大题材中的感人故事，拍摄表达真诚情感，能打动人心的作品进行广泛传播，彰显摄影的力量，成为新时代纪实摄影的重任。

2020 年以来，全球先后爆发新冠肺炎疫情，让人类面临最严重的全球公共卫生突发事件。新冠肺炎疫情发生后，全国移民管理警察在边境一线，严密巡查封控，保持最高等级防控，坚决把疫情防在一线、堵在境外。在这场人类与病毒抗争的战斗中，摄影工作者以“不让历史留下空白“的担当，记录真相、讴歌真情、鼓舞士气、凝聚警心。有的深入到边疆边境和大型口岸，与全国移民管理警察抗击疫情的第一线，用镜头记录不平常时刻的暖人瞬间；有的深入口岸执勤融离区，捕捉有情节、有视觉冲击力的动人故事……

2020 人民公安战“疫”摄影作品征集入展作品《日以继夜》作者摄影师

邓书山，前往广州最南端的龙穴岛，与驻守南沙边检站守岛执勤民警在防控新冠肺炎疫情最前线，并创作了此作品。他的《国门“铠甲”》组照还荣获广东省职工摄影大赛“中国梦 劳动美——我心向党”一等奖，讲述了首都国际机场作为外放疫情输入的主战场，边检民警们身穿密不透风的防护服，24 小时穿梭在机场 100 多个机位之间登机检查，直观反映了他们不是生而不畏，只是选择负重前行的奉献精神。而这种特殊时期下的边检纪实照片，也必定会载人新时代移民管理事业的史册。

除了抗疫纪实摄影外，在云南西双版纳支队，一线民警一连串的工作接踵而至，打击电信诈骗、摸排“三非”、边境巡逻、走访社区、深山救援，在西藏、新疆边境踏雪巡边、援助受困群众的纪实照片，也生动反映出了移民管理警察“忠诚为民、担当奉献、专业文明、公正廉洁”的职业精神。2021 年 3 月，一场沙尘暴席卷中国北方，内蒙古出入境边防检查总站新巴尔虎右旗边境管理大队阿尔山边境派出所民警，顶着 11 级大风、零下 15 摄氏度的低温天气中，刨雪挖沙，奋战两个小时，成功救出被风雪困住的老人。老人得救后，开心地跟民警一起合影，合影中民警身上裹着一层厚厚的黄沙，网友都直呼“这是刚刚出土的警察！”很快，这张“民警暴风雪和沙尘暴中救人后变成碉堡”的照片在网上传开，各大媒体转载，也真实反映了我们移民管理警察常年身处恶劣环境，却始终不畏艰险，不图回报，始终履职尽责，担当作为，为边境辖区和人民群众安全作出了很多不为人知的奉献。

摄影作为记录当下，反映现实最直观形象的视觉媒介，发挥了积极的宣传作用。全国移民管理警察摄影工作者用镜头记录和见证了这一伟大时刻。全国移民管理文联摄影专业委员会要求：摄影会员要自觉肩负起新时代赋予的使命，用作品体现摄影艺术不可替代的价值，不断提高作品的精神高度、文化内涵、艺术价值，进而揭示当代移民管理警察精神。

纪实摄影作为见证时代变迁的媒介，几乎从未缺席过任何重大节点、重要事件的形象化传播。因此，把握新时代移民管理警察的生活奋斗过程的典型故事，一个优秀的新闻干事、摄影师，要随时深入现场做记录，可能是救灾一线，可能是冲突现场，也可能是缉毒缉私现场，深入现场，及时抓住属于纪实摄影的

“决定性瞬间”，带给读者内容和形式兼具的图片。

而纪实摄影的目的就是要对真实的世界予以真实地表现从而引起人们的关注，并对其产生一定的觉悟，同时还将一些具有特性的文化进行记录，留下最为宝贵的财富。所以，在今后的摄影实践中，我们应该重视纪实摄影所表现出的社会现实，体现出的人文情怀等，进而对当前所处的社会环境表达自己的看法，最终推动社会的进步。

对摄影工作的几点体会

邓木流

对于摄影，许多人的感觉不就是照相吗？说对了。摄影的确就是通过照相机来拍摄我们生活中的点点滴滴。但是，从更深层次的角度来说，它也不是简单的照相，它是通过构思、策划并用相机把我们日常生活中的一些事情表现出来，这就是对摄影的简单理解。

要做好摄影，个人认为应该从以下几方面着手。

一是要多实践，从熟悉照相机的功能做起，并通过不断实践掌握摄影技巧。俗话说，基础不牢地动山摇。摄影是实践艺术，必须通过大量的实践打下扎实基础。不实践无摄影。一句话：摄影不是说的活而是干的活。当你拿起一台照相机，你首先要做的是了解照相机的功能，熟悉其中的设置，并在平时多使用、多练习，扎扎实实打好基础。对照相机有了基本的了解后，就要多实践，特别是要敢于使用“手动模式”来拍摄！从简单的横平竖直，到有意识地培养自己在实践中学习摄影构图。在实践中可多参考别人成功的构图经验进行模仿学习，提高摄影技巧。我们有的人在接受一项拍摄任务时“信心满满”，一到拍摄现场就“手发软”。造成个中原因就是因为技术不过硬，基础不扎实，当压力出现时，往往不知所措，被现场的气氛“吓到”。所以，在摄影的路上，没有一蹴而就的事情，成功的好作品往往是经过千锤百炼的反复实践取得的，这里面需要我们不断地去实践，不断地去摸索、构思以及创新。

二是了解和掌握摄影用光技巧。我们都知道，摄影是用光的艺术，许许多多的摄影大师，他的绝大多数摄影作品的光影效果都是比较独具特色的。也许大家也会觉得，光不是天天都有吗？是的，光无处不在。但是，对光的了解大家知道多少呢？室内光？室外光？顺光、逆光等等，一张照片在顺光时拍摄和逆光时拍摄，它的效果差距是很大的！所以，摄影用光不是那么简单的。当然，它也不是不可以掌握的，光可以通过实践认识、掌握。假如我们接到一个拍摄任务，首先我们要想到的就是这个拍摄现场在哪？是室内还是室外？是白天还是晚上？如果是在白天，就要了解工作现场太阳所在的方向，根据现场光线照射的强弱，判断光的走向，即是顺光还是逆光。如果在室内，所在现场空间的大小、室内的高低、灯光效果等等都要算计、考量。准备工作做足了，拍摄工作就顺利了。又如，在拍摄日出或者日落时，要选择好时间，千万别错过创作黄金时间。日出或者日落摄影创作都有黄金时间：一是日出时，即太阳出来的前后20分钟；二是日落时，即太阳落山的前后20分钟。因此，要想拍摄到心仪的照片，除了事先对你需要拍摄的场景、周边的环境条件等要有深入了解外，拍摄的时间也要尽可能提前，留足富裕的时间，勘察地形地貌并试拍样片，以便确认最佳的取景地点与角度。

三是以生活为主体，认真研究摄影技术，创作出好的作品。从照片到摄影作品是一个飞跃发展的过程。一张（组）好的作品，它跟我们作文章一样有主题，有中心思想，等等。大师说过，不是你拍得不好而是你离得不够近！这里的“近”，应该包含两方面的含义：一是要求摄影人要走进生活，走到基层一线去，近距离发现和挖掘素材。基层工作中的照片来源是最丰富多彩的，也是自己最熟悉的。许多典型的人和事本来就存在于我们的生活、工作中。因此，我们的镜头要多对准自己的同事，花心思把他们拍摄好、宣传好。二是拍摄的照片离表现中心内容还有差距，还没有达到“出彩”的高度。因此，我们在进行摄影创作中，一定要做到深入生活，注意多观察，善于在平凡的工作中发现有价值的素材。照片的精彩与否完全取决于你选材角度。这就要求你所观察与构思的角度要达到“想别人未所想”，以超常规思维和独特的角度，把平凡事变成有特点的事，把普通题材挖掘为有深度的题材。通过瞬间的拍摄，生动地展现生活的美好、乐趣，以吸引更多的关注，引起社会的共鸣。摄影是一项长期实践的工作，也是一个积累的过程，不要有浮躁心理，不要有一朝成名的急躁情绪。目前，社会上不缺摄影人！只缺能坚持拍摄的人！什么时候你把东西拍到了极至，你的作品就是最好的！

四是注意安全。一要注意人身安全。在拍摄中，当你全身心投入时，往往会对身边的一切“忘乎所以”，忽视所处的环境，稍不留神就会容易造成跌伤、摔伤。这是摄影工作的大忌，也是常常发生的事情，轻则小伤小痛，重则危及生命。因此，在摄影时，一定要多加小心，防止各种事故的发生。人身安全了，才能确保拍摄任务完成。二要注意器材安全。外出摄影活动，经常会多带一些摄影器材，有时过于专注，往往忽视身边的财物。所以，在一切的摄影活动中，特别是担负重要专题、重大题材活动的拍摄，要保护好器材安全，做到不丢失、不受损。器材安全也是能否高质量完成拍摄任务的重要保证！

从“三个效应”浅析无人机航拍在新时期公安宣传中的应用价值

钱 程

近年来，随着民用无人机行业的发展，航拍越来越广泛地应用于新闻报道、纪录片、专题片、城市宣传片和行业宣传片等领域。其最大优势在于突破了场景和景深局限，通过构建宏阔的视觉空间、丰富的叙事语言及摄影师的艺术创造能力，为观者铺陈出一个与众不同的世界，拓展了人们看待事物的角度，从而引发新思考。在公安宣传领域，无人机航拍凭借其独特的视觉呈现效果和叙事语言展现出普通相机无法替代的显著优势，对人民公安形象的塑造具有重要推动作用，为新时期公安宣传工作创新提供了更多可能。下面，我从社会效应、传播效应、艺术效应三个方面，和大家分享下我从事公安宣传航拍工作中收获的一些经验和见解。

一、无人机航拍在新闻领域的发展及应用

随着无人机航拍技术的快速发展和广泛应用，航拍迅速成为各大媒体的宠儿。作为新闻现场的“空中目击者”，无人机成为新闻报道的一大利器，并展现出巨大的活力与潜力。2015 年被认为是无人机新闻的元年，一方面互联网巨头谷歌、亚马逊、脸书等都宣布进入无人机研发领域；另一方面，美联社、CNN、《纽约时报》《华盛顿邮报》等十余家新闻机构都表示将使用无人机进行航拍、采集图片等。在我国，同年 6 月，新华网组建无人机编队，成为国内第一个无人

机新闻项目；同样在6月，搜狐新闻无人机频道在搜狐网和搜狐新闻APP同时上线，这标志着我国门户网站第一个无人机频道成立。

当前，使用无人机航拍也已经成为主流媒体采集新闻素材的重要手段。其具有视角独特、低成本、易携带、时效性强、保证记者安全、不受空间限制等特点，这些特有的优势为新闻生产带来巨大变革。在2015年8月天津港爆炸事件中，记者通过操控无人机进入爆炸核心区域，拍摄到了大量爆炸现场的新闻视频和图片，既保证了自身安全，又高质量完成了拍摄任务，给观者带来极大的视觉震撼，展现了无人机航拍用于新闻报道的安全、便捷、直观等显著特性。近年来，以大疆为代表的小型无人机迅猛发展，一批以《航拍中国》《港珠澳大桥》《飞阅齐鲁》为代表的优秀航拍纪录片陆续问世，奠定了航拍在影视创作中的优势地位。2018年，南方周末推出大型航拍报道《航拍边境》，通过拍摄我国西南边境的风土人情和军队故事，彰显戍边军人的使命与担当，引发强烈社会反响。此外，在庆祝新中国成立70周年、建党百年庆祝活动等大型活动中，无人机航拍通过空中视角宏伟展现党和国家事业取得的伟大成就，取得了良好的传播效果，激发起民众的爱党爱国热情。

在公安宣传工作领域，无人机航拍的优势更加凸显，其对人民警察队伍形象的塑造具有不可替代的重要作用和实践意义。特别是一些突发事件，如抢险救灾、打击犯罪、巡逻执勤、比武竞赛、各类纪念活动等实际工作场景中，运用无人机视角可以多维度、立体化呈现较为宏大壮观的场景，更好地展现人民公安纪律严明、英勇善战的公安铁军形象，为观者带来强烈视觉震撼，达到正面宣传的目的。

二、无人机航拍用于公安宣传的“三大效应”

激发社会共识，释放社会效应。无人机航拍的视觉影像较普通相机更具感染力和运动感，它通过运用宏观与微观相结合的视角，以及音乐和特效的辅助叙事，对人民公安形象进行塑造和强化，使观众产生强烈的视觉记忆，激发民众的民族自豪感认同感，从而达到一定的社会效应。

2020年，山东边检总站在东营举办“百名队长 千名民警”全警实战大练兵活动。在拍摄工作任务中，我综合运用照相机和无人机两种设备并充分发挥各自的优势，既用传统相机的微观视角真实展现比武队员应用射击、警务实战、突发事件处置等多项特种技能，又借助无人机的“上帝视角”宏观立体地展现了整个比武竞赛精彩激烈的竞技过程。最终，呈现出来的作品融高空俯拍、近景抓取于一体，再借助新媒体加工包装形式，通过国内主流媒体刊发后引起观者强烈反响。读者在文章评论区写下“场景宏大、视觉震撼、细节真实，向移民管理警察致敬！”的评论，塑造出公安队伍英勇善战的良好形象，产生了良好的社会效应。

在民众民族意识崛起的当下，增强宣传的社会促进效应是新时代公安宣传工作面临的重要课题。无人机用航拍的“小镜头”为公安形象的“大塑造”提供了新思路。因此，作为一名新时代公安宣传工作者，需要肩负起应有社会责任，通过不断的技术创新，拓展表现空间、丰富叙述语言，强化公安正面形象塑造，通过无人机航拍架起一座通往民心的桥梁。

发挥融媒作用，扩大传播效应。无人机航拍用于公安宣传的传播效应，主要指融媒体背景下航拍在公安宣传中的创新应用，突出表现在短视频创作等新兴传播方式的助推作用，促进受众对信息的主动接收和自主传播。

2016 年，在中老缅泰湄公河联合巡逻执法五周年巡航活动中，我有幸参与活动并借助无人机实地跟拍了整个巡航过程。拍摄期间，我克服船舶航行的复杂起降环境，凭借熟练的飞行技术，通过无人机航拍镜头，宏观记录下了湄公河两岸独特的自然风貌以及巡航水域险峻的执法环境，也生动记录了公安执法队员巡航过程的艰苦。制作的短视频作为首个记录湄公河巡航的短视频航拍作品，通过新媒体平台发布后，点击量达到 150 万 +，取得了较好的传播效果。

纵观当下，“文字 + 图片”的模式仍是信息传播的主流，但受众容易出现审美疲劳，内容容易出现同质化。而无人机航拍为公安宣传提供了“影音结合”的崭新视角，尤其是短视频的创作与应用，通过借助抖音、快手、微信视频号等短视频平台的广泛传播效应，以其即时性、高度还原性和显著的移动性、渗透性等特征，突破了传统媒介平台的局限，增强了受众身临其境的情境体验，已经成为新时期青年受众群体获取新闻信息的主要途径，共鸣效应和主动传播力更强。

展示美丽中国，增强艺术效应。无人机航拍用于公安宣传的艺术效应，主要指摄影师通过自身的艺术创作能力，构建独具一格的叙事结构和审美体系，使作品具有视觉多样性和艺术感染力，带给观者心灵的触动和美的享受，从而推动摄影艺术及行业的发展。

《航拍中国》就是一部以全航拍视角完成拍摄的自然人文类纪录片佳作，它通过对我们熟悉的环境进行航拍视角的重塑和再造，创造了一种中国式审美范式，将航拍的美学特征提升到新高度，完成了美学视域下中国形象的构建。2019 年，我跟随山东边检总站医疗服务队赴广西壮族自治区三江侗族自治县开展义诊巡诊活动。在此次宣传任务中，我积极探索创新航拍的美学表现，将精准扶贫的实践成果与当地独特的自然人文景观相结合进行创作。其间，我利用航拍技术真实而又生动地记录下了医疗巡诊队员置身于大片农田、茶山之中，用脚步丈量大地，攀山越岭为群众送医送药的艰辛；记录下了当地群众在危房改造后的山区新房上，用瓦片拼成“幸福”二字时的喜悦与自豪；记录下了当地交通建设的成果，铁路和公路像一张巨网延伸到座座群山之中，将每户村落连通到外界……创作的作品淋漓尽致地表达出脱贫群众对美好生活的憧憬和热爱，这种无声的震撼和审美的享受，激发起人们对祖国繁荣昌盛和美好新生活的强烈共鸣。

无人机航拍摄影具有无限的创作可能性，需要摄影师不断学习借鉴，不断探索实践，提升审美水平，将公安宣传的纪实性和艺术性相结合，不断拍摄出真正打动观者心灵的佳作。

无人机航拍用于公安宣传工作的社会、传播、艺术三大效应，互相贯通、互相作用、互相影响，共同构成了航拍的表现优势和传播优势。优秀的公安宣传航拍作品应兼具三种效应，塑造更真实、更饱满、更高大的新时代人民公安形象。

三、无人机航拍用于公安宣传的启示

我自 2016 年起开始探索无人机航拍在公安宣传中的实践运用，先后考取了中国航空器拥有者及驾驶员协会颁发的 AOPA 无人机驾驶合格证和公安部警用航空器无人机驾驶证书。先后在新疆、西藏、黑龙江、云南、广东、广西、福建等地参与边防边境区域重大活动的新闻宣传航拍工作，累计飞行 128 小时，创作了一系列反映祖国建设发展成就和展现新时期公安形象的航拍作品。部分作品通过融媒体平台取得了良好传播效果，获得了多项国家级、省级摄影奖项。

基于多年实践和创新，我认为，无人机航拍具有全景式摄影、抓取式摄影、影音结合的视频形式及纪录片叙事等多种应用场景，不同的叙事角度为观众带来不一样的视觉体验和情感触动。可以说，新时期的公安宣传需要越来越多的无人机飞手参与到无人机航拍工作中“大显身手”。

首先，无人机航拍为公安宣传报道提供新视角。它能够突破自然地理环境的局限，在保障摄影师人身安全的同时，摄取全景式、立体化的新闻画面，高质量完成拍摄任务。其次，无人机航拍是媒体传播突围的新利器。它通过具有新奇感的航拍视角引发受众主动传播行为，是融媒体传播时代的新方向。第三，无人机航拍是公安文化建设的新手段，是将科技、摄影和宣传融合发展的新探索，具有创新性和探索实践意义。

随着无人机航拍技术的不断成熟，其轻型化、便捷性、稳定性和超高清等优势日益凸显出来，为公安宣传工作带来了新气象、新思考、新发展。同时，在被广泛应用的同时，无人机航拍也存在着摄影师技术能力和审美水平有待提高、监管措施有待健全、技术创新有待探索等诸多问题。总之，在新时代公安宣传领域，探索无人机航拍的有效运用，值得宣传工作者和摄影工作者主动思索、大胆实践，努力拍摄和制作出更具时代感、更具感染力、更具新意的好作品。

让镜头会说话

格日勒朝克图

图片新闻是宣传报道中不可或缺的形式，它把新闻现场通以视觉直感传达给读者，较与文字更加直接具体、生动形象。而产生这样的感觉则在于镜头，只有让镜头会说话，才会让照片更具感染力。虽然照片千姿万态，但无非出自两种手法，一是抓拍，另一个是摆拍。

所谓抓拍，就是在新闻摄影中抓取一个关键瞬间按下快门，以此来取得最丰富、最感观的现场新闻。抓拍更注重摄影的基本功，只有达到得心应手的境界，才能拍到真实、生动、自然的图片。摆拍则是一种干涉事物的拍摄手法，为了美化构图画面、强化画面主体形象的表现，以此适当地调整被摄主体及环境，实现最大的新闻价值。

而今，信息化时代的来临，图片新闻的快捷性更加凸显，网络的发展，带来了读图观影的便捷方式，抓拍与摆拍两种手法也在新闻宣传报道应用中变得更加广泛。但无论是哪种手法，尊重事实是基本准则，只是抓拍讲究的是事实真实，新闻的时间、空间、对象三位一体真实。而摆拍则更侧重总体真实，就是不能仅仅满足于捕捉记录呈现在眼前的瞬间，新闻照片应该更全面地反映事物的全貌和本质。

我从事新闻摄影工作七八年之久，这期间拍摄了好多新闻图片多次被各大媒体所采用，自己也从小白逐步成长为战友们眼中的老师。一直让我困扰的就是摆拍的定位，很多时候我们赶不上第一新闻现场，但错过不等于它不存在，我们要做的就是“时光倒流”，是还原事实真相的一个方式而已。比如，我们抓捕到犯罪嫌疑人，但我们新闻宣传干部可能不能第一时间赶到现场，最后将犯罪嫌疑人押上刑车的情景，我们可以与办案人员沟通，再来一遍，以此记录这关键的一刻。再比如，我们在脱贫攻坚过程中，资助受困学生，我们出于表达现场的目的，让孩子们一起翻书学习，留下一个整齐的画面。这种要求被摄的主体做出一些符合摄影要求的动作或者神情，而这些神情和动作，也许不在要求的情况下不一定会出现。所以，我们采用摆拍，在并不改变事实的本来面貌下，重现事实同样具有真实性的意义。

但不是所有的情形都有摆拍的机会，2021 年内蒙古呼伦贝尔边境管理支队的新闻照片《出土警察》，之所以能感动你我无非就是真实，这类突发新闻事后再摆拍也还原不了现场。20 世纪最伟大的战地摄影师罗伯特·卡帕说过：“如果你拍得不够好，是因为你离得不够近。”有些现场我们可遇不可求，必须第一时间“抓拍”来定格它，但合影照片明显又是大家在一起“摆拍”，不能否定摆拍它就不是一张好图，这就是抓拍与摆拍的关系，它们既对立又统一。说到这里就要抛出第二个观点，组织好镜头语言，就是如何“摆拍”。摄影必须要“构思”，好比人说话以前要组织好语言，摄影亦是如此。

镜头语言顾名思义就是用镜头去表达拍摄者思想情感的一种行为方式，我们通常可经由所拍图片看出拍摄者的意图，这就是所谓“我的镜头会说话”，好的新闻照片让人一眼就能明白图中所发生的事情甚至背后的故事，不用文字说明但信息量却很大。多数人拍摄新闻照只是简单按一下快门，但稍微专业一点的人就会加入构图、角度、景别，甚至快慢档、光圈色温等元素，使得拍出的新闻照丰满立体。以新闻组图为例，全景交代现场，中近记录事件，特写捕捉细节，特别是选择拍摄角度方面，我们要擅于观察现场，做到心中有数，占据什么位置可以得到大全景，站在什么位置能够更接近拍摄主体，什么角度的取景更能体现细节等，人物情绪、气候变化、季节特点、环境物品等等元素对整个新闻的表达具备很重要的作用。

让镜头会说话，最重要还是要熟练运用手中的“武器”。真正的熟练是对相机每个按钮的位置、作用如掌上观文，知道自己使用的相机所具备的全部功能，并能在使用每个功能时，很快调整完毕。新闻现场也和战场一样，战机稍纵即逝，什么时候按下快门？这是瞬间局限的自我挑战，毫厘之差定胜负，早点晚点都会与好照片无缘。除了对机器的性能、按钮的分布熟悉外，还要掌握必备的摄影知识，这样才能知道在什么情况用什么手法拍摄，并迅速调整好手里的相机。摄影的实践性最强，不管你什么来头，说破天也要到现场一试身手，哪怕身怀十八般武艺，最终还是归为三个字：用心拍。你的劲头再九牛二虎，你的器材再眼花缭乱，如果没有清醒而有准备的判断，只能疲于奔命地满场飞，成为器材展示的模特。

在光影中感受美好

章善玉

摄影是摄影人和记忆里的某个时刻、某个影像的完美重逢；它是一种生活态度，是璀璨历史背后的积淀，更是摄影人对自我的掌控。一架照相机，记录的不只有细小的生活片段，更有感人至深的瞬间，通过光影变幻之间赋予的“特殊语言”传递情感、感悟内心、产生共鸣。

第一次接触摄影是在儿时。我出生在安徽芜湖的一个农村家庭，小时候，家人花了五块钱给我和弟弟拍了一张合影照，记忆里一个陌生人把弄着一个“黑匣子”，在家门口对着我和弟弟“瞄”了几下。当时，既害怕又兴奋，兴奋的是觉得摄影很神奇，害怕的是听大人说相机可以把魂收进相机里。

2002 年年底，我入伍来到江苏镇江边检站，成为一名边防武警战士。次年年初下连后，在一次打扫仓库中，发现了一台柯达相机和胶卷，后来才知道这是柯达一款 EC100 胶卷相机。当时，时常看到中队文书费伯俊在报刊上发表反映官兵生活、战斗风貌的新闻图片，让人羡慕不已，懵懂的我便也拿起胶卷相机开始“瞎拍”，随着快门“咔嚓咔嚓”的开启闭合，时间被凝固下来，我的摄影之路也自此开始。

理论 + 实践，让照片“有亮点”

随着经济社会发展，摄影已经渗透到人们生活中方方面面，对专业摄影人的需求也日益增多。过硬的摄影技能是成为一个专业摄影人的关键所在，而想要快速提升摄影技能，理论学习和实践拍摄必须同步学习、齐头并进。

“拍照不仅可以记录战友的生活，还能上报纸，这是多美的事啊！”在感受到摄影的魅力后，我暗下决心拜费伯俊为师。学习之初，脑子里面一团“糨糊”，不知道拍什么，想拍什么，更不用提照片的主题了。看似简单的拍照，里面却有着很深的学问。

理论是摄影的基础，也是摄影创作的指明灯。我从基础理论开始学起，初步掌握了摄影理论知识后，再对摄影基础及构图与用光不断学习、实践、总结，我逐步提升了自己的审美水平和处理画面（事物）的方法。

在新手时期，经常出现相片影像模糊的情况，这并不是由于对焦不准，而是因为相机把持得不稳。一般情况下，对于新手来说，当曝光速度低于 1/50 秒时已有可能影响成像的清晰。要保持相机稳定，首先要持机姿态和力度正确，其次要按快门键的力度适当。

要练出这个基本功看起来很简单，却非一日之功，必须要多练，做到“腿勤、眼勤、嘴勤”。腿勤，就是要经常出去跑跑多拍片，因为，好片是可遇而不可求的；眼勤，就是静下心来仔细观察周边人和事，就是善于“找活儿”；嘴勤，就是多向老师学习请教，无论你什么身份，进到这个圈里，只有当学生的份，没有摆架子的场。

“一名优秀的狙击手，是用子弹喂出来的！”摄影亦如此。通过长期实战练习，我能够熟悉掌握相机的原理和操作技巧，清楚了解变焦、对焦、曝光之间的逻辑关系，包括摄影中最核心也最难运用好的部分：光圈、快门、感光度，以及构图与用光。在此基础上，学会更够精细、精准、精炼地快速掌握摄影实战拍摄。

在平时生活中，我有个习惯，每次走在大街小巷，看到“漂亮”的景和物都不由自主地停下来，从口袋里掏出手机迅速按下快门，久而久之，在脑海中会形成一个习惯性的意识：谨慎构图、合理布光，力求使画面达到完美状态，使事物永远停留在最美丽的一瞬间。

在学习摄影理论知识的同时，还需配套了解国内外摄影发展史，我们对摄影的历史和前身有了比较好的认识，也就摄影的未来有了明确的方向性。这是只有在学习中才能逐渐体会到的一个认识过程，需要我们用心去学、用心去练、用心领悟。

纪实+故事，让照片“有温度”

想要拍出一张，乃至一组有内涵的纪实图片故事，首先我们得弄明白什么是纪实摄影？纪实摄影是以记录生活现实为主要诉求的摄影方式，素材源于生活和真实，比较常见的有街头摄影和新闻纪实。它可以用作记录时间，记录当时的社会，也可以用文字作辅助，描述时间、人物和地点。最重要的是纪实摄影需要让人欣赏和了解当时的环境、气氛、任务及摄影师的感觉，可以带出故事，彷如一篇文章。

天时地利人和，缺一不可。我认为纪实摄影的魅力就在于真实、有历史价值、能引发人们的思考。一张成功的纪实摄影作品，需要具备以下几个因素。首先，我们往往发现很多成功的纪实摄影作品可能并不是有多么高深的摄影技巧，而在于能及时记录和捕捉到那些好的画面。其次，需要一定的叙事性，要有深度地反映人文气息，或展现社会现象，引发人们的思考。最后，好的纪实摄影作品要有独特的视角，通过画面能够打动人心，拨动心弦。

纪实摄影一直是我坚持的方向，也是未来会一直持续走下去的动力。在摄影界，好的照片不光要美，还得耐看，而好的纪实摄影作品，经得起时间流逝，留得下时代意义。战地摄影师罗伯特·卡帕曾说：“如果你的照片拍得不够好，那是因为你离得不够近。”在这期间，我对摄影的认知也在每一次“靠近”和记录的过程中，不断改变和提升。

一组好的纪实摄影作品，就像一篇精彩的故事：有起伏，有高潮，有情节，有情绪。每一次拍摄，就是体验拍摄对象人生的一次经历，好似站在他们的角度去看待这个世界，这种体验是很奇妙的，而能够将一个个的“故事经历”记录下来，这就是纪实摄影的魅力。

纪实图片故事的拍摄更需要长时间跟踪拍摄对象，需要耐心加上强大的内心。南京长江大桥不仅是南京的标志，更是我的前辈，我的朋友。2007 年年底，我从镇江边检站借调到南京工作，把家安在大桥边上，单位在桥南，我在桥北。

那时候，还没有通地铁，每次乘坐公交车路过大桥，我都会抬头仰望它，钦佩和仰慕之情油然而生。渐渐地，我习惯每次回家都看它一眼。后来，只要时间允许，我都要徒步在大桥上走一遭，用镜头记录大桥的发展变化，捕捉生活片段和感人瞬间。《我的大桥我的情》这组照片，真实地记录了以南京长江大桥为主线，在它“身边”发生的一系列故事。希望通过我的镜头，让更多人看到并思考发生在大桥“身边”感人的事以及多元的世界，这一记录便是十四年啊！

我曾经在微博上看到一位摄影师说：“摄影师的能力是把日常生活中稍纵即逝的平凡转化为不朽的视觉图像。”看完后，我对摄影便越来越上瘾，摄影也逐渐成为了我生活的一部分。从在母亲腹中孕育，到第一次吃奶，蹒跚学步，再到上台领奖……我花了将近 11 年时间，用上万张照片记录了儿子在成长过程中的“喜怒哀乐”。

拍孩子远比拍大人要难得多。在拍摄期间，因为孩子的真实情绪不是调动起来或配合出来的，如果只在相机后面让孩子冲着镜头“笑一笑”“乐一个”，很少能拍出有灵魂的照片。反之，把主动权交给孩子，让他们放松地做自己的事情时，容易消除短焦的“紧迫感”，更能“钓”到孩子本真的个性，捕捉那瞬间的精彩，而摄影师要做的，只需用长焦去“打”。如此，孩子在镜头前才会感到舒服，才会拍出神态轻松自然的孩子。

给儿子拍照，不只是单纯为了拍照而拍，而是为了留下一份回忆，让自己能够在孩子长大以后，还能记住他小时候是怎样的调皮捣蛋，记得父母养育过程中的不易，更能重温这份亲子间的幸福时光。这些照片弥足珍贵，不光记录了儿子的生活点滴，也同样反映了我的成长过程，将成为我一生中最美好的回忆。虽然时间和跨度很长，但是值得，只要时间允许，我将会一如既往地记录下去。

思维 + 风格，让照片“有深度”

作为一名新闻摄影人，我们要尽早确定自己的发展方向，明确自己的目标，朝着自己心中的梦想，笃定前行。因此，我们应当培养自己的思维方式，对人物、事物、故事形成自己独特的见解，并通过摄影作品表现出来。

新闻摄影没有“条框”，想要形成自己的风格，首先要将摄影作为一种生活态度，在不经意间捕捉真实和有力量的瞬间，在光影变幻之间赋予意味，传递情感，感悟内心，产生共鸣。其次，要以高度的自律和坚强的毅力，不断探索和创新璀璨背后的历史和积淀，让照片成为认知的一种客观真实，并且赋予其温度。最后，摄影是对真、善和美的不设限，要强化对自我的掌控，勇于跳出舒适圈，敏锐地洞察生活空间里既熟悉又陌生的东西，用摄影独特的“语言”诠释一切可能性。

纵观国内外的各位摄影大师，他们都有着自己的思维方式和独特的艺术表现形式，从而影响了世界摄影艺术的发展。比如，罗伯特·卡帕是以战地记者而著名的，他拍摄了大量罕为人见的战争现场实况；亨利·卡蒂埃·布列松是以抓拍现实生活的普通细节和感人场景而著称的摄影大师……

我认为思维方法不只是摄影者选择的拍摄对象和角度，还应该包含着摄影者的设计创意、设计元素和所要表达的思想情感。这方面，我们要学习摄影大师的一些代表作，从中我们就可以看出摄影师所要传递的思想，他的构图、取景方法和对光线的运用等。在欣赏大师的作品同时，一边了解作品里的精妙之处，一边“临摹”学习他们的拍摄风格，见多识广后，付诸拍摄实践，突破瓶颈，内省吸收，形成自己的作品风格。

有人说，你站在路上看风景，殊不知自己也成了风景。当自己成了一个在路上的摄影人，才知道只要心中有梦，即使有孤单、无奈和无助，也会有勇气去战胜。我坚信，那些我用心记录的影像，会在漫长岁月流逝中，散发持久的芬芳。

拍到、拍全、拍顺、拍出

宋华龙

摄影是一门视觉的语言，如字画等艺术形式有着线条、结体、章法上的变化一样，也有自己在构图、逻辑、韵味上的要求。回顾七年间的新闻摄影经历，在已经确定拍摄选题、对象的情况下，从一名摄影宣传干事的角度出发，就如何拍到画面、拍全信息、拍顺逻辑、拍出风格四个方面有所思考和总结，简要如下。

拍到：有效捕捉新闻瞬间

与商业摄影、风光摄影、人像摄影等形式相比，新闻摄影是复杂、动态的瞬间影像。事件多变、光影多变，闪光一瞬，便是景象万千、难以把握。再好的新闻素材，如果拍糊、拍虚、拍曝、拍黑、拍不到，那就都是一场空，浪费新闻素材，所以按下快门之前，首先要确保的就是能拍到。一要确保摄影器材完备。提前确认相机是否选用合适焦段的镜头，是否带够电池、带够相机卡，电池是否充满电，相机卡存储空间是否足够。虽然是小事，但如果没有提前确认，常常让不少宣传岗位上的摄影萌新吃亏，也偶尔会让江湖老手马失前蹄。福建省摄影家协会副主席朱庆福就在讲座上说过，他本人每次完成新闻摄影后，都会及时将摄影作品归档整理，清空相机存储卡，确保提前为下次拍照预留足够存储空间。二要设置合适的相机参数。快门太低会拍糊，光圈太低会拍黑，感光度太高会有噪点，在不同光影情况和采拍对象动作速度的条件下，要进行取舍均衡。在光线暗的情况下，我常常做法是拉高感光度，选用快门优先拍摄模式，牺牲部分画质，先确保画面能有效高速拍到。三要高速连拍。再高超的摄影师也不能保证每张照片一击必中，所以选用连拍模式，能有效避免错过精彩瞬间。特别是当出现拍摄场景多变、对象众多的情况，要保证每个人都是以较好状态（不闭眼、没有怪异表情、动作等）呈现在镜头中，就必须要通过增加拍照基数、从中优中选优来保证。四要提前跑位抢点。理想的拍摄位置是捕捉典型瞬间的关键条件。要提前观察现场全景概貌，摸排最合适的拍摄位置，准确站位，并根据新闻现场状况及时、大方、大胆调整转移位置。

拍全：拍出全套的信息量

新闻和信息是新闻摄影作品的核心，新闻摄影图片是承载新闻和信息的外壳。拍摄的新闻图片必须要含有足够、有效、及时的信息量，讲清何人、何地、何时、何事、何程度五个基本要素。一是拍全景别、角度。远观其势、近取其质，高显其繁、仰写其意。不同的景别会表现不同内容的信息，全景出气氛，特写出情绪，中景表现人物交流特别好的景别，近景是侧重于揭示人物内心世界的景别。此外，不同的角度也会体现拍摄对象不同的状态。通过丰富画面的景别和角度，能有效增加画面的信息量。二是拍全流程、人物。采拍摄影师要事先熟悉事件流程，了解采拍对象，做好采拍攻略，合理筹谋各环节的衔接，确保不漏人、不落事。三是拍全信息元素。在拍摄过程中，需要仔细观察，将本身带有信息量的物件、表情、天气等元素（如带有字的横幅、背景墙、展板），作为画面中的周围环境纳入摄影照片的前景、背景范围中，通过各种有价值的信息元素，增强图片信息量、个性化，进一步传递情感、刻画人物、衬托主体、营造气氛、说明主题。

拍顺：捋顺画面各元素的先后主次逻辑

摄影是门语言，是语言，就有着自己的逻辑。画面中的各个元素、物件，就是组成段落的词句，他们搭配得当、先后出场，不越位、不抢位、不失位，就能有效组合起来，表达出语句通顺、逻辑清晰的画面意思。一要确保拍摄主体与前景、背景和谐。如前景、背景杂乱无章，或有抢镜物件、刺眼灯光、鲜艳亮点出镜，会分散读者注意力，致使人物不凸显、主题不突出。二要确保主体拍摄对象与陪体拍摄对象和谐。如果陪体对象有怪异动作、表情、妆发、服装，也会减弱主体拍摄对象的存在感，从而分散画面主题。三要确保视觉阅读顺序正确。优秀的摄影师可以通过前期构图取景与后期修图，在遵循信息真实性的前提下，合理调配各元素之间的关系，提供读者一定的视觉阅读顺序。例如，在前期摄影中，通过虚实对比，增大光圈或选用长焦段镜头，减少景深，虚化背景，凸显主体；在前期一次构图中，选用井字格、螺旋视觉引导线等造型方式，突出主体、吸引视线、简化杂乱，给出均衡和谐的画面。在后期二次构图中，通过裁切将违和抢镜的背景、陪体对象裁剪掉；在后期调色中，通过调整光线、影调等方式，通过冷暖对比、大小对比、光影对比等方式突出主体。上述不同的出片思路技巧要相互配合，根据表达需求，分出先后、主次、强弱，从而最终确定画面的视觉阅读顺序。

拍出：增色增彩的高光亮点

文似看山不喜平。摄影作品在完成拍到、拍全、拍顺的基础上，需要定制属于自己的个性化特色亮点，提鲜、提味。就像在素描最后作画流程中，在眼睛等重要视觉点部位加上一笔笔高光，画龙点睛，让整个画面人物跃然纸上。一要拍出对比。对比的巧妙，不仅能增强艺术感染力，更能鲜明地反映和升华主题。在形状上，有着大小高矮、老少胖瘦、粗细的对比运用；在色相色调上，有着冷暖的对比运用；在明度纯度上，有着深浅、明暗、黑白的对比运用。此外，还有穷富、喜怒、悲欢、强弱等对比，都可以作为比对元素融入画面。合理运用对比，可以更好地提高反差、突出主题、强化主线，产生强烈的视觉冲击力，让人印象深刻、过目不忘。二要拍出细节。关注主要部分，同样可以记录细节。在服务信息真实性方面，面对镜头，被拍摄者可能会产生镜头应激反应，呈现出不自然的出镜状态（或紧张、或忸怩、或想假装自身最真实的情绪），从而掩盖了他真实的情绪性格。但总有许多细节是他一时间难以顾忌到去调整的，而这些细节最能说明他最原始最直接、最真实、最经年累月的面孔。摄影师要像断案专家一样，一眼识别这些蛛丝马迹，取舍最符合表现主题的细节画面。正如有时“一个眼神就能说明一切”，小和强的细节能有效给作品增色增彩。这些细节普遍存在于画面的任何角落：服饰、折皱、拾物、墙皮、水迹、树枝，无意义的动作、瞬间的眼神，等等。发现它、关注它、利用它，能有效用它来描述事实、交待真相，渲染气氛、抒发感情，阐述认识、表现神韵。三要拍出“决定性瞬间”。法国著名的摄影家、玛格南图片社创始人亨利·卡蒂埃·布列松创立“决定性瞬间”理论，特指通过抓拍手段，在极短暂的几分之一秒的瞬间中，将具有决定性意义的事物加以概括，并用强有力的视觉构图表达出来。我的理解是，在拍摄过程中，要对事物发展有着摄影方面的预判，就是摄影要有自己的思考。思考在什么时间什么节点这个事件会发展到高潮，作为摄影师又该在什么机位用什么镜头什么参数设置瞬间抓拍到最完美构图的画面。“决定性瞬间”是备受追捧的街头摄影方法，也是新闻摄影要攀登的一座高峰。

镜头里的“情”

赵国政

我的记忆是场景式的，连带着画面、声音、气味、温度。只要一碰到跟某段记忆有关的相关元素，脑子就像老式电影机一样开始倒带，闭上眼睛，甚至会感觉自己仿佛进入时空隧道，回到当时的情景里。

还记得第一次对“拍照”有想法的场景，是在父亲送我去上学的路上。那时候在县城读初中，每周往返学校与家之间依靠的是“龟速”般且拥挤的中巴车，一般父亲接送我到上下车的地点。有一次，我坐在自行车后座，望着天空，对父亲说：我想买台相机。父亲问我：“买了干嘛？”我回答：“想拍一下生活的瞬间，等老了看。”那时候的想法无非是“记录”二字。

第一次拥有相机是在公安海警学院读大二的时候。学校有很多社团，但是我觉得摄影组还挺酷的，他们经常一起拍照片，有些图片很是唯美，很有意境，也能从中感受到作者心中的那份情感。最后，父亲给我打了钱，帮助我圆了梦，暑假期间舍友陪我去宁波天一广场买了一台属于自己的相机，一台佳能 60D。后来它为我在校期间拍摄图片和延时摄影“出功卖力”，那时候的想法无非是“创作”二字。

时光飞逝，我和摄影相伴相随的日子越来越久，对摄影的理解也越来越深。摄影其实是以现实空间为表现内容，可是摄影画面的空间与现实的空间是两种不同的存在形象。也就是说，摄影是二维的，而现实的空间是立体的三维的。我们要用摄影的二维空间去表现现实的三维空间，这样的摄影的作品才具有纵深感，立体感和空间感。

那么，什么是摄影作品呢？我认为，摄影作品是通过摄影工具，在现实生活当中去拍摄的具体人、物和事。其价值在于，不仅有纪实性、直观性、形象性以及可信度高的作用，并且通过摄影作品可信性的存在，也间接产生了事件情感传递或是摄影者自己内心情感的真实传达。

摄影记录过程中，我们通过照片的形式记录着某个场景某个瞬间的故事情感。

摄影创作过程中，我们通过照片的形式表达着自己当时想表达的故事情感。

无论是记录还是创作，镜头里面都离不开“情”字。

因为优秀的摄影作品不仅能满足于人视觉上的快感，还能注重人的心态和揭示人内心与本质。摄影也不仅仅是再现客观事物和形象，而更多的是考虑如何表现情感，使得摄影作品超越有限的空间，能够更加具有其特定的深邃内涵。

2008 年的“5・12”汶川大地震，汶川大地之上一片残垣断壁，全国人民都沉浸在一种悲伤、压抑的情感之中。但在这一时期，也涌现出一波又一波、坚强而勇敢的英雄人物。其中，有一张著名的新闻照片——《生命的敬礼》。一位从废墟中被救出，满脸是血的男孩成名了。就在武警官兵准备把他转移到安全地带时，他艰难地举起还能动弹的右手，虚弱而又标准地敬了一个少先队队礼。担架上的小男孩不忘向援救他的官兵叔叔敬礼感恩的举动，让无数的人深受感动。照片发表后，迅速在网上流传开来，很多人为小小年纪就懂得感恩而感动不已，小男孩的敬礼之所以震撼人心，也正是这种精神的真实写照。这幅摄影作品也将永远镌刻在人们的脑海里。

人们可以通过写文章或者诗歌来表情达意，读者可以清楚明了地知道作者要表达什么。但是，观赏摄影作品同样是在解读作品，融入了自己以前对该事物的认知，对该摄影作品生成了自己独特的观看体验，是在对拍摄者要表达的内容以及情绪或者情感进行解读，倾听作者的诉说。从而与作品产生共鸣，和阅读文章一样，在有所得中享受作品带来的审美体验。

但是，对于一个优秀的摄影师创作而言，不管使用传统摄影手段，还是使用数字影像技术，它们都只是一种工具，起决定因素的还是人，重要的是使用这种工具能够很好表达作者的思想感情和审美情操，能够得到大众的认同。

著名摄影家袁毅平先生在1961年拍摄的《东方红》就是潜藏情感的一个代表。这幅作品采用逆光的角度形成了剪影效果，显现出的是天安门轮廓，将雄伟壮丽的建筑与东方欲晓、朝霞满天融为一体，给人一种眼前一亮的感觉。袁毅平先生充分地运用了艺术的概括和想象，使读者从作品气势磅礴、欣欣向荣的意境中，感受到的不仅是喜悦、自豪，更令人感到精神振奋。在我看来，这幅作品并不是一幅一般的风景照片，而更像是一首抒情的诗，它将袁毅平对祖国深沉而伟大的爱融入图片中，同时作品也能让人们感受到祖国母亲的伟大。

说到底，创作也是记录的一种形式，情感更是一张照片的灵魂。没有蕴藏任何情感的作品，不能够引起大众的共鸣，与其说这是一幅没有灵魂的照片，不如说这就不是一幅优秀的摄影作品。

浅谈新闻摄影的图片要求与拍摄技巧

沈 清

什么是新闻摄影？新闻摄影是对正在发生的事件以摄影图片的形式进行报道，主要依靠抓拍完成，其宗旨是说明事件，传播消息，引发关注造成影响。

那么一张优秀的新闻图片有什么要求呢？笔者认为，新闻摄影图片必须要有新闻价值，即具备新闻性、真实性和纪实性。

新闻性简单讲就是要有灵魂和主旨，要有故事感，新闻性是新闻图片和文字报道所具有的共同属性，也是新闻摄影区别于艺术摄影的重要方面。通过简短的文字说明，从图片中尽快地回答读者急需知道的新闻五要素（五个 W）：who（何人）、what（何事）、where（何地）、when（何时）、how（如何）。交待好了五要素，新闻事件的本质、内涵和特征就有了明确的体现，再加之图片较强的视觉冲击力，不看文字说明就能感受到图片所表达的主旨和情感。陈庆港关于四川大地震的《幸存者》，沙飞的《战斗在古长城上》、齐观山的《斗地主》都有一个明确的主题，强烈的视觉效果瞬间让读者一目了然。

真实性就是讲求实事求是，这是新闻报道的生命。因此，新闻图片应是拍摄者在现场拍摄的新闻瞬间，而不能是随意摆布、导演组织的场面。如果脱离了这一点，即使拍摄的画面再精彩，也毫无新闻价值可言。新闻图片既是新闻现场和人物的真实写照，同时又是记录社会历史发展的一面镜子。一幅好的新闻图片，不仅能给人以鼓舞，而且还应充满时代的气息，贾明祖的《中英香港政权交接仪式》、余海波的《大芬油画村》、杜修贤的《历史性的握手》等等，这些新闻摄影作品深深地印刻了鲜明的时代特征，在若干年后成为时代的见证、历史的文献。

纪实性就是一张新闻图片所报道的内容，必须是新近发生或正在发生的事件，也就是说新闻图片必须强调“新”字。新闻事件发生的时间与新闻图片刊出的时间越近，新闻图片的时效性就越强，新闻价值也就越大。在当今众多新闻媒体激烈竞争的形势下，哪家媒体的摄影记者最先抢到新闻并率先发表，哪家媒体便会抢占先机和主动，从而赢得读者。

明白了新闻图片的要求，剩下就是我们拿起器材拍摄的问题了。如何拍摄好新闻图片，我总结了以下应该注意的几方面问题。

首先，在没有三角架，特别是在光线比较暗的情况下，可以调高感光度以获得较快的快门速度；手持相机一定要稳，要注意站姿，使身体稳定，这样拍出的照片才能较好的避免过虚的情况出现。其二，是要注意取景和构图，构图有很多形式美的原则，不过作为新闻报道的摄影，要区别于艺术摄影，在取景和构图要突出重点，把照片的主体焦点放在活动的重点事物上，跟主体无关的景物，最好不要放在取景框里。其三，与取景和构图密切相关联的是拍摄前对拍摄对象最好有一个通盘考虑：即思想上要有充分准备，因为一些新闻事件、一个精彩的镜头在瞬间就会消失，所以要提前想好自己的机位，以及镜头焦距可调节的范围是否能够达到自己需要的效果，做好准备，时刻注意抓拍时机。其四，一个场景，特别是主体人物在做动作时，要注意多拍几个镜头，这样才能从中选优。

最后想说明的是，新闻图片在体现新闻价值时是有要求的，但是在画质和拍摄器材的要求上却不很高。我们发现，有些获得大奖的新闻图片中噪点很高、构图也不够好，甚至清晰度都不够，2016 年的年度照片《渴望新生》就是这样一幅作品，借月光拍摄而成，低速快门，高 ISO 带来画面的轻微虚化、模糊。但是，半岛电视台图片部副主任、2016 年荷赛终评评委 Vaughn 这样评价：“这是 2015 年难民危机中一张不可思议的图片，视觉上非常有力，也非常细致入微。我们看了成千上万张移民的照片，但这张吸引了我。它让你停下来端详男人的脸庞，还有孩子的。你看到了锐利的铁丝和黑暗中伸出的手，这不是旅途的终点，而是长远未来的一个阶段。所以对我来说，它必须是今年的年度照片。”

由此可见，好的新闻图片除了有新闻性，真实性和纪实性，还依靠了一种价值观。例如，荷赛“永远对人类自身的困境发出声音”的主旨，这种主旨与市场和技巧无关，具备这种主旨的图片一定是自带现场感、真实感，有着强烈感染力、冲击力，进入人们视野瞬间便传达出新闻消息，让人看了之后就有一种身临现场的感觉，从而打动读者，引起读者的共鸣。

用镜头记录身边美好

吴晨龙

“世界上并不缺少美，而是缺少发现美的眼睛。”牧场上放牧的牧民、夕阳下巡逻的民警、夜色中坚守的身影……在我们身边，有许多不易被发现的美景，需要用欣赏的眼光去寻找、去记录。

兴趣爱好是摄影的基础

在我孩提时代，热爱摄影的父亲为我拍了许多照片，记录我的成长、生活、学习……他还经常去采风，拍下四季的美景，如春的百花、夏的烈日、秋的落叶、冬的飞雪。我被漂亮的照片所吸引，梦想将来也要拿起相机，记录身边的美好。

第一次真正的摄影是在中国人民武装警察部队学院（现中国人民警察大学）新训的时候。一次军人大会上，队领导问大家，有没有会摄影的同志？当时，年轻气盛的我毛遂自荐，之后便接到拍摄队列会操的任务。

第一次拍摄，我既高兴又紧张。虽然之前也向前辈讨教了一些拍照的基本要领，但只是纸上谈兵。真正端起相机，我竟不知从何下手，只能按部就班先拿掉镜头盖，从取景到对焦，然后调好光圈速度，最后按动快门。

由于严重缺乏经验，这次拍摄任务以完败告终。看着自己一张张失败的作品，我才认识到摄影不仅要熟记要领，更要灵活运用技巧。凭着对摄影的挚爱，我从头开始学习，欣赏借鉴别人的优秀作品，逐渐学会举一反三。

后来，队里每次举办活动我都能得心应手地完成拍摄任务。在得到大家认可的同时，也留下了珍贵的回忆。

任务锤炼是成长的基石

2014 年 7 月，我毕业后来到原新疆博尔塔拉蒙古自治州边防支队。这里的一切对我来说都很新鲜，广袤的边境、坚守的官兵、淳朴的牧民深深吸引了我。我开始拿起相机记录第一次边境巡逻、第一次处突演练、第一次下村走访……

照片是会说话的文字，会给人留下较深刻的印象。从派出所日常会议，到重大活动拍摄，我都将其作为学习进步的机会，在不断拍摄、接受批评、总结经验中逐渐成长。

2015 年 6 月 1 日，中国新疆第九届环赛里木湖公路自行车赛；2016 年 10 月 19 日，新疆边防总队创新完善边境立体化防控体系建设推进会；2017 年 8 月 21 日，公安边防部队推进边境立体化防控体系建设现场会……

每次活动，我都会拍摄数以千计的照片，通过一张张筛选和一遍遍处理，将大会的盛况、官兵的付出展现给大家，得到了普遍认可。

融入灵魂是进步的阶梯

2016 年 7 月，我开始从事新闻宣传工作，初出茅庐的我处处碰壁，甚至一度产生退缩的想法。幸好我遇到了新疆出入境边防检查总站政治部干事张佳。

“新闻摄影是对正在发生的新闻事实进行瞬间记录，好的新闻图片讲的故事比它附带的文字更好。”在张佳老师的指导下，我慢慢懂得了新闻摄影的技巧。每次拍摄新闻图片，我会尽量与拍摄对象沟通交流，认真体会他们的感受。当新闻摄影融入了灵魂与思考，我的作品开始在各级媒体刊登。

2018 年 1 月 28 日，得知支队要开展冬季联合巡边，我立即揣着相机跟随队伍来到边境。当时，气温降至零下 30 摄氏度，积雪厚度达 50 公分，巡逻的马匹身上因出汗结了厚厚的冰，一切都被严寒笼罩着。但是，在所有参加巡逻的官兵、护边员、边境巡控队员眼中，我看到的却是一团火热的爱国戍边之情。我不断地用镜头记录着他们的热情，相关作品得到媒体关注，其中一张照片还有幸刊登在《人民日报》海外版头版。

有人说，干自己喜欢的工作是一种自由，喜欢自己干的工作是一种幸福。我想，能用手中的相机去记录身边的美好是一件多么幸福的事。

用快门记录真实与感动

周 游

2019年2月3日，除夕前一天，清晨的室外温度达零下25摄氏度，在新疆昌吉边境管理支队库甫边境派出所蹲点采访的我拉开宿舍窗帘，玻璃上的窗花结了一层冰霜，窗外是淡蓝色的天空。突然，一声哨音打破了清晨的宁静。穿好衣服后，我随派出所民警快步跑到警营前院集合，室外寒气逼人，冻得我直打战，民警们却笔挺地站立着。

“解散后，轮值民警和护边员准备一下，吃完早饭前往边境一线巡逻踏查！”值班所领导在队伍前安排当日工作。

准备执勤装备、整理防寒衣物、调试对讲机……一切都在有条不紊地进行中。早饭过后，太阳也越过山头洒下一片光辉。我拿上准备好的相机，穿上防寒服，与民警一同出发，巡逻踏查之路由此开启。

坐上车，经过20余公里较为平坦的山区柏油公路，车停了下来。停车点是机动车可以到达的最高处，海拔超过1500米，往上看是一片白茫茫的积雪。

这时，几名护边员也按时赶着十来匹马聚拢过来。常说“山路十八弯”，其实山路上处处是弯，积雪中有一条弯弯曲曲的雪道清晰可见，民警介绍，那是上一批巡边民警骑马踏出来的。

接下来，我便同民警、护边员们骑马沿着雪道开始巡逻。为了将这条巡边路记录下来，我和两名民警走在前面，不知不觉间与队伍拉开近200米的距离。在一山坡处，我从马背上下来，准备在这个山坡上等待巡边队伍的到来。

站在山坡上，风吹到脸上跟刀割一般，当时我想着不到200米的距离，队伍应该没几分钟就到了。等待的过程中，我下意识地看了下相机的电量，由于温度过低，满格电量已经剩下最后两格。为了不影响拍摄，我拉开防寒服拉链，将冰冷的相机裹在怀里。没想到，不到 200 米的距离竟等了 17 分钟。等到队伍出现在镜头里，我在寒风中拍下 2 月 10 日《人民日报》头版刊发的这张图片。

在寒冷环境下近一个小时，相机已经被冻得彻底没电了，我只能结束拍摄。带队民警把我拉上马，继续跟随他们巡逻，从山口出来继续走了近 1 个小时，我们到达一处边境执勤用房，我迅速将拍摄的图片上传到人民图片网。

上传完图片，我便靠在暖气旁取暖。这时，我看见带队民警在换鞋，一双脚被冻得通红。他说刚才通过那个山口，牵着马走的时候雪灌到了鞋里。我在想，零下 25 摄氏度的环境中，鞋里灌雪还要继续行走，那是怎样一种体验。

在执勤用房吃完午饭后，带队民警对我说，轮换执勤的民警和护边员要下山，让我和他们一起回去。我问他："明天就除夕了，你不回吗？"他微笑着对我说："你先回，我还有任务。"

等回到派出所已经是下午 5 点，后来我了解到，带队民警春节期间要在边境一线执勤点驻守，他们每 10 天轮岗一次，大年初九才能回来。这让我想起一名老边防说过的一句话："不管什么时候，边防总是要有人去守的！"

天色渐渐暗了下来，派出所对面的山峦、崖壁笼罩上一层黑幕，山与山之间的界限也逐渐隐去，但隐不去的是派出所民警驻守边境一线的家国之门。

躺在床上，我心想，这么冷的天，这么黑的夜，这么大的风，临近春节，依然有民警舍小家、顾大家，坚守在寒冷寂静的边境一线。为了这份坚守，我要通过我的图片让更多的人知道，在祖国的边境一线，不论何时都有人义无反顾地坚守。

新闻离不开策划，但刊发在《人民日报》头版的图片，是驻守在北塔山边境一线的民警们再普通不过的一次边境踏查，他们用实际行动证明了第一代移民管理警察的责任和担当，展现了他们守土有责、守土尽责、守土负责的精神风貌。

厚积薄发拍摄好图片

巫尚原

“博观而约取，厚积而薄发”是治学之道，亦可看成是摄影记者的修为之道。若想拍摄出高质量的新闻图片，让图片报道有深度、有意义，唯有博观厚积这一不二法门。

新闻摄影以写实为主，不需后期艺术创作。快门按下的那一瞬间，也就基本决定了照片的命运。然而，精彩的瞬间总是稍纵即逝，“守株待兔”式的拍摄几乎不可能，也不实际。为了解决事件发生与拍摄的时间差，好眼力是必须修炼的基本功。

“博观”不仅要学习名篇佳作，学习拍摄技巧，更要沉到基层、深入一线，去了解拍摄场景、拍摄对象。平日里，没有相机在手，可以用自己的眼睛当镜头、大脑当储存卡，把同事和旅客的互动，或者他们身处某个环境当中的画面提前记录下来。当相机在手时，就很容易知道哪里才是你的构图范围，用什么数值的快门和光圈。待主角走到你框定的范围，摁下快门，还原脑海里的那张“照片”。

摄影记者用图片表达观点，并不意味着不需要进行文笔的打磨。全民皆记者的时代，没有深刻立意、独特视角的新闻摄影作品很难引起情感共鸣。

很多时候，在千篇一律的场景面前，我们找不到灵感，但灵感一直都不是凭空产生的，支撑它存在的是我们勤奋耕耘、坚持不懈的积累。

“厚积”要求我们要持续关注时事动态，提高理论修为，让自己有能力站在更宏大的视角上看问题。

以笔者刊发在《中国移民管理报》的图片新闻《广深港高铁西九龙站口岸迎来首批从雄安新区直达香港旅客》为例，那是一张移民管理警察引导旅客有序候检的照片，抓住了雄安新区直达香港高铁首抵西九龙站口岸这一新闻热点，继而挖掘出“从此新区特区紧密相连”这一大时代主题，赋予了这张看似普通图片的非凡意义。

在摄影圈里不乏唯器材论的发烧友，但笔者一直坚信内容为王，毕竟新闻摄影重点在新闻二字，图片里讲述的故事、承载的信息才是硬核。

记录“鲜花”盛开的一瞬

桂子云

鲜花历经育种、栽培、生长的漫长过程，才能吐艳绽放。新闻摄影作品的创作过程亦是如此。在我们选择拍摄题材之后，策划、堪景、组织，等待按下快门的最佳时机，最后才能得到一张如盛开的鲜花一样的好照片。

新闻摄影的本质不在于摄影技术本身，而在于摄影之外的表达。每个人都有独特的思维方式，放在摄影中，就是个人的摄影风格。生活阅历越丰富，思维越深刻，拍摄的作品也越有思想，且在人生不同阶段对摄影的理解也不尽相同。

从事新闻宣传工作十余载，摄影已经成为我生命的一部分，电脑里每年都会留下几万到几十万张照片。我习惯将照片按拍摄日期整理归档，每每点开某个时间点的照片库时，仿佛回到拍摄当天，不仅清晰地记得当时的拍摄思路，也会不断打破自己的拍摄思维，重新构建新的可能。慢慢地，我发现往往让自己满意的作品，都是带着感情拍出来的，一旦有了温度和情感，照片就活了。

2015 年国庆节期间，我前往辽宁丹东拍摄边防警察协助考古专家打捞致远舰沉船的过程，同考古专家、边防警察在海上漂泊了七天。在与考古专家交流的过程中，甲午战争历史伴随着海浪日夜冲刷着我的思绪，给了我很大触动。

打捞任务结束，所有海上作业人员对致远舰进行海祭仪式后，我提议全体边防警察列队向致远舰敬军礼，以表达对为国捐躯先烈的敬意，并及时记录下珍贵的影像。第二天，该组照片占据各大新闻媒体头条，不少读者对我说，看到照片的瞬间，仿佛身处庄严的现场，感受到那段沧桑的历史。我想，正是这饱含情感的行为，引领我捕捉到“鲜花”盛开的一瞬，也因此打动更多的人。

浅析新闻摄影的最美瞬间

黄金衔

一位美学家说过，最美的点往往不在高潮，有时在之前，有时在之后。这个观点同样适用于新闻摄影，最美的瞬间往往也不在高潮部分，可能在新闻事件的高潮之前或之后。

2021 年 3 月 16 日，《中国移民管理报》一版刊登了一幅题为《最美“雕塑”》的新闻图片。这个最美瞬间就是在整个救援过程的高潮之后。

3 月 15 日，我国北方多地遭遇近 10 年来强度最大、影响范围最广的沙尘天气。内蒙古呼伦贝尔出现沙尘暴、暴风雪交加的极端天气，气温低至零下 20 摄氏度。居住在草原深处的 71 岁孤寡老人张金英，房屋被沙尘和积雪堵住，困在家中已达六小时。无法出门取柴火，保暖成了难题，零下 20 度的低温让老人处于冻伤的险境中。当时天气恶劣，十级大风卷着黄沙和雪花将天地之间染成了土黄色，能见度不足十米。中午 12 时许，呼伦贝尔边境管理支队阿尔山边境派出所接到报警后，民警们没有丝毫犹豫，立即驱车前往老人家中。由于张金英家处于窝风地带，房门早已被厚厚的沙尘和积雪堵得严严实实。在 11 级大风、沙尘、暴雪中，参与救援的六位民警顶着寒风、迎着雪粒和黄沙，轮番使用铁锹、小推车等工具，一点一点铲除积雪和沙子，清理被掩埋、封堵的门窗。经过两个多小时不间断“作战”，大门终于能够被打开，民警赶忙检查老人身体状况，并安抚好老人情绪后，继续清理工作。最终，民警成功救出老人，参与救援的民警浑身是黄沙，他们与老人站在门前笑着合影，宛如刚“出土”的“雕塑”。

这次救援行动的高潮应该是房门被打开，从屋里救出张奶奶的时刻，如果摄影者当时按下快门，记录的只是一个救援过程中具有成功意义的时间点，不是最美瞬间。最美瞬间就是老人与民警在门口庆祝胜利的微笑时刻。画面中的老人和救援官兵浑身都是沙子，看着他们满是灰尘的脸上露出笑意，却让读者和观众笑不起来，心疼他们此刻的样子。最左边那位民警虽然戴着口罩，但还是能看出他的喜悦；最右边的民警笑容最不自然，有细心网友看出他的脸都冻伤了。透过这张照片，我们可以看出漫天黄沙不能动摇人民警察守护一方平安的决心，暴风骤雪不能阻挡他们逆风前行的脚步。解救被困群众一刻也不能耽搁，他们用责任和担当守护群众生命安全。即便身上满是尘土，即便嘴里全是沙子，眼睛被沙尘磨红，也毫不退缩。这就是人民警察！

这张照片经《中国移民管理报》《人民公安报》《中国日报》《中国纪检监察报》《长春日报》《西海都市报》等报刊编发，同时经新华社、中央电视台、地方卫视以视频、组图等形式报道，可谓家喻户晓。新华社发布的新闻通稿《暴风雪＋沙尘，救援的他们成了“雕塑”》后，30 分钟阅读量超过了 100 万。这张《最美“雕塑”》照片和救援视频经国家移民管理局微信公众号和其他政务公众号推送后，在新媒体上一下子热传开来。“刚刚出土的警察”“民警黄沙冰雪中救援被吹成老照片”“民警沙尘暴中救人后变成雕塑”等话题先后 5 次登上微博、今日头条、抖音等平台热搜榜。时代楷模发布厅、人民日报、新华网、央视新闻、共青团中央、中央政法委长安剑、中国警察网等 200 余家政务公众号、中央主流网站转载报道，24 小时总点击浏览量超过 3 亿人次，点赞 300 多万人次。网友直呼“最美雕塑”“人民英雄”，向“最美逆行者致敬”“致敬沙尘暴中逆行的勇士”“没有从天而降的英雄，只有默默付出的凡人”“这样的警察就是老百姓的脊梁”“不赞网红，不赞明星，只赞人民的好警察！感谢你们！”“再强的沙尘暴，不能隔离警民之间的鱼水之情”。有网友说：“在那样恶劣的处境中听到警笛、看到警灯，仿佛如临佛光。”另一网友接着说：“这些民警只是一个个普通的人，他们在用肉身替我们抵挡风霜时，他们是伟岸的丰碑。”全网一致称赞人民警察为人民，为移民管理警察点赞，满满的正能量。

从摄影专业角度来看这张《最美“雕塑”》，是一张摆拍照片，但是一点“违和感”也没有。因为救援民警在战胜黄沙风雪后，在庆祝胜利时刻，与被救出的老大娘合个影，仍处在救援行动的过程中，仍处在此次新闻事件中，只不过是高潮已过，处于新闻事件的尾声部分，恰恰就在这时，呈现出最美摄影瞬间。黑格尔说，美是人们劳动、创造的结果。

另外，也有最美摄影瞬间位于高潮之前。原《中国青年报》摄影记者贺延光拍摄的新闻作品《两党一小步，民族一大步》，就是“胡连会”高潮前的一个最美瞬间。2005 年 4 月 29 日下午，时任中共中央总书记胡锦涛在人民大会堂会见时任中国国民党主席连战，并举行历史性会谈，达成两岸和平发展五项愿景。当天下午，国共两党主席在时隔 60 年后第一次握手。贺延光谈了自己的创作经历和创作意图，他提前两个多小时就来到人民大会堂，选取一个最佳拍摄位置，心想一定要拍张两位领导人的全身像。六十年一个甲子轮回，全身像的意义和内涵不言而喻。另外，他选取站在给记者准备的台阶的最高处，稍微有点俯角，这样画面的背景落在红地毯上，红色是中国人最喜欢的喜庆颜色，在重大活动、重要庆典时刻，红色成了主旋律。事实证明，贺延光选取的角度比电视台直播的角度好，电视直播画面上能明显看到背景处的门。为了获取最佳效果，平时一般不用闪光灯的他，为了这个重要时刻，他带上闪光灯；为了让闪光呈现最佳效果，在领导人会见前，他对着大会堂的工作人员试拍了 50 多张照片，把闪光灯调到最佳角度和最准确指数。

激动人心的时刻到了。当连战进入人民大会堂，迈向已经在此等候他的胡锦涛，就在连战快到会见的中心点时，胡锦涛也迈出一小步，伸出手上前迎接连战，贺延光拍下这个经典时刻。4 月 30 日，全国所有报纸都在头版显著位置刊登胡连会的照片，其他媒体基本都采用两位领导人手握在一起面对镜头的半身像，而《中国青年报》在报眼位置刊登的新闻照片颇为与众不同——《两党一小步，民族一大步》。

这次新闻事件最美的点、最佳的摄影瞬间，不在两位领导人手握在一起的高潮时刻，而在是高潮之前，他们共同迈步向前。

一张精品新闻摄影图片，不仅是好的新闻作品，还是好的艺术作品。贺延光的这幅作品就是这样的精品，不仅准确报道了两党最高领导人会见新闻，还完美诠释了“两党一小步，民族一大步”的内涵。同时，作者独到的构图，让画面中背景色彩呈现大面积的代表吉祥、喜庆、热烈、奔放的红色，以及两侧辅以给人愉快、充满希望和活力感觉的黄色。这样的大面积的暖色调构图，让人眼前一亮，心头一热，在获取新闻信息的同时，还有视觉上的艺术享受。

《两党一小步，民族一大步》不仅赢得广大读者的青睐，还受到业界的好评，荣获了第十六届中国新闻奖一等奖，第三届中国新闻摄影“金镜头”奖非突发新闻类金奖，《人民摄影》报第14届新闻摄影作品年度图片大奖。据贺延光本人透露，胡锦涛总书记也非常喜欢这张照片，报社特地放大了一张送给他。

能不能抓住不在高潮时的最美瞬间，功夫在诗外。当然，更多的新闻摄影中最美瞬间是在高潮部分，这就需要摄影记者和摄影师要有精准的预判能力和熟练的抓拍技术。

2008年汶川地震，那张《敬礼娃娃》(原名《生命的敬礼》)感动了无数人。那就是一张抓拍于新闻事件高潮时刻最美瞬间的摄影作品。作者杨卫华是四川《绵阳晚报》的一名摄影记者，5月13日，在北川旧城的一处废墟前，杨卫华听到一个孩子的哭声，马上寻找起来，发现了被埋在废墟里只有三岁的小郎铮。他赶快叫来部队官兵。经过两个小时的救援，小郎铮被救上来了，只见他浑身是土是血，左臂骨折。战士们找来一块板，抬起小郎铮。杨卫华本以为这一段采访结束了，正起身寻找新的拍摄目标时，却听到孩子在一字一字地说：“谢谢叔叔！”他立即转身，看到小郎铮举起右手敬礼，他赶紧举起相机，按下快门，拍下了这张感动千万人的照片《敬礼娃娃》。杨卫华事后说，多亏相机处于待机状态，如果关机了再打开，这个画面就拍不下来了。

新闻摄影看似简单，端起相机按一下快门即可，但要拍到最美瞬间，不是一蹴而就的，摄影记者和摄影师不仅要练就过硬的本领，思考显得更为重要。

好的新闻照片会说话

林圣敏

好的新闻照片会说话，仅用一帧帧简洁、震撼的画面，便能讲述一个个极具感染力的故事，达到“一图胜千言”的效果。那么，如何用新闻照片说话？

首先，想好说什么。新闻摄影要找准新闻主体，直奔主题、直抒胸臆，让受众清楚照片想要表达什么。拍摄过程中，可以通过合理布局、调整影像比例关系等方式，将新闻主体置于视觉焦点位置，占据绝对 C 位。同时，可以运用光线、透视、色彩、虚实等形式，强化渲染主题。此外，还要注意新闻主体之外的背景信息选择。好的照片没有多余的内容，背景内容过多会造成喧宾夺主，内容过少则容易造成新闻要素的缺失，只有选取得当才能起到画龙点睛的效果。

其次，说有意思的话。新闻摄影必须注重新闻性与艺术性的统一，既要有较强的新闻价值，又要有较高的艺术欣赏价值。新闻摄影记者要时刻关注时事热点，用精准的眼光发现新闻点，深入生活、深入现场，及时摄取典型瞬间，才能拍出受众喜闻乐见的好作品。要熟练掌握拍摄技巧，在此基础上运用艺术手法，用构思巧妙、独特新颖的角度和方式进行拍摄，提升作品的感染力，让人耳目一新。要提升作品的思想性，注重情感表达和理念传递，引发受众共鸣。有时一张笑脸、一个手势、一件物品的捕捉，会提升整个作品的思想境界。

最后，说真话实话。真实是新闻的生命，新闻摄影是对新闻事件的“直播”，对现场精彩瞬间的真实还原和浓缩，必须坚守真实这一基本准则。当前，媒体中出现一些摆拍的摄影作品，对新闻事实进行篡改或凭空杜撰，一方面失去了新闻的真实性，丧失新闻从业者的基本职业操守；另一方面，失去了新闻照片的灵魂，在艺术感染力和视觉冲击力上大打折扣。好的摄影作品受人赞颂、流芳百世，假的作品在历史长河中很快就会销声匿迹，甚至会遭众人唾弃。

我与相机的几次邂逅："一等奖"成长记忆

代 超

要拍出一张好的摄影作品绝非易事，这门技术活需要长期时间的酝酿和打磨。

2021 年建党 100 周年之际，云南省公安厅举办过一次规模宏大的边境题材摄影比赛，一组怒江边境管理支队石月亮边境派出所"亚坪夫妻岗"参展作品获评云南省公安厅"一等奖"。

谁又会想到刚开始接触摄影连相机功能键都不熟悉的我后来还能拿奖呢？初识到熟悉，要从我与相机的几次邂逅说起。

2016 年 2 月，警院毕业后我踏上工作岗位，在政工岗位上因为工作需要我第一次接触到相机。那个时候的我甚至连按钮功能都要问"度娘"，后面索性自动功能伴随了我一的时间，只要能记录战友们的工作日常就满足了。

2017 年，我被借调支队宣传文化科跟班学习，当时的科长是谢国强。一段时间的相处，我拿着相机的"一举一动"他都看在眼里。"自动挡位的照片是没有灵魂的。"科长的一席话让我觉得脸红，随后他细心地给我介绍相机的各个功能键的运用，包括会议照片如何构图，给领导拍照的一些注意事项、后期的处理等等。耳提面命下，我开始了和相机的初识。经过四年时间的积累，我能够熟练地做到各类功能键的组合运用。

要说我和相机的"灵魂相遇"，就不得不提到我向潘增良主席一次深入学习的机遇。潘老师是云南玉溪人，现在昆明市公安局政治部宣传处工作，云南公安摄影协会主席，多部作品被云南省博物馆收藏。几十年的积累，他从公安一线民警到成为全国优秀公安摄影家。

2021 年 4 月，一次偶然的机会，潘老师来怒江州拍摄边境题材类作品，我有幸和他一道去真正认识怒江的大美山川、边境一线民警努力工作的精彩瞬间。

“拍水最好在上午、选图构图框架要合理、光线要掌握好、公安题材要反映纪实 ......”短短的一周里，他将自己摄影路上成功密码全部倾囊相授。

这时，我才领悟到好的摄影作品的出现原来有这么多的窍门。首先你要明确自己拍摄的主题，选择一个时光正好、波澜不惊的日子，结合实际运用好各类构图加以修饰，调整好相机的参数，最后就要考验自己的运镜和对美的感悟了。

没想到不久后，学到的知识就成功得到了运用。为庆祝建党 100 周年，省公安厅举办了公安题材摄影作品展。我来到辖区石月亮边境派出所亚坪警务室，刘明佳、边玲玲夫妻二人成边故事让我深受启发。我想，这样的事迹应该让更多人知道和学习，于是我用几天的时间跟拍了一组工作纪实类照片，将他们爱岗敬业的感人故事通过手中的镜头记录下来，平凡的故事给人以感动。

“小代，你的摄影作品获奖啦，还是省厅一等奖呢！”“啊？是吗，得亏您悉心指导呢。”潘老师第一时间告诉了我喜讯，欢喜之余让我对摄影这门艺术有了全新的认识。

镜头记录时光，我们又何尝不是在时光的镜头下去享受、去品味、去探寻生命中的美呢？

新闻情怀

热爱是最好老师

邱小平

高考前，我的理想是学新闻当体育记者，没想到却考入警校学刑侦，那时理想又变成当福尔摩斯一般的“神探”，后来入伍成为边防军人。正当我信心满满地朝着“钢枪挑日月，当兵守边防”的神圣目标奋斗时，却峰回路转，走上新闻之路，成为一名记者，一路坎坷却终于圆梦。

上高中时，国内足球职业联赛方兴未艾，第一届 CBA 联赛也刚刚开锣。我对职业体育异常钟爱，理想就是考新闻系，成为一名职业体育记者，纵横南美欧洲足坛，看尽五大联赛和桑巴激情。那时，每周一期的《体坛周报》出版当天洛阳纸贵。根据《体坛周报》的风格，我写了很多球评，投给《体坛周报》《足球报》，即使从未被刊登，我也从未放弃看球写稿的兴趣。

高考后被提前批次的警官学院录取，记者梦也渐行渐远。彼时，因代理著名棒球选手辛普森杀妻案而誉满全球的刑事鉴定专家李昌钰是我们学院客座教授，定期前来授课。在一次聆听李教授关于证据学的讲座后，感觉当一名大侦探也是不错的选择。

2003 年春，“非典”肆虐，在毕业的前一天，我被原黑龙江边防总队接收，经过半年的岗前培训，被分配到乌苏里江边的一个边防派出所，第一个岗位是户籍内勤，当大侦探的理想也从此湮灭在风中。

派出所平时案件不多，每天有大把的时间。可是驻地是个偏僻的小村，没有任何娱乐，每天只能在工作之余看看党报了解国家大事和时政。

有一天，一位老人找我办理注销户籍手续，他的儿子李牧 27 岁英年早逝。

在派出所内勤室，他给我讲了整整一上午他儿子的坎坷故事，令人唏嘘不已。晚上闲来无事，我无意中看到《双鸭山日报》周末版有个百姓故事的栏目，讲的也是普通人的故事，何不把李牧的故事写一写？

说干就干，一个晚上的时间，我洋洋洒洒写了五千多字，打印出来，按照报纸地址邮寄过去。两个星期后的一天，邮递员来到派出所说："小邱，不错嘛，写的文章发了一个版。"我这才发现，《双鸭山日报》周末版用整整一个版面刊登了我的稿件，标题是《曾经的李牧，永远的感动》。那一刻，我的记者梦被唤醒。

从此之后，我废寝忘食地写稿发稿，但却再无斩获。所长老甄揶揄我道："你发那些乱起八糟的没什么用，咱们所应该也有宣传报道的点，你有工夫好好琢磨一下。"

痛定思痛，我认真研究党报党刊发稿规律，改变因为长期阅读南方报系而形成的《南方周末》风格式的写作。很快，第一篇通讯在原《边防警察报》四版刊发。收到报纸后，我特意扩大四倍，放在值班室桌子玻璃板下面压着。每次经过，老甄都"气得不行"，却再也没有对我业余时间的写作"评头论足"。

在基层边防派出所工作 6 个月零 10 天后，当我刚从邮局发完投稿信回来，碰到一脸凝重的老甄。我以为他又要骂我野哪儿去了，哪知他轻拍我的头说："你小子的苦日子终于到头儿了，支队调你到政治处工作，赶紧回去收拾行李。"

越过大队直接到支队机关了，不可能啊。正当我揣摩老甄是不是戏弄我的时候，他拿出一份传真："真的，假不了。"

于是，我成了支队政治处宣传干事，每天的工作就是写稿投稿。虽然有些琐碎，但我很喜欢，当年的记者梦有时也会忽隐忽现，但觉得离我还是很远。我只是一个基层通讯员，当记者，还是别想了。

2005 年 11 月，我被派往原边防警察报社实习，从冰天雪地的北国来到广州，经过广州大道中的南方报业大厦时，我深情地望着这个建筑。原来，多年坚持阅读《南方周末》，成为一名记者的梦想虽然隐忍却从未稍离。

实习生活繁忙而充实，看着一篇平淡无奇的稿件经过编辑老师数次三番修改之后，以焕然一新的面貌呈现眼前，那种莫名的震惊无以言表。

记得一天出报签字前，当时报社的王总编对一篇反映院校教学成果的通讯

《雏鹰从这里起飞》再三斟酌。他反复追问:“标题能不能再凝练一点?”编辑老师说这个标题已经修改了三次,这个目前比较合适。王总编沉默不语,所有的编辑都凑上来出谋划策。有的说《雏鹰展翅欲高飞》更好,有的说《雏鹰展翅欲翱翔》更有韵味,经过一个多小时的讨论,最后标题确定为《雏鹰展翅欲翱翔》。

实习的锻炼让我对新闻写作有了全新的认识。文似看山不喜平,新闻也一样,洞若观火的新闻敏感、深入扎实的实地采访是一篇优秀报道的基础,而制作一个令人惊艳的标题、让人耳目一新的导语,则是一篇好新闻的点睛之笔。此后,我更加用心地采访写稿,更多的新闻稿件也见诸媒体。

2009 年 11 月,我参加了国家新闻出版署的新闻采编从业人员资格培训,并顺利结业。4 个月后,我拿到了新闻记者证,那一刻,激动的心情无以言表。多年的记者梦,在历经高考失利、“痛苦”转行、希望破灭之后,以另外一种方式峰回路转,同时也让我明白,心若在,梦就在。

成为记者之后,我撰写的新闻稿件多次在《中国移民管理报》的好新闻评比中获奖,也曾获黑龙江新闻奖。得到的越多,就越发觉得自己的渺小,离心目中的“名记”还有很远的距离,自己总是用惠特曼的一句诗警醒自己:“不论你望得多远,仍然有无限的空间在外边;无论你能数多久,仍然有无限的时间数不清。”

热爱是最好的老师,在新闻的道路上,我将继续上下求索。

好记者要讲好故事

回金田

人生旅途中，总有一些偶遇，会温暖生命，让人回味悠长。

2019 年 10 月，我有幸代表中国移民管理报社参加中央宣传部、中央网信办、国家广电总局、中国记协主办的“好记者讲好故事”活动，本以为是去“打酱油”，没想到一路闯关夺隘进入决赛，被评为“优秀选手”“优胜选手”。幸运还不止如此，一旦开挂就有点势不可挡的态势。12 月，我作为全国政法系统唯一代表，参加中宣部“好记者讲好故事”巡回报告团，奔赴北京日报集团、清华大学、南京、苏州、青岛五地宣讲。

代表中宣部参加中国记者最高规格、最高平台的全国宣讲，这可是个很严肃的政治任务。每名记者的稿子都经过了百般打磨，但要站上全国的平台，仍然需要经历严苛把关和认真修改，让我们多少都有点烦躁。

中国记协国内部主任殷陆君说服能力极强，他的“破伤风”理论极具号召力。他说一张照片有问题，或者一句话说错了，大家会怀疑你整篇稿子都是假的，进而怀疑其他人的稿子也站不住脚，从而否定了整个活动，就像人得了“破伤风”一样。每一名记者都被殷主任说服，心甘情愿地投入一轮又一轮的修改完善中。

2019 年 12 月 12 日，我们首场宣讲走进北京日报集团。当我站在舞台，讲述移民管理警察守护边疆的故事时，我的心情竟然十分平静，没有了比赛时的紧张，更多是面对新闻同仁的亲切。那场宣讲虽然略显生涩，但结束后大家都非常兴奋，有一种原来如此的熟悉。北京的第二场宣讲是在清华大学，现场观众虽然不是很多，但是他们的提问很有质量。紧接着，我们一路南下北上，走进南京、苏州、青岛，圆满完成宣讲任务。

一路走来一路歌。从初赛、复赛、培训到宣讲，我们一组的十名记者从陌生到熟悉，对每个人的稿子都差不多倒背如流。善于发现是记者的本能，我们凑到一起，更是把这种本能发挥到极致。不知道是谁的创意，大家竟然能够把每篇稿子的"金句"串联起来，合成一个相对完整又很独特的故事。我们每天乐此不疲地玩着"接句"游戏，那种场景至今仍然记忆犹新。

就我们的宣讲，各级媒体都进行了深入报道，业界也给予高度评价。中国海洋大学新闻学院欧阳霞老师感慨地说：在这个网络时代来临、传统媒体式微，记者"前途未卜"的年代，仍有很多记者以笔为枪，记录着时代，传播着价值，特别是能够有这种记者讲述自己故事的平台，让人唏嘘赞叹的同时，也是一种可贵的探索。

有的人说，你的样子，就是中国的样子。在巡讲中，我的这种感受特别深刻。南京的一位观众说，《中国移民管理报》记者回金田，记录自己两次进藏采访遇到的感人事迹，边防卫士的坚韧与爱，流淌在他的字里行间。青岛的一名大学生说，我也想像回金田记者讲的那些英雄一样，在祖国最需要的地方奉献青春和力量。

我知道，当我身着警服站在台上，讲述着移民管理警察戍边卫国的故事，观众屏气凝神、掌声热烈，这些并不是因为我的讲述风格有多么熟练，而是我身后广大战斗在边境口岸一线的第一代移民管理警察受人敬佩。

有缘因"好记者讲好故事"这个平台相遇，我们都惺惺相惜，结下了深厚的战斗友谊。彼此有啥"情报"，一定第一时间分享；有啥困难需要帮忙，一定是一呼百应。当时我们宣讲小组拉的群直到现在也没有解散，虽然经常陷入沉寂，但稍有动静就会群情振奋，七嘴八舌热闹起来。大家都关注着彼此的动态，分享着各自的喜悦。前段时间，大家都给战斗在武汉的《楚天都市报》记者胡成老师加油；上个月，我们又都在疯狂地给贵州广播电视总台记者苏畅即将诞生的爱女起名字；就在这几天，江苏广播电视总台的记者姜超楠获得两个中国新闻奖，又是欢呼雀跃了一番……新闻界老前辈郭超人说过，记者笔下有财产万千，笔下有毁誉忠奸，笔下有是非曲直，笔下有人命关天。参加巡回宣讲的每一个记者都以此为铭，在不同的岗位上守护着新闻的价值，这就是我们共同的价值观念，也正在共同见证着、记录着伟大祖国步履铿锵走向复兴的美丽风景。这是这个伟大的时代记者最大的光荣。

人这一生，有很多角色。有的天生设定，比如为人子女，为人父母；有的后天赐予，比如成了军人、警察、记者等。感谢命运，让我生命中有过一段难忘的军旅回忆，打好了我人生的底色。如今，我成了移民管理警察，还有幸是一名记者。在观众和读者眼里，我是记者更是警察，我代表着更多的是战斗在边疆国门的移民管理警察们，他们通过我，看到了戍边战友的风采，从而对他们心存敬意。在我的采访对象心目中，我既是战友更是记者，他们通过我，传递他们的心声，反映他们的生活，为他们大声歌唱。警察、记者，我总是被这双重身份所喜悦着、鼓舞着。

我是警察，我是记者。今生是你，真好！

用心记录平凡而伟大的故事

回金田

做了十九年文字工作，当了十六年记者，从事杂志编辑工作两年，虽然总是怀着学无止境的上进之心，但随着年龄的增长，自认为有些许自负。比如好为人师，有时随意瞄上几眼就敢给后辈“指点迷津”；有时面对渴望的眼神，大言不惭地“喋喋不休”；更多的时候，是面对通讯员的稿件毫无“怜悯之心”，拿起如剪之笔任意“霍活儿”；甚至面对编辑对我提出的改稿建议，还会产生抵触情绪。直到遇上“好记者讲好故事”活动……

“好记者讲好故事”活动是由中宣部、中央网信办、国家广电总局、中国记协主办，面向全国新闻战线开展的演讲活动，自2014年起已成功举办了六届。自2016年报社派员参加此项活动以来，三名参赛记者均挺进决赛，取得优异成绩。

对于从未参加过任何演讲活动的我而言，参加此次活动算是人生难得的经历，从2019年9月参加中国行业报协会预赛、决赛，到10月16日通过全国选拔赛入围前30名，取得“优秀选手”“优胜选手”称号，这一切，直到现在还恍如梦中。

得知闯进决赛的消息，有些意外，又有些欣喜。更让我没想到的是，已经过了五关斩了六将，仅仅是一篇好稿件“炼成”的起手式。

“你这稿子有两个明显的硬伤，一是事件本身与作者之间联系不够紧密，二是时代主题不够鲜明……”选拔赛结束的当天晚上，中国记协国内部主任殷陆君逐一辅导进入决赛的30名选手。当我强压兴奋坐到殷主任面前接受辅导时，他给出的修改意见像是寒冬腊月从头顶浇下的带着冰碴的水，那种感觉透心凉。

回到房间半夜未眠，想了很多，也反思了很久。应该说近二十年来，这篇《天下没有远方，有爱就是天堂》算是最“走心”的稿件之一了。稿件是我两次进藏采访的经历，反映了无论是公安边防军人还是移民管理警察，都卫国戍边、无怨无悔的感人故事。这篇稿件写成后，还请各路大咖多次提出修改意见，先后参加了三次演讲，不断打磨完善，也得到很多人的肯定和表扬。没想到自认为近乎“完美”的稿件，在前辈眼里就像未经打磨的一块顽石，就像刚刚迈出第一步的长征，距离目的地还远着呢！

“在人的一生之中，成长远远比成功更重要。”第二天的授课中，中央广播电视总台吕大庆老师的一句话让我很受触动。反省自身，走到决赛已经是很好的结果，继续前行关山重重。为何不把这个参赛的过程当成学习的过程？当成一个找差距、补不足的过程？当成一个展现第一代移民管理人风采的过程？晚上，我给吕老师发了一条微信，寒暄客套之余，也表达了想被辅导的强烈渴望。

“来吧！”22 时 30 分，我站在吕老师面前，按照原稿演讲了一遍。“总体还可以，但是硬伤很多，主要是情绪不对。”因辅导众多选手十分疲惫的吕老师开门见山，“两次进藏采访的主线是体制改革，而系统内的改革无论是读者还是观众，都不太关心，受众面太小无法引起共鸣。”

“比如‘按照深化党和国家机构改革要求，2019 年 1 月 1 日，公安边防部队全部退出现役。在这次体系性重塑和根本性变革中，我和我的战友们脱下军装，穿上警服，成了第一代移民管理警察。’这段话，感情不够充沛甚至不够平和，让人感觉蕴含着某种负面情绪。”我点头如捣蒜，在认真记录的同时，不禁暗暗钦佩吕老师目光如炬。

“还有‘反映墨脱边防官兵生存状态的报道刊发后，引起了各级领导的高度关注，出台了一系列暖心惠兵的措施，这也是我记者生涯非常值得骄傲的一件事儿。’这一段，没有任何生命的张力，平淡得像白开水，给人留不下任何印象。”吕老师的话让我心服口服，也明白了努力的方向。

“你需要考虑受众的感受。”吕老师的结束语让我豁然开朗。在四天的培训里，让大家惊喜连连的是，两位中国传媒大学老师和央视著名主播的课浅显易懂，金句频出：

对比一下，是“请把座位让给需要的人”，还是“如果您看到身边有老人孩子孕妇或者站立不便的，请把您的座位让给他们”更能让你付诸行动？

演讲对人影响最大的不是演讲技巧，而是演讲者的感情能否把人带到那种情景之中。最重要的还是问问你自己，你讲的到底是不是一个好故事？

你的故事有没有把你真正感动？

…… ……

这四天，我贪婪地吸吮着学识的乳汁快速成长，仿佛听到了内心深处禾苗生长的声音。

2019 年 10 月 21 日 14 时 30 分，决赛现场，我重新演绎《天下没有远方，有爱就是天堂》——

> 这两次进藏采访的经历，是我 16 年记者生涯行走边疆的一个片段，却让我更加深刻地懂得，无论是曾经铁马征衣、无上荣光的中国公安边防，还是扎根边疆、以身许国的移民管理警察，我最亲爱的战友们都把青春的花朵绽放在了祖国最需要的地方！无论山高路远，千难万难，我都要用心、用笔、用镜头把这些平凡而伟大的故事记录下来，讲述给人们听，展示给大家看。这，就是我，一个记者的责任和担当！

随着我庄严的敬礼，评委和在场的记者同仁给予了热烈的掌声。吕老师说：“我们提出的意见你都很好地改进并进行了完美诠释，在你身上，我看到了第一代移民管理警察的豪气担当！”

新华社科技记者郭爽说：“移民管理警察的故事感动了我，我真的听哭了。”《人民日报》读者来信编辑室副主编张洋说：“好故事靠的是真感情，你做到了！”

中央广播电视总台时政部记者王鹏飞微信给我留言：“您的演讲太棒了！我必须手动赞您！”

甘肃省武威市广播电视台记者袁洁说：“在你的讲述中，我们看到了边疆将士守边的豪迈，在流下激动泪水的同时，为我们的守边兄弟点赞！”

虽然最后无缘参加中央广播电视总台记者节特别节目录制，但是专家和同行的肯定让我收获满满，更让我高兴的是，多了一次讲述第一代移民管理警察故事，让大家了解我们、支持我们的宝贵机会。

这次参加“好记者讲好故事”活动的改稿经历是我工作生涯中一个全新的起点，朴素点说就是知道了“山外有山，人外有人”。更让我懂得了，作为一名移民管理警察、一名记者，讲新中国第一代移民管理警察的故事，讲让人听得懂、有共鸣的好故事是我义不容辞的责任和使命。

前路漫漫，我会加倍努力。

我不是一个人在战斗

洪燕森

2020年，我有幸以《中国移民管理报》记者身份，参加中央宣传部、中央网信办、国家广电总局、中国记协主办的第七届“好记者讲好故事”活动。如此高规格的比赛，让我诚惶诚恐，也获益良多。

前台上我亮相了，但从报名、选题、撰文、配图、试讲到最后参赛，每一步都是幕后团队的功劳，我心怀感恩。

接到通知时，距离初赛时间已不足十天。讲稿还没写，我一时间手足无措，压力巨大。后来在报社老师和厦门边检总站政治处领导的指导下，我慢慢梳理思路，选定了我熟悉的“服务海峡两岸交流”这一主题。

选题定了，我的心也就安定了许多，接下来就是全力组稿。当时手头还有工作，同事毫不犹豫接过去，还有专人配合制作PPT，创造条件让我集中精力写稿备战。

熬了几个晚上，讲述泉州边检站民警亲情服务两岸往来故事的演讲稿《团圆的梦想》成型。

可到了北京，在报社老师的点拨下，演讲初稿需要改进的地方太多。不要说角逐全国性的比赛，就算拿在移民管理机构内部比拼，也很难脱颖而出。

这可怎么办？离初赛只剩五天，我就像霜打的茄子一样，蔫了。

重整旗鼓，改稿！

参加过第六届“好记者讲好故事”活动的回金田老师专门进京，一字一句指导我改稿。从文章框架搭建到故事讲述，他和我一遍一遍沟通，一次一次论证推翻再论证，一点一点琢磨提炼……回老师的鼓励，让我越改越有信心。

稿子再次成型，这一稿不仅站位提高一大截，而且更有温度和情怀。接下来就是提升演讲技巧和展现形式，报社美编连续加班完善 PPT，总站同事随叫随应供应素材，全报社人员一遍遍听我试演试讲。

表情不够自然、肢体语言不丰富……问题逐一暴露。我发音不准，缺少抑扬顿挫。作为闽南人，我的普通话在家乡不算差，可在北京，闽南口音便凸显出来。临阵磨枪，不快也光。比赛前两天，报社找来专业演讲老师指导我。

就这样，在整个团队的鼎力帮助下，2020 年 9 月 13 日，我走上赛场。赛前有团队反复打磨，赛场有团队前后忙碌，比赛时我底气十足，幸运地挺进全国选拔赛。

接下来，我面临的是更高层级的比拼，包括中央电视台、新华社在内的全国新闻媒体记者代表齐聚北京，争夺最后总决赛的名额。

我跟自己说，一定要全力以赴，不能辜负大家的信任和支持。而后，我全身心投入选拔赛备战。这次要站在国家移民管理机构层级组稿，意味着原来的稿子必须推翻重来。

重来的过程中，最艰难的是克服思维惯性。刚开始，我一直绕在前一稿的逻辑里，思路迟迟打不开。聂虹影社长给我点拨了几个立意的方向，安慰我不用太焦虑；杨林、于雷主任分别用他们的采访经历给我点拨；有过参赛经验的回金田老师再次上阵引路，甚至手把手帮我提纲挈领搭出框架……幕后的群策群力，使我的思路渐渐清晰。

如果说初赛阶段注重的是演讲技巧，那这一阶段，更注重的是与人民同呼吸共命运的真情，这也让我对记者这一角色的使命和担当有了更深的体悟。

9 月 15 日，我跟随于雷主任到北京边检总站，采访全国抗击新冠肺炎疫情先进个人王晶。脚下沾满多少泥土，心中便沉淀多少真情。近距离采访先进典型后，我心中的敬意越发至诚，心中有很多话想要表达。采访回来，我撰写的采访手记《青年人就要有青年人的样子》在本报刊载，所见所闻所思所感倾诉而出。

只有更接近现场，才能更接近生活。有了多次现场采访的经历，稿子越来越接地气，再加上报社团队的打磨，越来越鲜活。此刻，我更加明白，我不是一个人在战斗！

备战复选赛时，几次试讲，报社王益民、夏飞老师提了很多建议，都悉数融入演讲。聂社长还专门对我演讲技巧开展针对性训练，并请专业主持人为我辅导。

全国选拔赛投票环节，主办方把选手演讲简介发到网上进行展示和投票。杨林主任第一时间就呼吁大家支持；厦门边检总站“八闽边检”公众号专门推送“为身边的好记者投票打CALL”，为我摇旗呐喊；微信同事群、亲友群、同学群里，都给我莫大鼓励，令我倍感温馨。无论票数多少，能得到大家的支持，我感动不已。我知道，我不是一个人在战斗！

选拔赛阶段，各路高手齐聚一堂。这阶段对我来说，特别艰难，但收获良多。看到各路高手或娓娓道来，或真情讲述，或慷慨激昂，我深刻感受到作为一名记者的使命与担当，那是与祖国和人民血脉相连的呼吁，是融入整个大时代的作为。

成长比成果更重要。我想要把共和国第一代移民管理警察的故事讲给大家听，想要把战友们在国门边境一线默默坚守、严防境外疫情输入的平凡和伟大讲给全国人民听。决赛现场，我稳定发挥，认真表达，倾情讲述了第一代移民管理警察的奉献与担当。

战友们的故事打动了现场的评委和观众，我也有幸被评为“优秀选手”“优胜选手”。

荣誉是属于大家的，属于坚守在国门一线的所有战友！对我来说，一路走来，我参与了、经历了，感动了、成长了，心底唯有满满感恩。

我不是一个人在战斗。我知道，这份力量将召唤着我继续向前进！

感恩这个精神家园

石 白

报社又搬家了。

出差时，在国家移民管理局机关食堂碰到中国移民管理报社的一个“小老师”，聊了几句，知道报社又要从机关搬到北京亦庄了。

晚上 8 点多，机关早就下班了，报社编辑部还灯火通明，但静悄悄的。透过个别半掩的门缝，编辑老师们都盯在电脑前。

这是个周四，报纸明天要出版。在微信群，出样报的时间一般都在晚上 11 点左右。这个时间点，正是忙的时候。

本不该在出报日来，但从明天开始他们就要到亦庄办公了，离机关远了点，再过去就不方便了。

寻到杨林老师的办公室，寒暄了几句，一个小家伙跑过来告诉杨林，报纸要签审了。杨林热情地邀请我到聂虹影主任的办公室看看，也见证一下在机关最后一期报纸的签审。

聂主任放下手里的电话，欢迎我这位在“机关办的最后一期报纸的最后一位客人”。那一刻，我被她的真诚和热情感动了。

我觉得签审是项特别严谨的工作，简单聊了几句就跟她和杨林道别，也跟边上等着签审的年轻的、充满朝气的编辑老师们挥挥手。

这些娃们真是年轻。当年初见杨林，他大概也是这样的年纪吧。

那时候的报纸还叫《边防战士报》，版面是那种小的四开版，编辑部还在云南，跟昆明边防指挥学校在一个院子里。写了两年的稿子，就跟杨林、袁金龙等老师有了联系。

记得有一年，单位安排我送战士学员去云南昆明边防指挥学校报到，顺带有了第一次跟老师们一叙的机会，想来至今已有二十五个年头了。

那时的联系远不如今天这般便捷，更多是在写稿、投稿中跟老师们交流，也在和报纸的交流中成长。

后来，报社搬到了广东，在广州边防指挥学校的院子里。2007 年到学校参加培训，又有机会到编辑部拜会老师们。几个老师在一个房间里办公，很局促、很简陋，聚精会神伏在案头改写稿子是他们工作的常态。

再后来，报社搬到了首都，一开始是在亦庄独立办公，不知啥时搬到了机关。都电子投稿了，基层的通讯员们大多是稿件一篇篇地投，报纸一期期地收，报社在哪儿办公，关注得倒是少了。

这期间，我断断续续换了不少岗位，也断断续续给报社投了各种各样的稿子。直到有一天，报纸改名叫《中国移民管理报》。

我们换了服装，报纸换了名字。不知不觉间，多了很多感触，也在刻意间、无意间，多了写的冲动，写给报社，也写给自己。

如今报社又“搬家”了，难得在机关还能和熟识了好久，但却不曾见过几次的老师们叙叙旧、说说话。

从编辑部出来，一边想着看到已不算年轻但依然意气风发的杨林，感叹岁月真得如梭，一边想着这近三十年来，报纸用文字帮我留下的工作、生活的痕迹，便由衷地感恩这个很多人共有的由小到大、由南到北的精神家园。

岁月改变的只是容颜，却从未改变心底的那一份喜欢，即便久未谋面。

滋润成边人心灵的精神伴侣

汤春明

阅读可以使人改变习惯，成就自我；阅读也可以使人历练修为，获得幸福；阅读还可以使人提升视野，实现价值。一路走来，正是阅读滋养了我的初心，让我牢记使命，继续前行。当然，最为难忘、最需感恩的还是《中国移民管理报》。

这份报纸的源头可以追溯到云南昆明，然后从春城到羊城，再到京城。如今，又从五环外来到二环内。特殊的是，她可以四易其名，从《边防战士报》到《边防警察报》，从《中国边防警察报》到《中国移民管理报》；更特殊的是，她从现役制华丽转身职业制，但始终不变的是弘扬主旋律，占领主阵地。

第一次认识《边防战士报》是在1996年，我刚从赣东北偏僻的小山村入伍来到西南边陲的一座新兵营。虽然部队驻地四季如春，军营生活如火如荼，但闲暇时难免会思念亲人、想念家乡。这时，班长给我们送来一份报纸，还特意说："这是一份属于我们边防战士的报纸，也是宣传部队好人好事的窗口，希望大家踊跃投稿。"当时，我很认真地捧读这份报纸，越读越有味道、越读越有力量，原来我们的部队是一支战绩辉煌、英雄辈出的队伍。

自打从《边防战士报》中汲取到营养后，我信心倍增，更加热爱边防。每次训练学习完第一件事，就是看报。不论走到哪，兜里都揣着《边防战士报》。新训结束后，我采写的《功臣支队映红96万颗心》一稿，在《边防战士报》头版显著位置刊发，那种激动和喜悦的心情至今忆起仍是喜不自禁。

后来，因工作需要，我转岗组织工作。虽然不再从事新闻宣传工作，但正是读报让我拓展了思维、激发了灵感。

德宏边境管理支队是原公安边防部队编制、任务、体量最大的支队级单位之一，特别是在缉枪缉毒任务中，每年都会涌现出一大批先进典型和缉毒功臣。其中，最让我难忘的是被公安部表彰为“钢铁战士”的查应鹏。2003年8月，他赤手空拳与手持凶器的毒贩搏斗，在身中七刀的情况下，仍凭着顽强的斗志和惊人的毅力将毒贩制服。在采写查应鹏事迹时，我认真研读学习了《边防战士报》每一期人物通讯，并深入研究手头的素材，经常通宵达旦、废寝忘食，努力将这篇通讯做到深刻独到、有血有肉，后经各级主流媒体报道，英雄血染边关的故事激励着广大戍边将士，在边境一线广为传播。

2006年年底，我从边关调回内地，因任职岗位变动，我再次成为宣传干事。虽然一直从事文字工作，但组织工作和新闻宣传在文字组织、逻辑结构和受众对象上有很大区别。此时的《边防战士报》已成为《边防警察报》，我虚心向编辑老师请教，他们让我调整思路，做到小中见大。为此，我努力学习专业知识，抓好新闻策划，不放过每一次机会。

2008年1月26日7时，我从广播中得知九江长江大桥公路桥上因雨雪冰冻灾害，桥上滞留了数百名司乘人员。我立即带战士赶过去，一边送上方便面等急需用品，一边采写第一手新闻。由于时效性强、场面感人，《边防警察报》一版予以浓墨重彩报道。从那时起至2013年离开九江边检站，我连续七年被边防警察报社、原公安部边防管理局政治部评为“优秀报道员”，并受邀在《边防警察报》通联会上作经验介绍。

经常有人问我，为什么你到现在还把写作视为第一乐事。我说，一想起《边防战士报》刊发我首篇青春之作时内心的激情，一想起当年《边防警察报》让我任职单位的好经验见诸全国引发的自豪，就有一种难抑的获得感和久违的幸福感。

更名后的《中国移民管理报》，尽管人员少、任务重，但移民管理系统的大事要事都能在第一时间展示。了解到报社编辑老师经常加班出报的情况，我更能体会到这份给全国戍边人带来文化盛宴报纸背后的艰辛与不易。

作为伴我二十三年从警路的报纸，无论你怎么转身，我都按捺不住对你的无限感激！正是有你这位精神伴侣，才让我有了源源不断的前行动力。

终点亦是起点

王春阳

“这里是终点，也是起点。”在中国传媒大学文化广场的景石上写着这样一段话，让我印象深刻。人的一生，会走过很多的起点和终点，似乎每个终点都代表了另一个起点的开始，但不管怎样，我们总会沿着梦想的方向一路前行。

还记得从警之初，穿上军装，背起行囊，我踏上了驶向警营的列车。这是学生时代的终点，也是军旅生涯的起点，从此人生有了不一样色彩。几年后，队伍转制，我成为了一名光荣的移民管理警察，这是军旅生涯的终点，也是人生新的起点。

2021 年 3 月 25 日，沐浴和煦的春风，拂去一身的尘土，我来到中传国际交流中心参加全国移民管理系统新闻舆论工作培训班。转眼间，为期五天的培训结束了，对我而言，这里同样是终点，也是起点。这是我第一次参加国家移民管理局举办的培训班，真切感受到了局党组对宣传工作的高度重视和对新闻宣传队伍的亲切关怀，也感受到了此次培训的“高大上”，倍感珍惜、倍受鼓舞、倍加振奋。

志合者，不以山海为远。作为学员，我很荣幸与来自五湖四海新闻宣传岗位的同仁们一起学习交流，共同投入到这场饕餮盛宴之中，在开阔眼界、建立友谊的同时，亦收获了满满的“干货”。五天的培训时间仿佛弹指一挥间，董关鹏教授的《全媒体时代突发事件处置与舆论引导》、杨宇军院长的《热点事件新闻发布》、李瑞英老师的《镜头前的语言表达》、华为北京研究中心的参观见学、模拟媒体采访的实践演练……我如一艘匆匆行驶的小船，徜徉在知识的海洋，眼里满是沿途的“风景”，思绪感慨万千，有对学习时光的不舍，也有对今后工作的几点启发。

保持时刻清醒的头脑，做一个政治上的明白人

习近平总书记强调：“做好党的新闻舆论工作，事关旗帜和道路，事关贯彻落实党的理论和路线方针政策，事关顺利推进党和国家各项事业，事关全党全国各族人民凝聚力和向心力，事关党和国家前途命运。”“五个事关”饱含总书记的殷切期待。一名新闻舆论工作者，必须把政治方向摆在第一位，牢牢坚持党性原则，牢牢坚持正确舆论导向。作为移民管理警察，贯彻落实党中央的理念和方针政策是我们首要做的事情。在日常工作中，要时刻保持头脑清醒，做一个政治上的明白人，立足于弘扬主旋律、传递正能量，精心开展策划，写有价值的新闻；深入基层一线，写有内容的新闻；讲好移民管理警察故事，写有温度的新闻，让广大群众清楚、了解我们的职责和使命，树立和维护移民管理警察的良好形象。

培养善于发现的眼睛，做一个生活中的细心人

平凡之中见伟大，细微之处见真情。我们的身边从来不缺乏美和感动，缺少的是发现它们的眼睛。可以说，新闻就在你我身边。以前总认为单位的新闻点少，只有日常事务性工作，缺乏具有新闻价值的热点事件。基于这一错误认识，看东西只浮于表面，很少挖掘背后的故事，导致宣传的内容千篇一律，没有亮点。通过培训，我发现只有用心去感知世界，写出的东西才有人间烟火气。而想成为一名优秀的新闻工作者，就应该用眼睛多观察身边的人和事，做一个生活中的细心人。多看、多问、多学，善于去发现平淡背后的新闻点，这样我们的写作才会更贴近生活，才能更容易走进读者内心，这样的新闻才具有人情味，才能真正做到润物细无声。

保持不断充电的状态，做一个工作上的有心人

“金河一去路千千，欲到天边更有天。”以前一直觉得自己是领域内的行家里手，直到接触了这么多专业的老师、同仁们后，才知道是沉浸在自己世界里、坐井观天的井底之蛙，需要学习的东西真是太多了。理论授课、交流探讨、实践演练、参观见学，都给予我心灵巨大的冲击。一个个全新的理念、一段段丰

富的阐释，像一股股正能量源源不断地向我传输着。仿佛战士在战场上没有了弹药，我真真切切地感受到了本领恐慌，引发出自身对工作、对人生的全新感悟和深度思考。几天培训下来，我不断给自己充电蓄能。我深知，老师教授的是“武功秘籍”，但武艺要练精还需靠个人多加练习、反复领悟，不断提高脚力、眼力、脑力和笔力。只有多思考、多学习、多积累，时刻保持不断充电的状态，做一个工作上的有心人，才能适应新时代岗位需要。

练就善于讲话的嘴巴，做一个正能量的传播人

俗话说：“酒香不怕巷子深。”但在当今信息化时代，大到国家政事，小到生活中的油盐酱醋，宣传的重要性大家都深有体会，再香再醇的美酒，没有好的宣传策划，也是无人问津。因此，宣传对我们战斗在一线的移民管理警察来说也有着至关重要的作用。只有善于宣传，讲好故事，才能将广大移民管理警察扎根边疆的感人事迹传递给更多不熟悉的人，将他们舍小家为大家的奉献精神，分享给更多需要鼓舞的人。现实生活中人人都爱听故事，所以在宣传工作中，我们要用“接地气”的语言方式讲好移民管理警察故事。当然，练就一张善于讲话的嘴巴，不光要会讲“新”话、讲“童”话、讲“笑”话，还要在应对突发舆情上会讲“真”话、讲“情”话，引导正确舆论导向，做一个正能量的传播人。

路漫漫其修远兮，吾将上下而求索。我将做到心中有信仰、肩上有担当、笔下有导向、脚下有力量，用有思想、有内容、有温度、有品质的新闻作品，讲好新时代移民管理警察故事。

致力打造精品　迎接春暖花开

周泽方

对于一份报纸来说，副刊版虽然版面位置靠后，却有自己的灵魂和个性；对许多读者来说，副刊版文学、文艺气息浓厚，是工作之余最愿意翻看的版面。好比一块园地，固然少不了四季常青的松柏、榕树、冬青，仅有这些还不够，一定还要迎春、玉兰、桂花的点缀，四时不同，均朝气蓬勃。

《中国移民管理报》创刊后，许多人都在赞叹副刊版的变化。和以前相比，在版面设计上，更为文雅大气；在栏目分配上，拓宽了知识性；在内容选择上，更为灵活、接地气。

翻开2019年1月15日的四版，我一下子被倒头条《为何她的漫画大家都喜欢？》一稿所吸引。读图时代，谁不喜欢色彩缤纷的图画故事呢？其实，初看这个标题时，我脑海中出现的是熟悉的插图作者朱磊的名字，他此前持续多年为《中国边防警察》杂志供稿，风格已经形成。细看文章，原来说的是罗湖出入境边防检查站女警何洁其，天下之大，人才济济，兴趣爱好可以和工作结合，真是幸运的事。

我在报社实习期间，为了组稿，联系过多位插图作者，他们都是有想法、爱生活、富有艺术气息的年轻人，所提供的插图为版面增色不少。但是，有多少作者不拘泥于简笔画、日式漫画，能灵活创作油画、版画、水墨画？有多少作者能像丰子恺一样，在简洁的画笔中饱含浓浓的人文关怀？有多少作者能创作出《丁丁历险记》式的连载漫画，在世界各地畅销，收获拥趸无数？

不仅绘画如此，写稿件也是一样。虽然我们不是专职记者，但报纸为我们提供了这方舞台，每一次投稿，每一段文字里的每一句话，都应审慎对待。只有对文字足够敬畏和珍重，文字才会回报你以甘露。金圣叹评价《水浒传》：章有章法，句有句法，字有字法。很难想象施耐庵何以能够把每个字都用得那么妥帖，把每句话都写得那么漂亮，把每一章都打造成连绵的高峰。转念一想，施耐庵一生也不过产出一部《水浒传》，又有些能够理解了。

凡是报社通讯员，坚持宣传工作三年以上，登载稿件字数超十万不成问题，还有很多人整理文稿出书，对自己的辛劳工作做一番总结。我深深理解文字工作者挑灯夜战的不易，也曾体会过面对空白文档冥思苦想而不得的痛苦，我为前辈日复一日的坚守而感动。与此同时，我会问自己，在我生产的众多文字中，有多少是为了自己的心，而非应付任务？有多少能经受住时间的检验，让我十年后读来会心一笑，而不是面红耳赤？有多少文字真正落地生根，收获了远方的读者？

如今，站在新的历史起点上，《中国移民管理报》必将致力于打造精品，这需要作者和编者双向发力，不断开疆拓土，共同迎接下一个繁花似锦的春天！

做困难事必有所得

韩 瑞

“给你一天时间，写个澳门回归祖国20周年的评论，与移民管理工作结合起来，1500字左右。”当听到《中国移民管理报》编辑部负责人杨林说这话时，我的脑子一片空白，但仍假装淡定，“好的，没有问题。”

回到工位上，我静坐了三五分钟，才想起要找素材。澳门回归祖国20周年，取得哪些成就，除了“一国两制”成功实践、经济繁荣发展、社会和谐稳定等直觉上的认识，其他一无所知。国家移民管理机构围绕澳门回归祖国20周年做了哪些工作，从未到过内地对澳口岸，甚至连广东都没去过，我不得而知。搜索了近一个小时，在网上找到两篇关于澳门回归祖国20周年的评论员文章，算是对澳门回归以来的发展成就有了宏观的了解。

想到要结合移民管理工作来写，还是不知如何下手。如何确定论点？文章结构如何摆布？内容如何填充？经过一番抓耳挠腮，我决定向各位编辑求教。

“如果让我写，我会以论述移民管理机构如何做好服务保障工作为主，简要概述澳门回归后的发展成就。”这是三版编辑经验之谈。一版编辑结合之前发过的评论员文章，向我细致讲解了评论员文章常用格式和写作脉络。二版编辑循循善诱，分层分步指导我应写哪几块内容。结合三位编辑的意见，我终于在午饭前梳理出总体思路。

吃完午饭，我也不午休了，直接开写。从中午12点半到下午4点，写了删、删了写，四个多小时成型五百来字。但写着写着就遇到了瓶颈，由于我对移民管理机构服务保障澳门回归祖国20周年工作知之甚少，按照原有思路，大篇幅写工作举措，实在无法继续下笔。内心短暂挣扎后，我决定推翻重来，换种思路，并把想法和各位编辑做了沟通，得到支持后，我便从头来过。

推倒简单，重来不易。写稿过程从下午 4 点多持续到第二天凌晨 1 点，其实绝大多数内容是在深夜 11 点到凌晨 1 点之间写出来的，可能是那会儿夜深人静，灵感乍现。

第二天一上班，我便把初稿交给杨林老师。“祖国内地与澳门之间怎么能用国门表述，这是政治性错误。”一看到文章标题《让“国门名片”闪耀濠江之畔》，杨林老师严肃地说。“整体还可以，基本达到预期设想，但缺了点评论员文章应有的让人热血沸腾、内心一颤、眼前一亮的感觉。”看完全文，杨林老师说，内容再改改，标题再思考思考，多用有力度的话语，适当用些诗句给文章增彩。

围绕杨林老师提出的“三感”，我开始了新一轮创作。从上午 9 点到下午 2 点，我对初稿进行再思考、再打磨。将二稿交给杨林老师后，他边修改边逐字逐句向我指出问题所在，并阐述更好的表达方式。同时，带着我对文章标题反复琢磨，一套流程下来，文章逐渐成型。

虽已经过杨林老师审核，但编辑过程中，一版编辑丝毫不敢马虎，带我一起对文章用语精准度认真考究，避免出现政治性错误。从一词到一句，从一句到一段，经过一番细致推敲，题为《守护“一国两制” 常青之树茁壮成长》的评论员文章编辑完毕。

但过程仍未结束，在将当天报纸大样交给社长聂虹影审阅时，聂社长对文章标题提出质疑，认为“守护”与“茁壮成长”搭配不是很合适。紧接着，大家一起再次探讨论证，确认搭配正确后，文章这才最终定稿。

这次写稿经历，不可谓不曲折，不可谓不痛苦，不可谓不难忘。其间，想过放弃，想过草草了事，但想得最多的还是“不管别的，要写下去”。除了大家的鼓励、支持和帮助，“做困难事必有所得”这句我一直秉持的处事信条，给予我很大的力量。

采编之缘　牵挂之深

董婉清

听闻同事胡晗的父亲突然病逝的噩耗后，我呆坐了很久，小心翼翼地拿出2020年2月4日的《中国移民管理报》，再次翻看三版报道《一家三口共战“疫魔”》，以及印在醒目位置的胡晗一家三口视频截图。这是我在武汉疫情暴发之后采写的第一篇人物通讯，当时由于疫情形势严峻，曲折的采访经过历历在目。

1月底的武汉，寒风凛冽、黑云笼罩。机场口岸特殊航班依然密集且风险较大，胡晗主动申请留守阵地，加入“党员突击队”担负执勤任务。他的母亲是湖北鄂州市中心医院的医生，父亲是市场监督管理人员，一家三口均坚守在抗疫一线。这样的民警家庭不多，自然成为宣传报道的重点对象。

特殊时期，我们的采访只能通过电话、微信进行，也多次被通宵航班、临时勤务打断。聊天中，胡晗说起非典那年，父母就是这样忙碌在各自的岗位上，年幼的他一个多月没有见到父母。如今自己长大了，一家三口也算“团聚”在抗疫一线。

采写完稿件发到报纸投稿邮箱后，很快得到反馈，编辑老师希望提供一家三口的合照作配图。我告诉胡晗，他表现出一些为难，因为改革换装后，他们还没拍过全家福，现在也不方便去拍。

后来，我就在想，他们一家三口微信视频时可以截屏，这样也算特殊时期的全家福了。胡晗告诉我，他的父亲不太会操作微信视频功能，母亲在医院值班太忙，他们从没有打过视频电话。对此，我有了放弃的念头。

第二天，我收到胡晗的微信：“早上刚好爸妈能抽出点时间，我们打了一通视频电话，这两张截图你看行吗？”一张是聊天记录截图，三人相互叮嘱打气；一张是视频截图，三人都穿着工作服，母亲刚下夜班，父亲步行在上班路上。看着截图里疲惫的父母，胡晗自顾自地说：“忙完这阵儿，我一定要回去看看爸妈。”

尽管截图画质一般，报纸仍然第一时间刊发了他们一家的图文报道。却不曾想，这张截图，成为他们最后的合影，这份报纸，是一家人“团聚”的见证。2020 年 3 月 27 日晚，胡晗父亲结束一天奔波回到家，深夜突发心脏病，由于长期劳累身体状况不佳，病情急剧恶化，于 3 月 30 日离世。

这次采访结下的缘分，让我对这一家人有了牵挂，对这件事深感难过。我将这个消息告诉了同样有着采编之缘的编辑老师，他也默然沉痛，提醒我把这期报纸送一份给胡晗作纪念。

茫茫人海，文字的采、编、读最能传递情感。前段时间，我在微信上看到许多朋友转发一条水滴筹的信息，点开一看，竟是我常常拜读其稿件的记者前辈，他在为不幸患病的母亲筹钱治病。与全国宣传战线的战友们一样，我也赶忙献出水滴之力，并且牵挂着前辈母亲的病情，希望他们能坚强地渡过难关。

正是文字架起的这道彩虹桥，让不相识的我们多了一份牵挂、一份祝愿。

享受文字带来的感动

刘惠语

有幸到中国移民管理报社学习，笔者被各位前辈和伙伴们的敬业态度所感染，渐渐爱上与文字交流的过程，享受文字带来的感动。

在报社，笔者深深地体会到，现场是最好的学校，实践是最好的课堂，同事是最好的老师。在报社，常常会听到“温度”“情怀”“匠心”这三个词，笔者对此也进行了思索。

何为“温度”，是字里行间承载的情感。《中国移民管理报》第31期报纸出版前，在校对《肩扛重托永向前——记锡盟边境管理支队负责人赵永前公而忘私的感人事迹》一稿时，笔者眼眶湿润。冷静片刻，感受到赵永前深怀爱党之情、笃行为民之事、恪守固边之责的高尚品格，不禁感叹这就是文章的温度。之所以有温度，是因为事迹感人，细节抓人。作者将赵永前把眼泪硬生生憋回去，以及左右为难的心理活动等细节刻画得十分到位，画面感强、富有感染力，仿佛把赵永前呈现在读者眼前。又如，第44期四版《和女儿有个约定》这篇稿件中，作者的女儿从问父亲为什么要去云南那么远的地方上班，到默不作声趴在父亲怀中，再到父亲归队那天紧紧地抱住父亲，哭闹着不让离开……一系列的动作、语言描写，将父女间的情感体现得淋漓尽致，让笔者真真切切感受到了温度，很温暖！

何为“情怀”，是含有某种感情的心境。《中国出入境观察》杂志编辑部负责人于雷有一句“名言”：“我是为杂志而生的。”他热爱杂志，愿意为其投入自己的一切，这就是情怀。每一期杂志，从选题到策划，从约稿到改稿，从封面到封底，他都会认真对待。杂志上的每个字、每个标点都饱含他的真情实感。《中国移民管理报》编辑部负责人杨林著有新闻作品集《我的边关我的情》，原中国边防警察报社总编辑王超杰在序中写道："有的时候，他会让人诧异，这个小小的身躯下面，到底蕴藏了一种什么样的动力，会让他把编辑工作当作事业，乐此不疲，如此忘我！"笔者认为，对新闻宣传工作的热爱，将报纸视为自己的孩子，是这种情怀支撑着他不断向前，不断努力。

何为"匠心"，是为了创作出优质稿件而绞尽脑汁。杨林同志曾在一次评报会中表达过这样的遗憾："第 31 期四版右下角的三个标题让我颇费苦心，新疆边检总站全警读书活动有声有色、普洱边境管理支队法制宣传如火如荼、兰州边检站特色拓展训练舒缓身心，最后一个标题'舒缓身心'和'有声有色''如火如荼'对应不上，我尝试用'利警利家''惟妙惟肖'等替换，都觉得不妥当，只好作罢。"追求标题的对仗工整，从侧面反映出办报人追求完美的一种匠心，这都是值得我们学习的。"三千年读史学习有归期，九万里悟道践行无穷期。"我们应当时刻保持求知好学、认真负责的态度，善于钻研写作技巧、勤于反复打磨稿件，对每一个文字、每一处标点都要做到细之又细。

在报社学习的时光是美好的，美好的时光总是短暂的。行者方致远，奋斗路正长。对于写作，我还是一抹"新绿"，成长为"苍翠"是一个长期的过程，需要充足的时间与积淀。实际工作中，更要脚踏实地，人到、眼到、心到、脑到、笔到，不断增强"四力"，让自己在时光中沉下浮躁、累积经验，写出更加有广度、厚度、深度的稿件，讲好故事，传递正能量。

为文字注入灵魂

曲洪霖

一年之计在于春，一日之计在于晨。北京料峭的春寒总是容易让人清醒。常年从事基层新闻宣传工作，持续输出，却少有机会沉淀，难免让人产生本领恐慌。来到报社实习一段时间后，让我对自己“文字搬运工”的身份有了更多思考。

回想起来，与人的成长相同，文字的成熟之路，也有着认识上的变化。少时喜读鲁迅先生的文章，那时如邯郸学步般，学着那早期白话文略为拗口的行文方式，在祥林嫂那“眼珠间或一轮”的描写中，汲取了“间或”这个有意思的辞藻，常常取用。那时的文字，更多的是卖弄，自以为令人难懂的文字才是美的。

直到后来深入思考老舍先生为什么被称为“人民艺术家”时，才略有感悟。老舍先生的文字为人民而作，他有阳春白雪的能力与格调，却选择用下里巴人的方式呈现，这是何等的胸怀与格局。

刚毕业时，被分配到中国海岸线最北端的海岛。冬天，我看到民警们行走在结冰的海岸上，迎接下船走冰返乡过年的村民；夏天，我看到在充满烟火气的烧烤广场上，民警们守护欢乐祥和的氛围直至凌晨……真实而火热的基层生活，让后来走上宣传岗位的我，深刻感受到，心中有信仰，脚下才会有力量。

2021 年春节，按照“新春走基层”活动安排，我有机会到驻守在丹东宽甸最偏远山村的振江边境派出所开展工作。通往振江的盘山路在春节前勉强能够通车，我们选择了两辆性能最好的越野车从丹东出发，三个半小时后抵达目的地。刚下车，坐在后车的政委过来拍了拍我说：“吓坏了吧？”我很是惊讶，“政委，您看见我们车打滑了？”“你们车走着S形奔着沟里冲过去，我们在后面看得一清二楚。”

这条路，就是守在这里的民警们每年冬天出山的必经之路。一次遇险让我终生难忘，不知道这些默默守卫在边境最前沿的兄弟们，每年都经历着怎样的惊心动魄。于是，我突然感觉到自己的渺小，自己文字的渺小。

我原本想用惊心动魄的文字讲述基层民警平凡的生活，让受众在精美的文字中感受到戍边人的艰辛。然而，现实告诉我，在艰苦的戍边生活面前，我是那么微不足道，我的文字更加微不足道，能够原封不动地将这些坚守着平凡，却孕育着不凡的一线戍边人的故事讲出来，已经算是我能力的极限了。

于是，对新闻工作，我渐渐充满了仰望，充满了敬畏，每记录一个故事，我就感觉自己又渺小了一分。十年耕耘，让我明白了一个道理，心怀敬畏，才能为文字注入灵魂，才能将文字视作信仰去坚守。

用心方通笔者意

盖少铠

时光匆匆，弹指一挥间，已到报社实习近两个月。每天打交道最多的就是文字，在文字的海洋里徜徉，让我想起了朱光潜先生曾说过的话："咬文嚼字，在表面上像只是斟酌文字的分量，在实际上就是调整思想和情感。"

我深有感触，刚到报社时，接手的第一项工作便是校对，这是每名实习生的"必修课"。"两句三年得，一吟双泪流。"看着四个版面洋洋洒洒数万字，我仿佛感受到作者融入其中的情感，仿佛来到每名移民管理警察身边，看到他们扎根基层、无私奉献的画面。

我不胜惶恐，力求每期报纸从字词造句到版面布局，都不出现任何问题。但因为对一些工作不太熟悉，加之专业素养不够，校对过程中经常会出现拿捏不准的情况，编辑老师会不厌其烦地教导我。勤问、勤学、勤思，问题便会迎刃而解。逐渐地，我学会了走进作者的思想，体会文章主旨，感受字句情感，用心去做新闻的匠人。

每周一次的评报会是最能感受文字魅力的时候，各版编辑针对报纸排版、标题拟定和字句斟酌等方面进行深入浅出讲解，每名实习生会认真交流自己参与出报的体会，言语间尽是对这份工作的热爱。我想，也许这就是文字的魅力，它把我们联系到一起，向我们展示着最单纯的美好。

亲历方解其中味

樊一星

在国家移民管理局新闻中心的实习，让我对“一报一刊”更为熟悉。以前对于“一报一刊”，我虽然也会细细品读，但毕竟其所刊发稿件未经“我之手”，对个中故事了解和感受多流于表面。

通过跟班实习，我眼中的“一报一刊”更加鲜活，拿在手里有种沉甸甸的感觉，就像采摘了自己辛勤劳动获得的果实一般，是那么的独特。这让我想到《小王子》中的一句话：“也许世界上也有五千朵和你一模一样的花，但只有你是我独一无二的玫瑰。”

在我看来，“一报一刊”不仅凝聚着撰稿人的汗水，凝聚着编辑老师的心血，也凝聚着所有移民管理警察的心声，因为“一报一刊”不仅仅是一面镜子，也是一方园地、一个窗口。

每一个加班到深夜的晚上，走出办公室，望着天上的星星，期待着第二天报纸的问世，特别想把喜悦心事分享。有时，也会有些焦虑，担心自己有疏漏，担心读者挑出问题。

在一次次精益求精的修改校对中，在一个个“点灯熬油”的深夜里，我渐渐读懂了编辑老师的专业、敬业，渐渐读懂了新闻人的坚守与奉献。

用心办报纸，匠心出精品，是我实习期间最深的感受。记得刚来时，聂虹影主任说：“不要小瞧简明新闻，这简短的文字，包含了很多人的心血与努力。事情要有人做，稿件要有人写，上稿也要修改，经过这么多程序，最终才能呈现在读者眼前。”从那以后，每每看着报纸上的每一条消息，每一篇新闻，都觉得来之不易、弥足珍贵。

现在的我，只要拿起自己校对过的报纸，都能说出其中的小故事。出报当天的场景历历在目，仿佛就发生在昨日。报纸上一个不起眼的地方，读者可能直接就跳过了，很难知道我们曾为此几易其稿，呈现出的最佳状态，就是为了让读者可以顺畅地阅读。还有排版、校对过程中的酸甜苦辣，没有经历过的人难以体会，只有亲身参与的人才解其中味。

积聚力量再出发

李发春

在国家移民管理局新闻中心的实习进入倒计时，我把这段时间的感受分为三个阶段。

第一阶段是实习伊始。与其他同志相比，我的宣传工作经验相对较少，开始时甚至连新闻体裁都分不清楚。虽然这个阶段较为“困苦”，但收获也最大。看着自己的名字频繁出现在报纸上，从无到有的突破让人欣喜。兴奋之余，编辑老师的话让我警醒——以上稿为目标固然没错，但提高采写能力才是重中之重。

第二阶段是实习中期，也是我写作水平提高的瓶颈期。编辑老师的指导、不厌其烦“咬文嚼字”，让我的写作水平在不知不觉间得到提高，从改稿到创作，从唯结果论到质量结果兼顾，渐入佳境。

奈何好景不长，我竟没来由地出现了提笔难下的畏难情绪。苦恼时，脑海里忽然闪过以前乒乓球教练的话：打球有回升期，越是手感不好越要加强训练，突破了这个阶段就是新的天地。

“纸上得来终觉浅，绝知此事要躬行。”那段时间，我全身心投入写作，根据收集汇总的稿件主题，重新斟酌表达方式，度过这个阶段之后，等待我的果然是一段文思如泉涌的如饴时光。

第三阶段是实习尾声。记得在一次评报会上，聂虹影主任语重心长地说：“用三个月的时间专注于写作是件非常幸福的事。”对此，我深有同感。

三个月的时间说短不短，说长不长。短的是与各位领导、老师、同窗朝夕相处意未能尽，长的是建立起的友谊定会地久天长；短的是全身心专注于写作的时间戛然而止，长的是在这里培养的写作习惯必将长伴终生……实习中的所学所悟也许不能即刻发挥出来，但我相信，其间凝聚的力量会在某一瞬间迸发。

写作没有“休渔期”

李　娜

在国家移民管理局新闻中心实习的三个月，是收获成长的三个月。通过和编辑老师们朝夕相处，我发现，他们有的思维活跃，写出来的文字细腻有温度；有的沉稳，新闻敏感性高、出稿快。和他们同行，我随时都有感悟。

善积跬步，勤能补拙。记得第一次参加评报评刊会时，手忙脚乱的我有点“不在线”。经过反思，我开始做笔记，摸索前辈们评报评刊的做法，并留心记录会上的精彩发言，因为这些都是他们深思熟虑的结晶，是写作实践中可遇不可求的“干货”。同时，我也注意将日常交流碰撞出的灵感，随时随地记录下来，为日后写作积累素材。

写作没有“休渔期”。一时兴起，不是真正的爱好，这样的写作道路注定走不远。“没有深入研究版面用稿需求、新闻体裁特点把握不准……”在新闻中心最初的一两个星期，我采写的稿子很多都会被编辑老师拒绝。渐渐地，我开始为自己的懒惰找理由，一度停下了手中的笔。曾自认为有一点文字功底的我，想再次拿起笔写文章时，却突然发现不知该从何处下手，完全没了方向和灵感。我想，在新闻写作道路上，是不能给自己“休渔期”的。

动笔之前先“两问”。刚接触新闻报道时的我充满热情，总想着能立刻写出令人刮目相看的文章。但动笔之后却发现，对该深入报道的内容往往蜻蜓点水，对无足轻重的内容却长篇大论。为解决上述问题，我常向自己提两个问题：一是准备报道的内容是否有新闻价值？在组织稿件之初，应当站在旁观者的角度，问一问自己，准备的稿件是否能引发大家的关注、思考或共鸣。如毫无亮点，那么有可能是对新闻线索发掘得还不够深入，没有找到“闪光点”。这时，不妨先放下手中的笔，再去补充采访一番，或许会有更大的收获。二是自己掌握的新闻线索是否真实、准确？作为一名通讯员，我们要为写下的每一个字负责。在动笔之前，要对掌握的资料进行归纳梳理、查漏补缺，尽可能多地把“我听说”“我以为”变成“我看见”“我发现”，这既考验通讯员的能力水平，同时也是提高新闻准确性的必经之路。此外，我们应当对自己掌握的相关数据及时更新、核准，这样既能确保报道的时效性，同时也是避免出现错漏的有效手段。

每个人都有一个英雄梦，写作，便是我的英雄梦。感谢新闻中心给了我前所未有的展示自我、完善自我的平台和载体。每当看到报纸版面上有自己的名字，我都感觉自己离英雄梦更近了。

打造有战斗力的自己

欧阳宇桢

国家移民管理局？这是什么机关？7月的一天，我一大早坐地铁横跨北京城来到国家移民管理局新闻中心，开启了实习生活。想象中，报社是稿纸满天飞的，编辑是不停敲字的，这样繁忙的文字工作是我避之不及的。当得知分配到这里时，我就立刻查询了官网，但一走进办公区域还是吓我一跳，嚯！满眼“藏青蓝”，都是“警察叔叔”！

转眼间，一个月的时间过去了，我的实习也告一段落，当初满脑子的疑问在工作中得到解答，对移民管理警察更加了解、熟悉和亲切。通过《中国移民管理报》和《中国出入境观察》杂志，我看到保家卫国、忠诚坚守边疆的移民管理警察，看到甘于奉献、舍小家为大家的移民管理警察；看到发奋学习、苦练本领为民办事的移民管理警察；看到抗击疫情、打击犯罪冲锋陷阵的移民管理警察……他们不仅是人民警察，更是戍守边关的国门卫士。一想到手上正校对的新闻稿件将发往全国各地、送到口岸边境，一种责任感、使命感、自豪感油然而生，我想这是我与边境地区人民距离最近的时刻，必须认真面对。

在这段难忘的实习生活里，我从移民管理警察身上学到很多：为他们的英雄事迹所震撼，为他们的理想信念所感召，为他们的战斗精神所激励。我也要向他们学习，打造有战斗力的自己！一要提高政治站位。党政军民学，东西南北中，党是领导一切的。作为中国人，必须始终拥护中国共产党领导，增强“四个意识”、坚定“四个自信”、做到“两个维护”；作为一名共产党员，更要对党忠诚，在思想上政治上行动上自觉同党中央保持高度一致，把自己的命运和党的命运紧密联系在一起。二要提升综合能力。青春年华，朝气蓬勃，正是积累知识、提升能力最重要的阶段。一方面要多读书，扩展知识面，抓住学习黄金期打好基础，特别是在不知道将来要做什么工作的情况下，更要珍惜大好时光，刻苦努力学习，掌握真才实学，为精彩人生积蓄力量。另一方面要注重实践，利用一切机会锻炼自己，做到知行合一，在实践中提升自己。只有到实践中去，才能真正知道所学的知识如何发挥、如何为社会作贡献。三要弘扬奉献精神。学习的目的就是要把学到的知识回馈社会，做对社会有用的人，做对社会有用的事。一个人的信念追求只有同社会需要和人民利益相一致才有意义，能够将个人的发展与国家和人民的需要结合起来更是一件幸福的事。

一次难忘的经历，可能会改变人生的态度，甚至对人的一生产生重要的影响。我一定会铭记这难忘的夏天，铭记这群可爱的、年轻的移民管理警察，铭记他们对祖国、对人民的热爱，铭记他们在边疆、在国门的驻守，铭记他们“忠诚为民、担当奉献、专业文明、公正廉洁”的移民管理警察职业精神……

对英雄最好的致敬就是成为英雄。我要向移民管理警察学习，打造有战斗力的自己，为国家、为人民、为社会贡献自己的力量！

走好“笔杆”进阶路

孙庆瑜

实习接近尾声，在阅读写作方面，我更卖力了一些，只为在实习结束时多些本领、少些遗憾。回顾实习以来的点点滴滴，便愈发珍惜余下的时间，对走好以后写作进阶路也进行了思考。

先要学会不急躁。初到国家移民管理局新闻中心实习，为了不辜负单位的推荐，只求投稿数量，不论质量。当反复投稿却不见登报时，我“狂热”的心慢慢冷静下来，回头审视投过的稿，多少都存在些问题。得益于前辈的指导，彼时的我明白了应该要挖掘新闻点，通过笔端，向读者传达客观正面的信息。

再要学会正心态。同批实习生频频发表作品，我更不敢停笔，但是摆脱不了“八股文”写法的束缚，让我陷入困顿之中，下笔如无头苍蝇的作品更是惨不忍睹。在此，我要特别感谢可以各抒己见的评报评刊会。每周一次的畅所欲言和思维碰撞，让我学到了不少写作思路和技巧，“自然流畅心态下的妙手偶得往往浑然天成”，编辑老师在会上的一句话也把我从“功利”的心态中点醒。

后要追求精而细。“写好同样一件事，篇幅越短越需要功力”“人物通讯要有思想，有温度，有细节”……勤能补拙，随时记录笔记也是一种积累。对每期报纸字斟句酌的修改校对，编辑老师的释疑解惑，都让我受益良多，诸多想法通过实践付诸笔端，实现从粗制滥造到精雕细琢、从蜻蜓点水到深度挖掘的转化。

更要保持笔耕不辍。万千话语在提起笔时突然变得无话可说，相信大家都有过类似经历，“眼前有景道不得，崔颢题诗在上头”，竟是担心写得不如别人，而不敢动笔。让手热起来，保持对文字的敏感性，哪怕是一两段随笔。动了笔才有无限可能，不论好与坏，不看长与短，最关键的是一定要坚持动笔。

“无丝竹之乱耳，无案牍之劳形。”很感恩有机会在新闻中心实习，让我可以专于阅读写作，系统的学习为我们养成良好写作习惯打好了基础，我将一直抱着学徒的心态，沿着进阶道路走下去。

在"抓耳挠腮"中进步

羊莎雯

在参加工作的第三个年头，我接触到了"一报一刊"（《中国移民管理报》《中国出入境观察》杂志）这个新事物。作为边检站的新闻报道力量，不仅要有良好的文字功底，还要有善于捕捉新闻的慧眼。这个看似平凡却并不简单的工作，能让我在电脑前一坐就是好几个小时，每每此时，"绞尽脑汁""冥思苦想""抓耳挠腮"这些词如同为我量身定做般，以弹幕的形式在我周身循环播放。

我常想，或许自己并不适合这个工作。没有博览群书的阅历，也没有善于发现的眼力，为何还要在这其中苦苦挣扎？现在想来，是不愿轻易认输的倔强在支撑着自己。

人们在翻越一座高山时，总会先想到其山之高、其路之险，与此同时，退意便会慢慢滋生。其实，如若我们能放眼前方，往更深更远处望去，就会发现高山险路之后，尽皆坦途。

写稿也是如此。若你对此心存抗拒，若你对此满是畏难情绪，就不可能写出真正扣人心弦的文字，更难以带给读者感同身受。对于每一名新闻工作者而言，缺的不是所谓的阅历和眼力，而是迎难而上的胆量和气魄，只要摆正心态，即会灵光乍现，文思泉涌。在灵感袭来之后，写起稿来更是信手拈来。

还记得刚开始写稿时，电脑屏幕上空无一字的窘迫，但我更记得，当自己用心写出的文字得到他人肯定时，油然而生的那种不可名状的骄傲与自豪的感觉。也正是在此时，我终于触碰到新闻的边界，逐渐懂得如何写好一篇稿，如何让自己“有话可说”。当然，要写出一篇优秀的稿件并不是件容易的事，我还是会碰壁，还是会觉得无从下笔，还是会生出“不想写稿”的念头。但是，每当我坚持下来，每当继续在这其中学习和思索时，便能一步步摸清撰写新闻稿件的“套路”，一步步接近新闻宣传工作的内核，直至最后将其化为有形的文字，给读者带去有价值的信息。

渐渐地，我喜欢上这种“抓耳挠腮”的状态。在这种状态下，我的思想能不断往前延展甚至升华，我的能力也不断拓展甚至得到再开发，这是一种破而后立的自我，一个打破惰性、不断进取的自我。我想，在今后的日子里，我会怀揣这种“抓耳挠腮”的进取之心，继续品尝写稿的甘甜与苦涩，将其化为人生路上的美丽风景。

写作从凌晨开始

杨振辉

在新闻中心实习结束归建后，我仍保持着投稿的习惯，“7 天一个”的文件夹，记录着我的写作之路。每周日和每周三晚上整理好就发到投稿邮箱，第二天早上跟编辑老师知会一声后再开始一天的工作。每到出报日，都期待着聂虹影主任微信“朋友圈”里编辑老师们加班加点出报的情形和工作成果。

聂主任一直嘱咐我们要多写稿，坚持写稿。我也答应，回到单位一定会继续发现、阅读、撰写好文稿，把好稿子投给“一报一刊”，把有趣的故事分享给大家。我以为归建后，能在琐事缠身的情况下保持热爱，继续写稿发稿，是对“一报一刊”编辑老师们期许的最好反馈，也是坚守自己内心最直接的方式。而与在新闻中心实习生活不同的是，实际工作中能够专心写稿的时间很少。除了考试考核，还有很多工作需要我们加班加点完成。唯有“通宵达旦”，才能让我在工作之余有更多的时间去思考，唯有笔触滑过本子的时候，白天转晕的脑袋才能稍微清醒一些。

7 月 3 日那晚，我写了一篇通讯，刊载后，特意跟原稿对比了一下，大体上没什么变化，只是在细微处有些改动。其中编辑老师把“穿梭巴士抵达珠海”改为“穿梭巴士抵达口岸”，似乎改动不大，但正是这一点，给了我当头一棒，为自己的疏忽感到深深愧疚。我想，还有许许多多个通宵需要我去蹲守，还有许多的“小事”需要我去钻研，还有许多的工作与生活需要我去体会。

实习期间，编辑老师们都说“三分写，七分采”。回到单位后，我常上通宵勤务，教导员跟我说：“要深度体验每一个岗位，这样才能对整个口岸有最全面、最深刻的认知。”2 号岗的杠起杆落、8 号岗的日升月沉、9 号岗的车来货往、办公室的上敲下击，每一个岗位都值得奔赴，每一个岗位上的踱步凝望都有可能迸发出思想的火花，每一个岗位里的感触温存都是应该坚守的赤子之心。

白天的熙熙攘攘、纷纷扰扰，在夜里都会得到平复与沉淀。我感觉晚上是注意力最集中、思路最清晰的时间，能“究天人之际”，可“通古今之变”，对工作生活的体悟最本真。如果能用好晚上的时间，哪怕是通宵，把白日里的感动与感悟记录下来，坚持积累，一定能创作出更多更优质的新闻作品。

我常想，不管是写还是采，凌晨的空气都是比较新鲜的，用时间去沉淀自己，用笔触去温润所遇，让自己永葆眼里有光的模样，继续做那个想暖、能暖天下寒士的无畏少年。

勤学善思汲取新能量

王雅琳

具体从事宣传工作是在两年前，那一刻就注定了我与新闻写作的不解情缘。起初，坐在电脑前，想着没有写作天赋的自己该如何担此重任。经过一段时间绞尽脑汁、抓耳挠腮的挣扎，当看到自己的作品被印成铅字时，那种欣喜真的可以抚慰所有深夜伏案的疲惫。

有人打趣说“地球不爆炸、记者不休假”，这也是宣传工作的生动写照。新闻讲求时效性，因此，宣传干事要永远想在前、干在先，并且要具备超强耐心和毅力。为了写好一篇新闻稿，熬夜加班是常有的事，节假日不再是休息日，而是记录实时新闻的关键日。作为宣传干事，必须抓住新闻的时效性。

有一次，邮轮公司在凤凰岛码头开通母港航线，各路记者来到现场采访，南海网记者提前联系我，希望我能帮忙协调登上顶楼取景。来到顶楼，他熟练地切换着长短焦镜头，一举一动仿佛都在书写着“敬业”二字。

那是我第一次以这样的视角看我们的码头，海面上星星点点的小船在记者的镜头里有了千帆竞渡的气势，他拍摄的图片也在新华网刊发。那次经历告诉我，宣传干事要积极选取不一样的视角，发现不一样的美。

随着媒体不断融合，宣传工作也从笔尖下的跃动转变成指尖上的舞动，写作不再是唯一的工作要求。为适应受众需求，微视频剪辑任务纷至沓来。

工作的新需求倒逼我开始接触视频制作，从下载软件，到学习添加音频和字幕。一遇到来单位采访的记者，就跟着他们学习，在点滴之间提升自身水平。

司马迁《报任少卿书》中说：“故且从俗浮沉，与时俯仰，以通其狂惑。”

意思是说，随着世道的变化而变化以合时宜。新闻宣传更需与时俱进，宣传干事要敢于突破现状，适时“逼”自己一把，自身蕴藏的潜力才能给你惊喜。

一个人摸索着前进的道路终归有头，能到中国移民管理报社实习，给了我一个打破局限、开阔视野的平台。报社的工作专一而纯粹，我有了充足的时间专注于突破“新闻写作”这个点。

刚来报社的时候，研读汇总的好新闻，一读就是一整天。我相信，磨刀不误砍柴工，只有充足的输入才能在大脑中形成足够的积淀，在输出的时候就会一挥而就。

参与校对的过程，我可以感受到作者深入细致的采访，品味到一个个有血有肉的故事。我想，有的宣传干事坐在办公室吹着空调写新闻，这样的方式怎么可能刻画出真实的现场感？要想写出引发读者共鸣的稿件就要深入基层现场采访，去挖掘人物和事件背后的鲜活故事。

宣传工作是喉舌，是利剑。我们播种的不仅仅是文字，更是对广大民警思想的引导。我们耕耘的不仅仅是报纸，更是展现基层工作最靓丽的舞台。作为国家移民管理机构第一代宣传干事，我要不断提升专业素养，对自己写下的每一个字负责。

做有力量的记录者

王贵生

2020 年 10 月 12 日，我去了红其拉甫出入境边防检查站前哨班。阅览室里有一张塑封过的报纸，是 2019 年 10 月 27 日的《中国移民管理报》，上面有关于红其拉甫的报道，是记者 2019 年到这里采访时撰写的文章。

当时，记者花了五天时间，从北京出发，经新疆乌鲁木齐到达喀什，随后坐着列车，走过五个检查站，行至红其拉甫。

来到前哨班，记者和战友们一起，呼吸着最稀薄的氧气，遥望最耀眼的银河，听着战友们讲自己的故事，体会孤独的感受。

记者们倾听着、记录着，最后将战友们的故事讲述出来。记者们在离开红其拉甫时，前哨班的全体民警列队欢送，几米隔一人，一直送到车子看不见的位置。那份《中国移民管理报》，也被永远地留在了红其拉甫边检站前哨班。

作为兵之初便与写作结下不解之缘的年轻基层干部，作为曾经在报社学习、有幸得到编辑老师们指导的学员，在前哨班看见那份被塑封的《中国移民管理报》，我的内心更多了一份激动、期盼和感激。

反问自己，这些年来，投身新闻写作，在报社学习的最大收获是什么？最感激的是什么？我想，那一定是报社老师们在我内心点燃的梦想与情怀。

梦想与情怀，在当下的时代显得愈发重要。而《中国移民管理报》，就是这样一个聚集了梦想与情怀的地方。

这些年来，我收获最多的，是在不断采访中与基层战友结下的深厚友谊，是亲身经历过基层战友酸与甜、苦与乐之后的行与思，是见证这支队伍乘着新时代的东风不断发展……

文字是有力量的，它能给人前行的力量。写作不是华丽的辞藻堆砌，而是给人以人性的温暖。

与其说是写文章，不如说是写自己。当你的人生开始丰满厚实，当你尝过世上的酸甜苦辣，你才能感同身受地与那些苦苦坚守在边疆高原的战士产生共鸣，你的文字才富有温情和力量。

在报社学习时，王益民老师曾说过一句话，我一度认为这是我将铭记一生的话——影响有影响力的人。

那一瞬间，我明白了写作的又一个意义。不仅仅是记录，或许我们在《中国移民管理报》写过的文章，能对某个人有所改变；或许通过这种方式，我们也能为这支队伍真正作出更多贡献。

我想，这就是一名新闻工作者存在的意义和价值所在吧！

与此同时，《中国移民管理报》也在一定程度上解答了我的困惑。在刚接触新闻宣传岗位时，经常有人问我："现在谁还看报纸？"

亲戚朋友、战友同事都问。和大部分人一样，我也没有答案。

但在接触《中国移民管理报》后，我慢慢找到了答案——新闻的载体在变，传播渠道在变，但优质的内容永远是稀缺的、不可替代的。就像相机由胶片变成数码，技术上的变革没有改变内容和本质。著名摄影记者贺延光说："对事情的思考比按下快门更重要。"按下快门是一个很简单的技术和动作，最难的是什么时候按下快门。

从警近十年，只有在接触了《中国移民管理报》后，我才对新闻宣传有了自己的理解，才真正意识到这个岗位的价值和意义，才找到了前进的动力与方向。

能力不及态度，才华不敌韧度，广博不敌深度。作为一个年轻作者，我还在路上。如果未来有可能，我愿意一直坚持下去。

作为一名新闻宣传工作者，我的幸运在于，见证了那些激动人心的故事，并有机会记录下来。而《中国移民管理报》，给了我记录的平台。

种下“种子”静待发芽

王 羽

感觉昨天才来到北京，今天已参与了 13 期报纸的校对工作。转眼间，在中国移民管理报社的实习生活过去了一个半月。

收稿、改稿、写稿、投稿、校稿，如此密集、纯粹地面对文字，是人生头一次。实话说，我对文字有些犯怵，每次写稿，脑子里就像刚到北京时窗外凋零的树，光秃秃的，内心充满挤不出词的悲凉。我对此深感惭愧，并进行了深刻的自我剖析，一是肚里没墨，二是练笔怠惰，三是担心写不好遭人笑话，四是不愿写虚无缥缈之事。

翻阅往期的报纸，看到不少熟悉的名字。从消息到通讯，从散文到报告文学，我仿佛看到了他们成长的折线，在横坐标为时间、纵坐标为文字积累的统计图上，不断往上延伸，像吸收阳光的枝叶，肆意而又充满活力，有一种努力向上的美。

聂虹影社长谈及写作时这样说：“我从来没有想过会放下手中的笔，不管遇到什么困难，都不曾想过放弃，写作已经渗透进我的生命里。”这对我触动很深。

比我小三岁同为实习生的王同学说：“我觉得应该为自己的人生留下点什么。”他从自己写的百万文字中精选了二十万字，放在他即将出版的书中。

一天，实习生林同学突然给我拿来一本厚厚的书，封面上写着“中国边防警察报社 2015 年度好新闻”。本以为这类书读起来晦涩无趣，但翻开第一篇，读了两行后，竟然一口气读完了整篇文章。往回翻看目录，发现是获得年度一等奖的通讯，全文两千余字，以工作中遇到的问题为主线，一步步揭开边检站创新勤务模式发展道路，语言平实，信息量却很大，文字环环相扣，每句话都在点上，一句不多，一句也不少。

原来不用高大上的空话、套话也能将工作经验类文章写得既有高度又接地气，惊奇叹服之余，我惊喜地发现，这就是自己想要写出的文字。

兴许是发现了优秀范本，发现了他人充满生命力的折线图，源于多少个无人的夜晚与文字深入地交流，此时内心竟隐隐生出跃跃欲试之感，想要直面文字的恐惧。

一刹那的勇气弥足珍贵，若没抓住它一鼓作气，再衰三竭，自己将永远止步不前。所以，我给自己种下了一粒“种子”。

一个半月来，我开始感觉到“种子”细微的变化，不再嚷着“我写不好，我不会写”，不再自虐追问“我能写出这样的文章吗”，而是主动去看别人怎么写，去摘抄、去研究、去模仿。覆盖在“种子”上方的泥土，开始有松动的迹象。

那天晚上十点多，刚吃力地写完一篇通讯的开头，我缓了缓受挫的情绪，随后定了定神对自己说：“越怕写越要写！今天写不好，明天写，明天也写不好还有后天，一周、一月、一年后，总会写得比今天好。”

要不断加大输入，用美好的文字将思绪填满，满到自己若不提起笔泄洪般输出就撑得慌。我想那时，便是属于我的枝叶开始发芽之时。

窗外的树枝随风摇摆，来时光秃沧桑，如今已是新芽萌动。

永葆初心，倾情书写边关豪迈

王 帅

三个月的时间过得很快，从刚到报社时的寒风凛冽到即将离去时的春暖花开，这也正像我的实习经历一样，在挫败和历练中不断成长，直到迎来曙光。

沉下心来做事，静下心来作文。虽然是新闻专业科班出身，但长时间身处基层，读书少、动笔少的实际，已经让自己的写作能力退化了很多。刚来时，自己照猫画虎写的稿件也因为文笔欠佳和缺乏真情实感屡屡碰壁，压力越来越大，加上难以适应时差，经常彻夜难眠。心中上稿的执念越重，则更是欲速不达。每天也在读书看报，但基本都是模仿别人的风格强行写稿，收效甚微。直到在一次投稿中得到杂志编辑部负责人于雷的教导："到这里实习最重要的不是上了多少稿件，而是自身进步了多少。"这句话如醍醐灌顶般点醒了我。我开始放平心态，沉下心阅读名篇佳作，写文章多了些思考，少了些模仿，终于迎来一段时间的上稿小高潮。这段经历也让我明白，做事不可急躁，要能沉得住气，写文章更是如此。没有多少事情是能一蹴而就的，辛苦耕耘才能厚积薄发。

辛勤方得硕果，热爱铸就精品。《中国移民管理报》只有四个版面，却需要数十人一遍遍过滤甄别，确保不出现一丝一毫的错误，这就是作为全国级报纸的"工匠精神"。第一次参与版面校对时，我仅用不到半小时就看完了，提出自己也拿不准的修改意见便交给了编辑老师。无意间却瞥到老师自己作标记的报纸上圈圈点点，甚至具体到微不足道的标点符号。看着每位编辑老师校对时的细致入微和一个个加班到凌晨的夜晚，我才明白一份国家级报刊的成功出版离不开众人的群策群力和"完美主义"。出报纸要严谨细致，为人处世亦是如此。

同样，就像聂虹影社长所说："报社是一个非常单纯的集体，大家都有一份情怀。"我们的办公场所、人员数量相比大报大刊显得有些袖珍。如此鲜明的对比更体现出大家对这份事业的情怀和热爱，经常性的加班熬夜，对版面质量的精益求精，报纸和杂志的质量完全冠得起报头上"中国"的名号。

牢记任务使命，不负期许厚爱。得知要走的消息时，我心里是非常难过的。感觉自己才刚刚走上正轨，学到些真材实料就要离开了，非常想再学习一段时间继续提升自己。此时，又是于雷老师帮我解开了心结。他告诉我，是金子在哪里都能发光，鼓励我回到基层后好好挖掘新疆这个宣传富矿，写出更多优质稿件。还记得第一次评报会上，社长介绍了报社成立以来取得的成就，并寄语我们："铭记初心，永葆激情。履职尽责，不辱使命。"我将以这句话作为自己的座右铭，在以后的工作中，将笔力化为战斗力，把新疆基层一线移民管理警察的精神风貌和感人故事用镜头和文字记录下来，既不负他们的默默坚守，也让自己的从警生涯更有价值。

精雕细琢磨“璞玉”

张晓彤

“临江之畔，璞石无光，千年磨砺，温润有方。”读稿、写稿、校稿、评报，时间从字里行间淌过。转眼，我们到中国移民管理报社实习已满月。第一次如此专注于文字工作，心头总想起这样的诗句。古人治玉，切磋琢磨。文如璞玉，精雕细琢过后，方能温润无瑕，从而历久弥新，成就如玉佳作。

“这篇评论切入点抓得好！”评报会上，《中国移民管理报》编辑部负责人杨林如此评价“一事一议”栏目《以平常心对待外国人》这篇稿件。稿件以NBA某球星在上海违反交通法规被罚一事引入，展开深入浅出的分析，提炼出立场鲜明的观点，既紧贴时政，又正向引导，值得我们学习。

找准新闻报道的切入点，犹如治玉第一步——开玉，需要削去玉料外包裹的粗松石头。面对信息爆炸时代，我常常感到知识焦虑，其实不然，所谓磨刀不误砍柴工，只有静心观察，才能去繁从简，揪出事件的核心冲突；只有深思熟虑，才能把准脉搏，抛出正中要害的观点。

玉的蜕变，经历开璞、成型、钻孔、镂空、雕纹、镶嵌、掏膛、打磨抛光等工艺。新闻写作亦如此。作为宣传新手的我初来报社，扑面而来是各种挑战，知识储备不足、投稿不够及时、稿件质量不高……让我倍感压力。“工作报道原来可以这么写！”《把救灾一线当作主题教育鲜活课堂》这篇稿件为我打开一扇学习新闻写作的门，全文一千余字，把原本看似普通的救灾工作升华到推进主题教育的高度，通过对受灾情况、党员的行动、群众的评价等细节刻画，多层次体现了主题教育在实际工作中的具体运用，不仅时效性强，也很有思想深度。

“良玉假雕琢，好诗费吟哦。”如果说写作是才思奔涌、驰骋纵横，那修改校对则是切磋琢磨、精雕细琢。从标题到全篇，从谋篇布局到层次结构，从引语数字到标点符号，校对工作需要我们细心掂量和推敲，真正打磨出一篇篇好稿件。

不同的新闻体裁就如不同的玉质，如讲求真、新、快、短、实的新闻报道似痕都斯坦玉，玉胎薄透、雕工精湛，形式多样、表达灵活的文学作品似和田玉，色彩丰富、肌理温润。校对不同体裁的稿件就需要我们启动全脑思维，摒弃刻板印象，这样才能不落窠臼、各显其华。

玉之温润，在其包浆。包浆，是一枚玉从不起眼的璞玉到上好美玉的历程中，经过摩挲拂拭，形成具有光泽的表层，是一枚玉的锦袍与荣光。每一份不断修改的大样，记录着报社人的摩挲拂拭，每一期正式出版的报纸恰似一枚包浆的美玉，蕴含作者吉光片羽般的新闻智慧，凝结编辑们锱铢必较的苦心孤诣。

回想在报社的这些日子，是谁的眼里总是饱含真挚？是谁的话语总是掷地有声？是谁的交谈总是激荡能量？这里，有“我愿意与文字相依而行”的恒心，有“细观玉轩吟，一生良苦心”的匠心，有“洛阳亲友如相问，一片冰心在玉壶”的初心。

人养玉三年，玉养人一生。我们在报社学习的时间不过短短三个月，但有报美如斯，《中国移民管理报》如良玉滋养我们的心田，我们也将如璞玉般不断历经磨砺，最终雕琢成琳琅美玉。

新闻写作是一种“修行”

尹圣林

所谓“修行”，于新闻宣传骨干而言，就是修正自身在创作方面的偏差，通过不断摸索，力求高质量完成每一篇稿件。

“修行”的要义在于用心。认真能把事情做对，用心能把事情做好。记得来报社没多久，我和另一位实习生刘姝梦负责三版校稿，几期过后，一篇《校稿“三字经”》深深触动了我。她从“细、精、宏”三个方面分享了自己的校稿体会，读后第一感觉就是“我也是这样做的，但为什么不能总结出那样的心得”，除了文字驾驭能力不及之外，没有用心才是根源。用心是一种态度，是精益求精，只有用心才能创作出精品佳作。

“修行”的要义在于创新。“最近这几期报纸也没什么套路啊！”一位负责宣传的民警在微信中说道。其实，我跟他一样，一直试图总结写稿套路和出版规律，以期在投稿中能“走捷径”。以二版的版面内容和设计为例，我翻阅了 48 期报纸，编辑老师根据来稿的内容、质量以及时间节点不断调整版面。三版开设“祖国有我”专栏，四版加推“新闻视野”版面，都是不断推陈出新的结果。中国移民管理报社社长聂虹影说，要将《中国移民管理报》打造成“有用、有趣、有料、有情”的“四有”行业报，实现这一目标就意味持续创新，紧跟时代步伐、紧贴社会热点、紧随移民管理事业发展方向。我们应及时关注报纸的新变化，创新写作思路和方法，以求达到事半功倍的效果。

“修行”的要义在于悟道。悟道指领会道理，对于宣传骨干来说，就是领会新闻的精髓，掌握写稿的方法。初来报社时一腔热血，提起笔来却发现，不知道怎么将想法转换成合适的文字。后来尝试着写了几篇稿件，又陷入被题目限制的怪圈。一次，写一篇通讯时，事先精心设计了小标题，自我感觉良好。然而，编辑老师首先就指出题目过于老套，内容有往题目上靠的倾向。等通讯最终见报后，看着全新的题目和文章构思，越发觉得自己在写稿方面的稚嫩。写作不是华丽辞藻的堆砌，而是内心真实想法的表达，通过接地气、有温度的文字，将读者带入由文字所描述的场景中。常说，新闻工作者要“站在天安门上看问题，站在田埂里找感觉”，距离这一要求，吾辈任重道远。

报社实习时光是我一生的财富，而今我已成为《中国移民管理报》的忠实读者和投稿者，愿修行路上的我们砥砺奋进、行稳致远！

写作“三境界”

闵　哲

2008 年，我参加高考成为一名军校学员。大学期间，在武警学院记者团做学生记者，从小小的“豆腐块”写起，至今已经近十三年了。2019 年部队集体改制，我由橄榄绿换上了藏青蓝，幸运地是手中的笔一直陪伴着我。

一路走来，扎根在边检这片土壤里，我在写作中成长，在写作中进步，还考取了记者证。这是一份鼓励和肯定，更是一份动力。2017 年有幸被总站派往中国移民管理报社跟班学习，在报社老师的悉心教导下学习写作专业，在“一针一线”的编辑工作中体味文字的严谨和深情。在我眼里，一字一句都是柴米，一图一画都是油盐。在报社学习的三个月是我写作道路上的重要加油站，最难忘怀的是编辑老师们崇高的理想、专业的素养和真诚的热爱。因为他们的厚爱和指引，我在写作路上一直笔耕不缀，坚守初心。

回顾我的写作道路，我想借王国维《人间词话》中的人生“三境界”来总结自己的写作“三境界”。

热爱：昨夜西风凋碧树，独上高楼，望尽天涯路

我最初接触写作是在军校，因为喜欢读书，被队领导委以重任——负责学员队的宣传报道。

一开始很迷茫，学员队每天的生活都是两点一线，没有什么惊天事情可以写。后来在编辑的传授下，明白了什么是新闻，如何发现新闻，如何培养新闻敏感性，养成爱动脑、动眼、动笔的好习惯。很长一段时间，我每天都认真研读《解放军报》《中国青年报》《武警学院报》，遇到好文章就剪下来，细心贴到

本子上。在阅读、积累、探索中，写作水平慢慢得到提高，在报纸上发表了很多文章。

陶渊明有言："盛年不再来，一日再难晨。及时当勉励，岁月不待人。"写作初期是在探索自己的写作风格，一定要多尝试，多写：勤动脑——多思考，勤动眼——多看，勤动笔——多写，勤动腿——多投稿，"高产"则是必然的结果。在工作中，擅长文字工作的同志总会被委以各种重任。平时写得了新闻稿，拍得了照片视频，材料水平要过硬，采访报道也不能落下，这些都是打基础的好方法。积累到一定程度，滴水石穿，量变引起质变，形成了个人风格，方能"兵来将挡，水来土掩"，在写作世界里与文字合二为一。要相信，每个人的每一段经历都不会浪费，它们都会被存进人生的储蓄罐，在适当的时候发光发热。

可以说，军校的四年阅读和写作为我打下了基础，让我坚信了对写作的热爱，而热爱能抵岁月漫长。

钻研：衣带渐宽终不悔，为伊消得人憔悴

2017年7月毕业后，我带着对未来的憧憬来到原陕西边防总队，依旧满怀写作热情。

初入国门一线，"国门卫士"的身份给我带来了莫大的荣誉感，繁重的业务也让我感到了基层检查员的艰辛。《解放军报》著名将军记者江永红曾说，"写出的文章要让内行看了觉得你不是外行，外行看了觉得你是一个内行"，让我印象深刻。加强业务学习是写好新闻稿件的前提，只有成为业务上的"明白人"，业务工作报道类的稿子才能写到点上，写出特色来。

在工作上，我严格要求自己，勤学苦练业务本领。勤务之余，我细心观察，积累素材，写下了《回忆第一次上验证台》，为自己的检查员生涯开了好头。当时，带我的师父是李静，她个子娇小，却蕴含大大能量。我发现单位很多女检查员的名字都有"静"字，通过上勤期间观察，下勤时间交流、采访，我采写了《"静"女的动人人生》一文，宣传了单位三位"静"女检查员的事迹。文章成功刊发在一些主流媒体上，三位女检查员也在《解放军报》主办的"走进中国边检"活动中作为总站典型来宣传，取得了良好的效果。我深知，这些文章的产出离不开我对边检工作和写作的热爱和钻研。只有深深扎根在工作中，才能写

出贴近实际、实情的文章。

陕西是红色热土，西安、咸阳又是历史古都，自带写作“流量”。只要能够结合单位实际，展现中心工作，就可以把单位好的先进事迹宣传出去，发好陕西声音，打造陕西名片。

用心：众里寻他千百度，蓦然回首，那人却在，灯火阑珊处

“我的脚下沾有多少泥土，我的心中就会沉淀多少真情，真心实意地走近你，读懂你，为了你，依靠你。”央视“走基层、转文风”的这句广告语是指引我写好基层报道的明灯。

“生活并不缺少美，而是确实发现美的眼睛。”工作中，我喜欢听检查员讲故事，听他们讲生活、谈工作，聊爱好、说梦想，很多文章都是聊天聊来的，“逛”朋友圈“逛”来的。有一次，看到同事高晓涛在朋友圈分享他援藏时与爱人在西藏的生活，我主动与他联系，聊援藏生活，聊家庭子女，最终写成《我们共享雾霭、流岚、霓虹》一文，获得良好反响。

“巧妇难为无米之炊。”平时做个有心人，会积累、善积累、能运用素材是写好稿件的关键。日常工作看似简单重复，背后其实孕育着成长与蜕变。只要用心参与其中、善于发现，必会有所收获。

一路走来，一路感恩。我采访了许多检查员，每一个受访者都在我的生命里给予我力量，更增强了我对检查员这一职业的荣誉感和使命感，也坚定了我做好一名文字工作者的信心和决心。祝愿我们都在写作的道路上，守正笃实，久久为功。

咬文嚼字，非锱铢必较不可

杨玉洁

笔者有幸于 2019 年 10 月来到中国移民管理报社实习，真实感受到了报纸编辑出版过程中的点点滴滴，体会到了咬文嚼字的别样精彩。

咬文嚼字，形容过分地斟酌字句，多指死抠字眼而不注意精神实质。朱光潜老先生在《咬文嚼字》一文中指出，文学借文字表现思想情感，文字上面有含糊，就显得思想还没有透彻，情感还没有凝炼。所以，文字工作非锱铢必较不可。

咬文嚼字，学会在表面上斟酌文字的分量。第 88 期《中国移民管理报》出版前，在校对《上海边检总站召开主题实践分享会暨轮勤轮训宣讲会——在实战磨炼中进步 在轮勤轮训中成长》一稿时，我对“磨 liàn”一词产生困惑，究竟该写成磨炼还是磨练？经查阅《现代汉语规范词典》得知，“练”字有反复学习，以求纯熟之意；而“炼”是指通过实际工作或者其他活动，提高品质、技能、身体素质等。在“锤炼”“锻炼”等词中只能用“炼”，不能误写作“练”；而“磨炼”一词指在艰苦的环境或完成繁难任务的过程中锻炼，现在一般写作“磨炼”而非“磨练”。

咬文嚼字，学会不断理顺稿件逻辑层次。第 91 期报纸有篇消息《练兵场上显身手 缉毒战场争第一 / 云南边检总站在全省公安机关公开查缉毒品大比武中创佳绩》，原标题为《缉毒战场争第一 练兵场上显身手》。通读全文后发现，稿件讲述的是云南边检总站抽调骨干参加缉毒比武，在练兵“战场”上取得好成绩。从逻辑上来看，练兵战场相对于真正的缉毒场，仅为一个缩影。以小见大、由表及里，应先说练兵场，而后再说缉毒战场。最后，编辑果然调整了顺序。

咬文嚼字，学会调整思想和情感表达。一篇稿件、一句话，哪怕只改变一个词、一个字，传递的思想和情感也大不相同。笔者在翻阅报纸中发现，第90期报纸有一篇散文《她三次选择警营》，格外触动人心。该稿件在网络媒体上以《一生三次选择警营的女人》为题发布，但我认为报纸上刊发的行文更紧凑、情感更流畅。稿件以第三人称为视角描述，作者本身只是一个记录者，淡化了“我”的存在，把焦点放在描述对象的行为上。故事里有这样一句话出现了两次，第一次是该文主角朱啟玺月选择成为边检民警时，她说：“边境总要有人守，别人守不如我来守！”另一次是在文章结尾处，她重复着自己的话语。再三重申，恰好回应了她为何三次选择警营，又升华了主旨，是她用初心和情怀坚守祖国边疆，令人敬佩。经与作者沟通，编辑将原文末尾的“相信边境有这样一群人守护，我们的祖国一定会更加繁荣富强”，改为“她说自己从未后悔所做的选择，并将继续为边疆和谐安宁贡献力量”，更凸显平凡人物身上的伟大，意味深长。

以上列举只是在报社学习过程中的沧海一粟，但“咬文嚼字”精神是行文、校稿过程中必不可少的环节。若是斟酌推敲、吹毛求疵能更好展现稿件内容，那么咬文嚼字又有何妨？

小故事有大能量

徐 哲

记得一次评报会，我被《中国移民管理报》上一篇名为《雷霆破案 一心为民》的文章所吸引，文中讲述了民警为旅客找手机的故事。读完后，让我懂得小人物的平凡事，只要通过深入观察体会，多维度思考挖掘，一样能创造出典型性和不平凡。

回到单位，我脑海中经常浮现报纸编辑部负责人杨林借用电影《哪吒》与《姜子牙》讲如何写作的场景。他说，相较《姜子牙》，《哪吒》故事情节虽简单，但情感细腻丰富，将爱的主题贯穿始终、饱含深意。如何用一条主线串起整个故事，如何用一根针来挖一口井，重点就在细节的处理。故事的切入点小，情感贴近大众，文章的血肉就不会散开，更能引起共鸣。

举一纲而万目张，解一卷而众篇明。一切结果最后还是落脚到怎么写好一个故事，能吸引读者，产生共鸣，为读者打开一个不属于日常经验的复杂空间，激起读者强烈的阅读欲望。一段有情感、有现实、有深意、有人情的故事，往往更能触及读者内心。不造迷宫，不架蜃楼，将错综复杂和深厚沉重掩于平常的背后，从微小细节处发现问题，从平常生活中捕捉艺术的闪光点是写作非常重要的环节，这样才能写出接地气、有温度的好文章。

文以实情最动人

李铄今

忽而秋过，窗外叶黄叶落，与文字打交道的时光总是流逝得更快。

从事报刊采编工作，终于让我得以醉心文字的魅力。文字的魅力，有激荡共鸣，有浓情切意，有阐义释理，或平实中见心意，或纪实中见百态，或四两中见千钧。通过文字，我们触通到他人心灵，感受到命运共振，能够在知识的清泉中攫取，也在字句组成的百叶窗中看见世间万象。

文可议理，亦可传情，但归根结底，文字是为了服务事情，是工具，是传播事情的媒介。泛泛而谈、高谈阔论，词句华丽却繁复，倒不如平铺直叙有魅力。把文章写长是能力，但把它写实才是真正的技艺。文可见义，才有立足的地基。事件、数据、人物、义理，字字有所指，句句有其用，文章才有着落。因为人赏的是文，而读的是事。

参与新闻采编工作以来，“实”字是我感受到的最大魅力。习近平总书记曾指出，追求真善美是文艺永恒的价值。真善美中“真”为首要，新闻更是以真实为第一要义。在如今图片、视频大力冲击文字媒介的时代，人们在阅读中更加追求高效，对于文字的实义性便有了更高要求。一字未必要千金，切中实义便可显珍贵；词句未必要华丽，真情实感便可见匠心。不论新闻、散文或人物记叙，以事情为地基，把文字简洁凝练，将每一个字句落实落地，我想这该是每一个文字工作者的追求。

注重培养工匠精神

于欣彤

所谓工匠精神，就是作为一名工匠，要有良好的敬业精神，不断雕琢自己的产品，不断改进自己的工艺，对每件产品、每道工序都凝神聚力、精益求精，即使做一颗螺丝钉也要做到最好。这也是我在报社实习最深刻的感受，让我很受启发，编校工作同样需要工匠精神。

报刊从选稿到编排，再到校对出版，要非常地专注、执着。一篇来稿，除看它的新闻价值，也要为它选择合适的分类，若是消息则要能简即简，若是通讯则要活灵活现。编排稿件的过程，是匠心的体现。文字编辑不需要像工匠那样刻板，但必须要有像工匠一样对事业的执着和追求。大到拟定标题，小到标点符号，处处有反复推敲的学问。要呈现一个有思想、有观点的版面，是需要将稿件有条理地梳理归纳，找到共通点进行加工，而不是将一篇篇零散稿件简单堆砌。校对工作更需要细之又细。密密麻麻的版面常令人眼花缭乱，需要静下心来，一个字一个字读下去，容不得半点马虎。是否有错别字、逻辑是否通顺、标点符号使用是否恰当，都要再三斟酌；图片内容的合理性、图片本身的文字等等，一点一滴不能放过。一遍遍地校对，除让版面准确无误，也能磨砺性子，让人更耐得下心、更沉得下心、更静得下心，专注做好一件事。

工匠的一个显著特点就是精益求精，每周例行的评报会便是如此。评报会是对当周报纸出版工作的复盘，也是一次思想上的交流。复盘中难免会发现不尽人意之处，但也正是在这一次次挑刺、纠错中逐渐积累经验。评报会也是自我提升的平台，编辑老师们分享采编感受，实习生之间互相交流学习感悟。从一篇文章为何修改、如何修改到最终成形，能够在他人的分享中提升能力，在不断的探讨中共同进步。编校工作就是要秉持工匠一丝不苟的精神品质，在磨炼技艺中精益求精。

“骐骥一跃，不能十步；驽马十驾，功在不舍。”孜孜以求、持之以恒是工匠的又一品质。写作之中也会遇到这样那样的困难，但要坚定钻研的恒心和定力，就要像工匠求艺般坚持不懈。一期期的报纸是凝固了的时间，也是岁月的见证，少些急功近利，多些实学实干，一点一滴积累，终将实现量变到质变的跨越。

莫因懒惰辍笔不耕

任利勇

岁月如梭，韶光易逝。转眼间，在中国移民管理报社学习的时光悄然而过。没到报社学习之前，能在“一报一刊”发篇稿子，别提多幸福。那可是要在微信朋友圈配文配图炫耀一下，还要时不时打开看看评论。可到了报社后，每次在评报评刊会上听到报纸和杂志的工作计划，感觉有太多的版面和专题可写可投，应该说是守着瓜地吃瓜、靠着楼台“捞月”。但最终成稿却寥寥无几，经过反思发现，我是空有写稿的志向，却没有码字成文的行动，究其原因是懒惰辍了笔耕。

懒惰没有牙齿，但可以吞噬人的精神与希望。仔细品味，确实如此。懒惰曾一度让我变成“拖沓天王”。面对最初立下的写作计划，总是有“明天也不晚”“上网看会儿国内外大事再说”等“正当理由”，不能严格管理个人时间，导致计划习惯性被打破，动笔无限期被推迟，直到临近截稿，才怀着焦虑的心态熬夜应付，差强人意的作品必然会与版面失之交臂。

懒惰让我变成了“差不多先生”。在“一报一刊”文字的海洋中，身边不乏获得中国新闻奖的名师指引，也不乏功底扎实、数撰大作的编辑解惑，更不乏知名大报大刊参考。拥有如此富矿，我却总以站位有限、创意不足、笔力不行为由，认为稿件字数够了、逻辑通了、内容顺了就万事大吉，没有精雕细琢的耐心和推翻重来的勇气，渐渐养成了得过且过的恶习，以此恶性循环，精品意识荡然无存。

懒惰让我变成了“三分钟热度”。每每听完编辑讲述笔耕不辍的故事、看完同事刊登妙笔生花的作品，总会暗下决心创作。可合上笔记本，走出会议室，在与同事的欢声笑语中动摇了决心，下班后更是全然抛到脑后。尤其在阅读报纸评论员文章时，也会立下突破极限、提升自己的鸿鹄之志，可材料搜了一堆、构思想了不知多少个，但常感无从下笔。最终，用“评论员都是行家里手、都是老同志”安慰自己，自欺欺人、草草了事。

没有行动，懒惰就会生根，时间越长根就越深。写作也是如此，越不动笔笔越沉，越不成文文越难，因而，改变懒惰势在必行。

改变源于热爱。写文章是个孤独寂寞的“苦差事”，唯有真解其中味、真爱这般苦，才会避免“笔下虽有千言，胸中实无一策”的窘境。回想当初毕业时的文学梦想，忙里偷闲剪报纸、夜以继日抄好词，几百字的消息花费几个小时精雕细琢，千字以上通讯更是用上几个日夜反复推敲，尽情享受文字海洋的广阔壮美、积文成厦的自我陶醉和因文而获良师益友的喜悦与幸福。而今，必不可忘入门时的初心，必不可减一直写下去的热情，坚信一定会在文字海洋中遇见更好的自己。

改变始于小节。试图一下子根治懒惰是不可能的，甚至有时会因压力过大，造成焦躁不安的负面影响。拔掉懒根需要循序渐进、由简到难，可以从消息开始适应文字，再到通讯激发兴趣；可以从“一事一议”熟悉语言文字运用，再到“群言堂”锤炼笔力；也可从效仿借鉴中学习写作手法，再到独立创作中字字珠玉；还可以从日常点滴中记录工作、生活的碎片，再到集中撰稿时一气呵成。从一篇篇小作品入手，让自己养成动笔写作的习惯，用一个个小目标增强撰稿的自信，以“钉钉子”精神一步一个脚印走好写作之路，不断用文字提升自我获得感，体现个人价值。

改变贵于坚持。写作不仅考验文字功底，也考验持之以恒的韧劲。好的文章反复推敲、返厂加工是常态，这不仅需要面对思路中断、词汇紧缺、素材稀少等困境，怀有不松劲、不搁置、不放弃的决心，还需要养成严格规律的时间观念，保持饱满的精神状态，确保思路清晰、灵感迸发。此外，还需持之以恒攒词积句，广泛从网络、杂志、微信公众号等媒介收集优秀作品，不断拓宽思路、打牢根基，待到读书破万卷，自然下笔如有神。

把心动变成行动

洪培鑫

一幅图、一个标题、一段话，勾勒出至善至美至真让人感动的故事，恰如喜欢一个人，却不被对方知晓，只是默默地一遍又一遍追寻，这就是我初到中国移民管理报社读报读刊时的感觉。

我知道自己并不是一个文采斐然的人，写不成唯美的散文、犀利的时评、生动的故事、浪漫的诗歌，便静静地品读自己感兴趣的报纸、杂志，认真感受文章中那撼人心魄的精言妙语，感受文字中飘出来的浓郁墨香。那点滴的墨香激发着自己无限想象，写作思路也在不经意间产生。虽是千头万绪，可作为初学者却找不到宣泄出口，半句话也写不出来了，总担心某个方面或者某个点写得不够好。

只要想写就是最好的开始。从那以后，我便经常请教杂志编辑部负责人于雷，而他总是耐心地跟我讲：“当自己有思路和想法时，不妨先动笔写出来，哪怕凌乱无序也没关系。”后来，我尝试将脑子里一时浮现的斑斓光影尽可能捕捉出来，指尖也在键盘上随之跳动。虽然只写了断断续续几行字，却有“山重水复疑无路，柳暗花明又一村”之感，各种思路奔涌而来，灵感的火花不断迸发，全文的线索也随之串联起来。从自己所思所想、简简单单地表达，到从表面的语句中挖掘出深处的想法，继而找到内心的独白。我欣喜地发现自己渐渐摸索到了门路，尽情地将自己所属的时间和阅历融入字里行间。不懈地追逐，用力地书写，成了我与文字相处最好的方式。

有人说：“爱上文字，也注定自己爱上了孤独。文字，是最容易抵达人内心世界的东西，也是孤独者表达情愫的最好途径。”正如每个人内心都有一座孤岛，离得再近也无法连成一片陆地。没有人能够完全了解自己，更没有人能够完全了解他人，而文字是一个行之有效的办法，一座桥梁。走近文字，也就走进了自己的孤岛，拉近了岛与岛之间的距离。愿自己能够站在孤岛上写尽内心芳华，写出身边的暖和热，让自己孤岛周围都成为一片暖洋。

校稿“三字经”

刘姝梦

“呀，李晖写成李旭，作者搞错啦！”闲时翻读一本杂志，突然发现照片配文与正文不符，我默默窃喜，这种特别的惊喜，当属校稿人私有。从一目一行，到字字细读，阅读方式的变化让我收获了不一样的精彩，原因归功于参与《中国移民管理报》校稿工作。校稿虽然只是出版的小小一环，但里头藏着大学问，根据《中国移民管理报》出版流程，我总结出校稿“三字经”。

一是“细”字。白纸黑字的报纸上容不得一点马虎，从纠正错别字、语句不通顺、误用标点符号等问题，到核准文章引用的文件标题、领导讲话、诗句俗语等内容，项项不能有误。每次编辑老师排好版面后，会经过一稿多校的程序，再逐级呈给编辑部主任、社长审阅，最后再进行终核，真是把“细”字发挥到了极致。一开始，我以为通读文章便能揪出所有问题，可总会在一遍遍纠错中发现许多之前没有找到的问题。我慢慢意识到，修炼“细”字经并不简单，即便一稿N校之后，也不敢说绝对没问题。我们能做的，就是心态要平、思维要密、眼光要准，处处留心，及时发现更多问题，将校稿做到更细。

二是“精”字。新闻作品不同于闲言碎语，得讲究行文流畅、语言精练。校稿过程中，不仅要纠正错漏，也要学会改稿，通过细微的文字调整，提升语句甚至文章的整体质量，这也让我从编辑老师和同事那里学会了许多遣词造句的知识，成为今后写作和校稿的经验宝库。有一次，我们在校对一篇评论文章时，一名实习生对文中的“常修浩然正气”提出异议，“这句话先写贯彻落实领导重要讲话精神，后写维护良好的政治生态，中间插这么几个字，很奇怪啊！”听他一说，我恍然大悟，后来编辑老师也采纳该实习生的意见，删掉了这几个字，整句话流畅自然多了。文章以语言为载体，只有斟字酌句、精雕细琢，才能打磨成最好的产品。身为校稿人，我们必须修好“精”字经，为报纸推出精品佳作贡献自己的一份力量。

三是“宏”字。文章的宏观把握和微观处理相互统一，二者不可分离。在修炼“细”“精”二字之后，我有时会过于从微观角度审视稿件，甚至钻牛角尖，纠结于“的”“要”的增删，或者逗号、句号的变换。稿件是作者的主观表达，很多时候没有标准做法，过于在这些无关紧要的地方着力，会让校稿人失去对宏观的把握。校稿不能单看字句，要注意前段与后段的关联，前稿与后稿的联系。比如，文章使用二、三级标题时，格式要统一，那么校稿过程中遇见小标题，就要特别注意比对文中同级标题的格式。看到一些特别的文字表述，要牢记于心，避免在同一版面多篇文章中出现，让读者产生厌倦之意。因此，校稿时，虽然眼里看的是一字一句一符号，但是心里装的是整段整篇整版大文章。

在校稿过程中，我对报纸编辑出版工作有了更为深刻的感悟，所有努力都是为了给读者呈现一篇篇有温度的情怀之作、一份份精美的文化大餐。修炼路上，我将永不止步！

墨香不退有余味

柴清全

实习时光总是短暂，从初入中国移民管理报社的那天起，我就在想，结束的那天将会是怎样的场面，我又能在这短短的三个月收获什么，留下什么。真到了实习结束的那一天，虽早就做好了准备，但心中仍万般不舍、感慨万千。

很荣幸，我在《中国出入境观察》杂志和《中国移民管理报》都学习过，领略了两种不同的采编风格。

杂志的魅力在于精，在于美。杂志于读者眼中是杂志，但在编者眼中不亚于一件艺术品，精心编排，细心校对，大到每一页，小到一个符号都是编者匠心的体现。这里可以将一个动人的故事图文并茂地展现出来。精美的图片震撼心灵，从中我们可以看到写不尽的故事；朴实的文字引人入胜，往往能催人泪下，回味无穷。我曾请教杂志编辑部负责人于雷如何才能写出一篇好文章？他说，一篇好文章最重要的就是采访，文章要真实，文字要简练，细节要丰富，一个神态、一个对话都能引人入胜，感人肺腑。

报纸的魅力在于精，在于简。如果你有心去翻阅报纸，便会体会到那种纯粹的文字魅力。报纸的“精”在于优胜劣汰，在于如何在众多稿件中挑选出精品。无论是在评报会上，还是日常讲解中，报纸编辑部负责人杨林反复强调，一个好的信息是要将小事写大，大事写小。简单几个字看似矛盾但很有深意。一件小事，通过加强对细节的描写，深挖其中的故事，可以升华其内容。原本一条简明新闻，通过挖掘就可以写出一篇好通讯，这是报纸的“精”。我们写文章往往贪大求全，然而过于求全会影响文章的质量，毕竟报纸篇幅有限，我们需要做到在小篇幅中写出有价值、有深度的文章，这就需要从小处着手，以小见大的写法往往更受读者欢迎，这则是报纸的“简”。

虽已离开报社，但我深知，我与报社的缘分并没有因为离开而结束……

要“丰”度也要温度

张怡然

一转眼，来到报社实习的日子已进入倒计时，两个多月与文字打交道，与新闻宣传工作亲密接触，让我在这个寒冬里，充分感受到新闻报道的“丰”度和温度。

新闻的“丰”度在于内容的丰富性、层次性。要想其内容丰富，如果只是东拉西扯、简单堆砌，那就成了“大杂烩”。在写稿过程中，自己也曾犯过这样的错误，总想面面俱到，什么都想说，却又似什么都没说到位。真正的“丰”度在于中心思想的提炼和内容深度的挖掘，让新闻变得“丰满”有厚度。例如一篇关于党小组开展竞赛的稿子，如果单纯讲述时间、事件以及产生的效果，那就只是一篇简明新闻；如果以竞赛为切入点，把稿件重点放在创新党建模式、打造党建品牌方面，稍加丰富，就扩展为一篇消息；如果再进一步挖掘，将该单位特色党建、队建等工作归纳整合，加上具体的案例和细节让其充实起来，就可以写成一篇通讯。提升新闻“丰”度，需要我们用“火眼金睛”，找到有价值的新闻点，再整合素材、分类归纳、搭起框架，最后围绕主线用最精炼的语言和最具体的实例表达出来。

新闻的温度在于有血有肉、有思想有温情。不是所有的文字和口号都是冰冷、生硬的，只要用真情将零散的文字组合成动人的故事，就赋予了文字生命；只要用温暖的人和事把口号具象化，口号也能更好地给人激励与动力。春节期间“新春走基层”栏目推出的系列报道，就是一篇篇有温度的新闻。作为移民管理警察，坚守一线默默奉献的例子数不胜数，可是怎样才能既不落俗套，又展现他们的精神和作为？那就是忌喊口号，把镜头拉近到基层、聚焦到一线，带领读者一点一点感受电影般的画面，感受民警在岗过年的不同色彩和温度。“来来来，今天饭堂特意加餐，赶紧趁热吃！”是巡逻路上送饭菜的温馨年；“只要两个人心在一起，在哪里不是过年呢？”是双警家庭共坚守的浪漫年；“走吧走吧，草原蓝天是你家！”是民警放生“赖皮”秃鹫的趣味年。增加文章温度，需要我们深入基层、发现平凡，磨炼笔力、多写多看，带着感情记录动人的画面、讲述平凡的故事，让文字如缓缓细流般一点一点滋润读者心田。

学无止境，行将致远。我会倍加珍惜在报社参加学习培训的每一天，秉承潜心学习的初心和精益求精的工匠精神，打磨好每一篇稿件，做好每一次校对，争取写出更多有“丰”度、有温度的好文章。

思想火花在碰撞中升华

凌秋丽

学习不觉时光逝，匆如白驹过隙间。到报社实习将近两个月，“充实”二字是最好的概括，从撰稿、校对、评报等每一环，都让我深刻体会到在文字海洋里探索考究的美妙。

刚开始写稿时，经常绞尽脑汁之后依旧“老虎吃天无从下口”，只好“比葫芦画瓢”。直到一次在与编辑老师交流时，他跟我们讲述了“顺势而为”这个词的哲学含义，让我印象深刻。生活要顺势而为，写作也应顺势而为。

从那天起，我尝试不刻意定主题，没有思绪时就随心随性写，当灵感突现，就能水到渠成般梦笔生花。这种“意外”之作，往往比“熬”出来的作品更有温度。

刚到报社时，我想写一篇小言论，可“一把辛酸泪”却还是“满纸荒唐言”。几天后，我在原稿上随心改写，成品是一篇不错的通讯稿，对自己顺势而为之作甚感欣慰。

校对是报纸编辑过程中一项重要工作，从咬文嚼字到文不厌改，力求每期报纸从谋篇布局到字词造句零瑕疵。初次校对的场景令我难忘，因为对一些领域工作不熟悉，难以判断用词对错，这种情况要跟作者核实。再者，改稿时应最大限度保留原意，不能凭主观去改动。编辑老师常强调，作者在撰稿时赋予了文章独特的思想，我们应走进作者的思想世界，去体会文章主旨。

一周一次的评报会是思想碰撞和火花激发的饕餮盛宴，也是我们提升写作能力的重要平台。各版编辑就近期报纸排版、标题拟定、写作技巧等方面知识作出的讲解，实习生们关于参与出报、读报的心得体会，都能让我打开新的视野，每次思想碰撞都会让我受益匪浅。

笔力也是战斗力

王 皓

到中国移民管理报社实习后不久，境外疫情输入风险加剧，广大移民管理警察夜以继日奋战。我看在眼里，急在心里，既担心同事们的安全，又想回一线作战。于是，我给执勤队领导打去电话："宋队，看到你们在前线作战，我却在安全的地方，我想回去战斗。"她笑着说："傻孩子，你那儿也是一块阵地。有了你，更多的人才会知道我们的努力。一定要用好手中的笔，坚守宣传战场。"

一语惊醒梦中人。新闻宣传岗位也是战"疫"阵地，手中的笔也是抗疫利器。我能做的就是练好笔力，尽最大努力还原事实，让一个个英雄形象跃然纸上，让英雄的精神、情感蕴藏于字里行间，使读者身临其境，进而感同身受，认知、认可、赞扬英雄。

当前，移民管理事业刚刚起步，社会知名度尚待提升。我们不仅要埋头苦干，还要做大做强宣传工作。主动走出去，回应群众关切，介绍移民管理方针政策，普及移民管理法律法规；抓住战"疫"时机，用群众读得懂、喜欢读的语言宣传工作成绩，用文字拉近移民管理队伍与群众的距离。

想到这些，我深感责任重大，希望通过手中的笔，让更多人看到一线移民管理警察坚守与奉献的身影。

2021 年 4 月下旬，我连夜采访撰写了关于北京出入境边防检查总站执勤七大队的通讯《风雨中 24 小时接力执行勤务》，主要讲述了这支平均年龄 49 岁的队伍在暴雨雷电中坚守岗位的事迹。稿件刊发后，七大队一些民警发来微信，大意是此文刊发后，收到许多关怀和慰问，他们很感动，感到自己的默默付出得到重视、支持，深受鼓舞。

反复看了几遍微信，我陷入沉思：寥寥千余字，于我可能只是一篇稿件，但有时对于他人，或许意义重大。稿件中的事迹、人物，对于其他民警也会起到示范引领作用。特别是青年民警，可以帮助他们树立正确的职业观、价值观，从而凝聚起干事创业的强大正能量。

实习结束，我愈加懂得新闻宣传工作的重要性。作为一名宣传工作者，更要用好手中的笔，从身边人、身边事入手，用笔力激发战斗力。

写作也讲究“眼手心”具备

梁嘉祺

在中国移民管理报社一个多月的学习时光，于读报、改稿、校对中走过，想写下一些实习感受，却迟迟不敢下笔。直到偶然在大卫·霍克尼作品展上，看到他对中国古典绘画的赞叹：“中国人绘画时讲究眼、手、心具备，我觉得这是一大妙论，三者缺一不可。”这不正是自己对新闻写作的感受吗？我将其概括为眼到、手到、心到。

眼到，在这里看见更广袤的天地。《中国移民管理报》有四个版面，方寸间展示的都是各级移民管理机构谱写的时代新篇。拂开她，仿佛也随着作者踏上了移民管理征途。《算井子印记》一稿中，记者迎着风沙，深一脚浅一脚地随着民警走在“初心”路上；《再立新功 奋楫远航》里，作者在前往独龙江巡查41号界桩途中遭遇山体塌方。读罢报纸，每每恍神，想起聂虹影社长在全国移民管理系统新闻宣传骨干暨舆情评论员培训班上提起，采访回京后，她于车水马龙间想起边疆战友感动流泪的感受。过去常觉得，基层工作过于平凡，琐碎小事写不出深意。打开报纸，围绕新时代移民管理工作讲述的基层好故事却不胜枚举。通过一通电话、一场救援，《报警人，你在哪里》生动讲述了移民管理警察急群众之所急的为民情怀；通过一份礼物、一次探望，《麦麦提收到的温情礼包》平实书写移民管理警察参与脱贫攻坚的担当作为。作者们围绕移民管理事业发展做报道，从平凡中发现伟大、从质朴中发现崇高，在这里，见的是更为深远、更为通透的新闻眼光。

手到，在切磋琢磨中学更优良的文风。在报社，从社长到编辑部负责人，再到几位编辑，虽然每个人性格各异，工作起来却有一个共同的特质——沉稳。正所谓文如其人，这样的作风改出的文章也是深入浅出、平实有力。我曾学习修改一篇人物稿，大概担心描写查验工作过于平淡，原稿作者在每段叙事前都堆积了一段华丽的辞藻，我也效仿着改了个《年过半百 步履不止》的题目。编辑再次修改时，删除了所有抒情性描述，并把题目修改为更突出人物特点的《坚守“第一国门”34 年》。这不禁使我反思，过去在写一线人物报道时，是不是也犯了一样的错，自以为用文采升华了主题，实际是用空话埋没了主题。对比之下，我想起《在平凡岗位成就不平凡人生》这篇人物稿，同样的工作内容，作者并不畏惧书写平凡，甚至以“平凡”“平淡”“平实”“平静”做小标题凸显平凡。通篇读完，主人公和妻子一日游半天就返回的“抠门”，哥哥去世后“倒头就睡一句话不说”的沉默，作者温情而不煽情的叙事，无不令读者动容。此外，文中也不乏鲜活的细节，“37 年来，黄平已验放出入境人员 276 万余名，相当于迎来送走了 5 个卢森堡或 8 个冰岛的人口。”自己在一线也从事相同工作，写这类稿件时，旅客量是绕不过的内容，过去总嫌数字枯燥，这篇报道却把查验量与国家人口数作比，短短数语，就让冷冰冰的工作量冒了热气。“删繁就简三秋树，领异标新二月花”，原来平凡的工作可以这样写。

心到，在繁杂的工作中保持创作热情。还记得第一次看到“一报一刊”，是在我们单位的备勤室。执勤间隙，翻开《中国出入境观察》杂志创刊号，意外地发现自己所在的高崎边检站出现在封底的“一站风光”专栏里。翻开散发着油墨香的报刊，我一边为移民管理系统有自己的心灵家园而欣喜，一边暗自猜想这报社里该是怎样的繁忙景象。念念不忘，必有回响，没想到不到一年时间，自己竟有机会来到了报社。字画高悬、文墨飘香中，我猜中了忙碌，却没猜到这么忙碌。策划、组稿、改稿、排版、校对、调整、再校对，每位编辑都是身兼多职。更难得的是，编辑们还要在百忙中抽出时间不厌其烦地倾囊相授。有幸身处其中，读懂了编辑们“初心不改、热爱不变、执着不减”的真挚情怀，“再大的困难和坎坷都敢于战胜浑不怕”的坚定信念。

自己才疏学浅、基础薄弱，总怕辜负了编辑们的良苦用心，但面对困难时，总有一种力量驱使自己前行。这力量是热爱，是像聂社长笔下基层民警“苔花如米小，也学牡丹开”的默默坚守；这力量是理想，是报社人“为报纸、为杂志而生”的情怀信念；这力量更是责任，是督促平凡的自己砥砺前行的无尽感动。

工匠精神烙印我心

彭维熙

工匠精神，就是追求卓越的创造精神、精益求精的品质精神、用户至上的服务精神。来到中国移民管理报社后，我发现，白纸黑字背后，也蕴藏着工匠精神，那就是追求新闻语言的精练度、逻辑的顺畅度、内容的完美度。

语言的精练度。第一次写人物通讯，有一千七百字左右，最后见报仅有一千来字，内容更加简洁明了。编辑老师们始终秉持“能一句话说清楚的，绝不说两句；能半句话说清楚的，绝不说一句；能一个词说清楚的，绝不说半句”的理念，反复删繁就简、归纳概括。除了追求语言上的精练，还要确保精准，检查句子成分是否完整、形容词是否恰当、标点符号是否准确、前后搭配是否顺畅。碰到稿件里引用领导人讲话，必须认真查找出处，研究引用是否准确，连标点符号都要完全一致。遇到拿捏不准的，几名编辑老师还会一起探讨，力求万无一失。

逻辑的顺畅度。面对一篇稿件，编辑老师首先会用分析法对稿件内容的真实性、事件背景、叙述方法进行综合考量，分析文字表述是否存在疑点。针对发现的问题，不厌其烦地打电话向作者、主人公、旁观者核对事实，掌握事件前因后果，或是组织实习生一起，共同推敲事件发生是否合乎常规，确保稿件逻辑严谨。同时，在前期分析掌握新闻事实的基础上，按照时间顺序、递进关系、不同分类，合理调整稿件结构，并一次次推敲、梳理稿件上下承接是否顺畅，力求结构匀称、重点突出、主线明晰。此外，编辑老师还会与实习生一起，再次反复校对调整后的稿件，集思广益，精益求精，填补稿件漏洞。

内容的完美度。刊发在《中国移民管理报》2021 年 5 月 29 日头版倒头条消息稿《守护中国测量登山队成功登顶丈量世界之巅》，初稿仅有中间三个部分，满足了新闻五要素，讲述西藏珠峰边境派出所在保障登顶测量珠峰过程中所做的工作，但内容生涩乏味。后来，编辑老师经过与作者沟通，在开头加入“没有比脚更长的路，没有比人更高的山”这句话，散文式的开篇诗情画意，杜绝了消息稿千篇一律以时间开头的现象。第二段，新增了该所民警庆祝登顶成功送去“硬核”祝贺的内容，再次增强画面感，拉近与读者的距离。最后一段，对该所历年来取得的荣誉进行展示，让大家有了更加全面的认识。为了让每一篇稿件都尽善尽美，编辑老师会反复斟酌稿件的完整性、时代背景、新闻价值，再适当给稿件增添“血肉”提升饱和度、加入经典语句提亮润色、凝练标题抓人眼球，整个过程展现出编辑老师深厚的文字功底和丰富的阅历。

短暂的实习时光相较于漫长的一生虽微不足道，却弥足珍贵。当我迷茫、焦躁之时，编辑老师身上的工匠精神总是鞭策着我劈波前行、勇攀高峰。

捍卫精神阵地

杨　漾

要在报纸上发一篇稿子真不是一件容易的事儿！首先，每个阶段的宣传导向和工作重点不一样；其次，每个版面的用稿需求不一样；最后，就算写出来一篇符合要求的稿子，还要和全国各地的来稿竞争，其中不缺文字功力和知识储备俱佳者。

还记得第一次自己有幸发稿时，一篇通讯由两千多字删减至一千多字，措辞融合浓缩，文字反复打磨，到最后发表时，已经和原稿大相径庭。文章经过不断调整，相比原来增色不少，我打心眼里佩服帮我修改文章的老师。在收到中国移民管理报社发来的第一份稿费几百块钱时，我像发大财了一样兴奋，这种满足感难以言表。

来到报社学习后，我真正看到了一份报纸诞生的流程。责任编辑完成初步编辑后，编辑之间进行初审，实习生校稿，之后还要逐级上报复审，直到由社长签字付印，每个环节都充满了仪式感和不确定因素。深夜的报社时常灯火通明，编辑老师们伏案工作，在采访打捞“活鱼”之后，反复斟词酌句熬制一篇妥帖、鲜活的报道，真是“吟安一个字，捻断数茎须”。

在这个被新媒体围堵的时代，海量信息不断发布，几张图片、一段视频、寥寥数语，只要掌握了“流量密码”，即可吸引上万点赞和关注。相较于阅读长文，观看图片和视频显然不那么耗费“脑力”；相较于摊开一张报纸，动动手指划过屏幕似乎更方便快捷。

新媒体虽然贴近人的本能，但只要阅读的需求还在，报纸带来的精致阅读体验，永远都值得反复咀嚼，口齿生香。“远处的石头城上，大唐葱岭守捉W的将士们正隔空遥望万里之外的东方……却突然被这人间烟火惊醒……于是不自觉束紧甲胄，握紧了兵戈，朝着这篝火颔首一拜。”初读《“拜火”帕米尔》这篇文章，我感受到的是作者丰富的文史知识，不难看出为了写这篇文化散文，作者翻阅了大量书籍，考证了很多古传说。深入阅读，便沉浸在作者营造的幽远氛围中，被作者的想象力和文笔深深折服。

许多网络信息的发布以抢占流量为目的，缺乏烦琐的审稿流程，也不需层层签字许可，只要不违规，都可以实时见诸各种五花八门的多媒体终端。在刷手机时，良莠不齐的信息堆满推送栏，让人皱眉头。与之相比，拥有严谨采编精神的报纸才是真正的言论阵地。“为国守一方安宁者，不可使其有后顾之忧。”暖心惠警工程如何落实，广大基层民警想看的不只是空旷的文件传达或者单调的数字总结，而是希望有真实的、接地气的、故事性的系列报道把政策落地的成果呈现眼前。警娃欢欢喜喜去上学、助学金扎实发放到家属手中、就医“绿色通道”开启，故事的背后可以看见对真实性的敬畏，对细节和文笔的苛求，对政策的深度梳理和思考，对流言的去伪存真、扶正抑偏，这是在互联网时代弥足珍贵的精神。正是这种精神，让真实的报道在信息的海洋里也能傲立潮头，让广大基层民警看到暖心惠警政策不是一句空话、套话，特别是在疫情防控任务的高压下，这样的报道尤为珍贵，像“定海神针”落到奋战前线的民警心里。

唯有在报社的日子，我才重拾了一个字一个字慢慢阅读的滋味，暂且摆脱了曾经浮躁的写作方式。在一遍遍反复阅读、打磨自己的稿子中，领悟到新的语言表达，体味文章的逻辑构思，感触自身的文学储备只是冰山一角。直到后来，甚至会害怕反复地阅读自己的稿子，觉得颇多地方经不起推敲，越看，越觉得需要修改的地方越多，写作初稿时的流畅此刻逐渐转化为如履薄冰的谨慎克制。就像作家马尔克斯的一句话：写作就是“同每一个词搏斗”。推敲之苦，打磨之累，也许是每一位编辑老师的“职业病”，而他们却乐此不疲。

翻看报纸，角落的一行小字标注着：0.8 元 / 份。我曾想，这样的定价，能否真正体现背后采编工作者的辛劳和付出，而当我真正身处采编工作室中，才真正感受到薄薄的一份报纸，蕴含着多少对文字编辑工作的谨严和敬畏。在这个快餐文化盛行的时代，总有人被舆论牵着鼻子走，鼓吹纸媒“消亡论”，但任何粗制滥造的翻新花样终究都会随着一行网络链接一起，在时间流逝中逐渐变成无法查找的空白界面，只剩一句苍白的“NOT FOUND”。

在祖国绵延的边境线上，记者老师们奔走的身影留在青藏高原上、怒江峡谷中、北国寒天里……“文章千古事，得失寸心知。”纷繁芜杂中，这些奔走就是在留守这份真挚的价值追求，就是在捍卫我们的精神阵地。

新闻是怎样炼成的

祼思成

实习近一个月，从每日的读书看报、写稿校稿中，我逐渐发现了新闻写作中的“大学问”，也在新闻采编过程中把书本上的理论知识运用到实践当中，收获颇丰。

从行文方式入手，解决体裁问题。什么是新闻，在我看来，新闻不同于简报。简报讲上级部署要求、讲贯彻落实措施、讲工作效果，是总结性材料，而新闻注重报道新近发生的事件，从事件中提炼观点、发现规律，是一种宣传性稿件。新闻就要把最新鲜的事实写出来，展现细节，让读者一目了然，常用的行文结构有金字塔式、沙漏式，等等。

从组词造句入手，解决累赘问题。好新闻由精炼的句子组成，在校稿过程中，这种体会尤其深刻。固定词语不能混淆，比如“阻击”与“狙击”“法制”与“法治”“职业化”与“职业制”“教育整顿”与“整顿教育”，如何使用，需要根据稿件所反映的工作和语境确定。相同的词语要避免重复，有的稿件过于注重强调单位名称，反复出现，这种情况都应进行删减。引用原文时要严谨，忌断章取义，始终保持客观的新闻态度。

从鲜活故事入手，解决枯燥问题。在校稿过程中，我常常被新闻稿件中一个个鲜活的故事感动地热泪盈眶。“有这样一对夫妻：丈夫戍守边疆，妻子跨越3000余公里，从重庆奔赴西藏，与丈夫一起戍边。他们就是日喀则边境管理支队鲁鲁边境检查站民警朱东海夫妇。”稿件开头寥寥几句，通过数字和地理位置对比，表现出丈夫戍守边疆的艰苦和妻子千里追夫的不易，让我迫不及待想读下去。“当柏油路逐渐变成颠簸的‘搓衣板’路，陈世娟咬着牙，双手紧握扶手，眼睛望向车窗外——这是她走过最远的路”，这些细节使故事变得鲜活，让读者仿佛身临其境，设身处地感受她的内心。场景、语言等细节展现，让文字有了温度。

从主旨思想入手，解决混乱问题。新闻要有主旨，明确想讲什么内容，表达什么道理。“在人生最美的年华里，我们都曾奋斗过，有了保护人民、守卫边关的青春经历，这辈子，我们都值了！”这是近日《人民日报》刊载的《独龙江畔的青春年华》一文中提到的一段话，这篇文章是新闻中心主任聂虹影所写。那一天，她陪独龙江边境派出所教导员苟国伟，坐车经过长安街，一起感受北京的夜景，谈起环境的艰苦、民警的坚守，有感而发。全文从言语的表达、动作的描写，突出了主旨思想，读到一半就能感受到青春与奉献，就想继续读下去。

要写出好新闻，需要知识的日积月累，需要用心体验工作与生活，需要注重点滴与细节。新闻写作路很长，期待自己的每一步成长。

要让人物“动起来”

刘 敏

通过在国家移民管理局新闻中心一个多月的实习，我感到，报纸除简讯外，最耐人寻味、让人沉浸的就是人物通讯专题版面，无论是版面设计还是文章标题，总能第一时间吸引我。

记得刚报到的第一天，面对内容丰富的报纸，我有些无从下手。但自从出过禁毒专刊后，我的兴趣完全被调动起来。从那以后，每次拿到报纸，我总是重点翻看人物通讯。持续的学习，让我在第一次写人物稿时有了更多领悟。

人物通讯，简单说就是写人物的通讯，是一种常见的新闻体裁。既然要用文字来描写一个人物，那人物的闪光点在哪里？如何才能更好地被读者接受？是需要在写作实践中解决的关键问题。

“用事实说话。”编辑老师告诉我新闻报道的原则，人物通讯也一样，必须基于事实。一篇优秀的人物通讯之所以具有感染力，就是因为其所展示的是真人真事。

涉深水者得蛟龙，涉浅水者得鱼虾。一位师兄曾说，要把人物稿写好，就要深入采访，选择最具特点的素材，想必说的就是这个道理。

看过许多人物通讯后，我开始思考把人物写活的方式方法。在采写实践中，我找到了答案——通讯中的人物应该是“行动着”的人，人物的思想、性格、都要靠行动刻画，一个“不行动”的人，也许有他的“心迹”，却没有“事迹”，没有事迹支撑，就没有鲜活的人物形象。

同时，要学会通过对人物行为举止的细致描写，体现其特点。“逆行者”钟南山，在非典期间坚守在病人床前，当新冠肺炎疫情袭来时，84 岁的他，仍然像一名钢铁战士般战“疫”在最前沿。“每天都要到田里去”的袁隆平，一生都在追求“用有限的土地养活更多的人”，他们的事迹震撼心灵。

纸上得来终觉浅，绝知此事要躬行。读的文章再多，也没有动笔写来的实在。很难得，我在新闻中心有三个月的时间，可以专心只做一件事，并在其中沉淀内心、提升能力。我将秉承初心，珍惜每一次采编实践，打磨好每一份稿件，在点滴中不断提升新闻采写能力。